教育部人文社会科学重点研究基地
山西大学“科学技术哲学研究中心”基金　　出版资助
山西省“1331工程”重点学科建设计划基金

山西大学
分析与人文哲学丛书
魏屹东/主编

维特根斯坦哲学理论的实践维度研究

樊岳红◎著

科学出版社
北京

内 容 简 介

维特根斯坦后期哲学关注人们现实生活中的具体问题，具有强烈的实践目的。他将人类文化与社会实践的特有形式关联起来，关注人在世界中的基本状态，并通过生活实践来获得哲学智慧。与前人相比，维特根斯坦更加注重共同体的习俗、惯例、制度、传统等因素对人们社会实践的影响。维特根斯坦的这种实践哲学观可以看作是对人们日常生活形式的延续，标志着哲学从形而上学研究回归到人们的日常生活实践之中，从“不食人间烟火”回归到世俗之中。本书试图从语用实践、生活实践、社会实践及行动实践四个维度来厘清维特根斯坦的实践哲学思想，并对其许多重要的哲学观点重新进行阐发。

本书适合哲学专业本科生及研究生，以及对维特根斯坦哲学思想感兴趣的读者阅读参考。

图书在版编目（CIP）数据

维特根斯坦哲学理论的实践维度研究 / 樊岳红著. —北京：科学出版社，2020.5

（分析与人文哲学丛书/魏屹东主编）

ISBN 978-7-03-063551-8

Ⅰ. ①维… Ⅱ. ①樊… Ⅲ. ①维特根斯坦(Wittgenstein, Ludwig 1889-1951)-哲学思想-研究 Ⅳ. ①B561.59

中国版本图书馆 CIP 数据核字（2019）第 273512 号

丛书策划：侯俊琳　牛　玲

责任编辑：朱萍萍　张　楠 / 责任校对：贾伟娟

责任印制：徐晓晨 / 封面设计：无极书装

科学出版社出版

北京东黄城根北街 16 号

邮政编码：100717

http://www.sciencep.com

北京凌奇印刷有限责任公司印刷

科学出版社发行　各地新华书店经销

*

2020 年 5 月第　一　版　开本：720×1000　B5

2020 年11月第二次印刷　印张：15

字数：280 000

定价：88.00 元

（如有印装质量问题，我社负责调换）

丛书序

分析哲学作为一种运动，自身有着各种不同的方法和理论主张。而统一这个运动的则是理性精神、对独断假设的怀疑以及追求严格的论证和自然科学模式的清晰性。这体现了分析哲学的逻辑特征和方法论特征。分析哲学注重审视哲学的性质、任务与范围，强调应用多元化的逻辑分析、语言分析与心灵哲学分析等方法。本丛书主要关注分析哲学和逻辑哲学，涉及的问题包括语境论、语义学、隐喻、真理理论、意义理论、指称理论等。逻辑哲学主要关注三个方面：逻辑的哲学分析，如逻辑的性质、逻辑与非逻辑的划界、逻辑与其他学科的关系等；对各种逻辑系统内所提出的问题的哲学回答，如蕴含与推理、有效性、悖论等；对于逻辑和哲学的基本概念的精细分析，如名称与摹状词、意义、指称、真理等。本丛书具体探讨了以下五个问题。

第一是逻辑真与意义的融合、分离问题。20 世纪现代形式逻辑的诞生使意义理论成为显学，并使得意义理论的研究与逻辑和真密切相关，这就让真与意义联系在了一起。20 世纪 80 年代，哲学的认知转向，促使人们热衷于自然语言意义理论，又使得真与意义和认知主体、认知实践相结合，真与意义的关系变得更为复杂，导致了以戴维森为代表的真与意义融合论和以达米特为代表的真与意义分离论两大阵营的争论。此后，哲学的实践理性转向使得越来越多的学者认识到，哲学要面对世界向它提出的问题，否则没有意义，逻辑的弱点在哲学领域似乎显露出来了。于是，哲学家、逻辑学家都热衷于研究实践中自然语言的意义理论，侧重于形式研究的逻辑似乎被哲学的光环所掩盖，自然语言意义理论中出现了真与意义融合还是分离的争论。

面对这场争论，学界或是对不同的意义理论进行内容上的建构、阐述，或从哲学角度对不同的意义理论进行优劣比较分析，或是对某个意义理论中的真与意义进行分析、评论，或对“真”的本质进行探析，但均没有专门以“真与意义的融合与分离之争”为题进行研究，没有深入考察各种意义理论中真与意义融合、分离的根本原因所在，更未能从逻辑境域对其原因进行探析，这就使得对真与意义的融合与分离之争的思考、研究及解决都流于表面。本丛书从逻辑的观点对这场争论的原因进行挖掘，指出其争论根源，以利于更透彻地理解逻辑与哲学的关系，更清楚地看到逻辑及真在构建意义理论过程中的重要作用。

另外，从计算机科学看，现代逻辑的发展主流是数理逻辑，也包括非经典逻辑。非经典逻辑又包括两类：一类是对经典逻辑（即数理逻辑）的扩充；一类是对经典逻辑的修正。众所周知，在现代逻辑、数学和计算机科学的交界处，有着长久受重视的传统，这些领域中的一些理论创新经常是相互影响、平行或交替发展的。因此，挖掘计算机科学中对现代逻辑的应用和人工智能领域的最新研究成果，如框架不完全性结果、自动机和博弈两种元逻辑理论，动态逻辑、时间逻辑、模型检测理论，以及用于知识表征和自动推理的非单调逻辑、协调逻辑和描述逻辑等。这些新成果将使我们对现代逻辑究竟是什么以及将来成为什么有更深刻的认识，从而促进现代逻辑自身的发展。

第二是当代反实在论的核心问题。实在论与反实在论之争是当代西方哲学的核心问题之一。一方面，随着现代数理逻辑和量子力学的发展，实在论受到来自各方面的挑战，面临各种困境。而现代数理逻辑和量子力学所证明的排中律和二价原则的无效性则为反实在论提供了强有力的依据。另一方面，随着对形而上学的拒斥带来的“本体论的弱化”以及“语言学转向”的到来，语言和逻辑成为当代反实在论研究的核心。因此，站在反实在论立场上，从语言和逻辑这两个分析策略入手对当代反实在论进行系统的把握和整合，揭示反实在论的发展趋向，不仅为反实在论研究提供了广阔的视野，而且为实在论甚至整个西方哲学研究提供方法论启迪。

在方法上，我们注重从语言和逻辑方面对当代反实在论进行全面考察和分析，突破传统静态的研究模式，同时引入语形、语义和语用分析，以语境为基底，将语言的公共性和社会性以及意向性维度纳入反实在论的分析中，强调语言的意义就在于其在具体语境之中的使用中，对不同的境遇的使用就会产生不同的语言意义，而在同一个具体境遇中意义则是确定的，从而把意义的确定性与非确定性统一起来。

第三是语义学的规则遵循问题。基于当代语义学视域，以规则问题为切入点，以意义归因为主线，系统梳理和比较语言及规则之间关系的不同研究进路，同时结合规则遵循相关论证重新审视语义实在论并为其预设寻求辩护。在此基础上进一步澄清规范性的内涵和本质，进而深入心灵哲学和科学知识社会学领域，在科学语境中结合规则问题的内在主义与外在主义解释，阐明意义自然化与规范性之间的关系。我们试图以语义分析方法为核心，并结合心灵哲学、科学知识社会学、科学心理学等领域全面考察规范性问题，同时对规则遵循、语义实在论和社会建制等问题做出阐释和建构，并在语义分析中尝试一种语境化进路。

意义与规范性论题在当代西方哲学的诸多领域已产生很大影响，“规范性”不仅为伦理学所关注，而且已扩展到语义学的相关研究，成为语言哲学和科学哲学等领域的前沿论题。规范性问题可追溯到以康德为代表的义务论伦理学。在当代伦理学中，规范性主要涉及元伦理学和实践哲学。然而，规范性在当代语义学领域中的影响很大程度上应归于克里普克，该论题在他关于规则遵循与私人语言的论述中居于核心地位。当代语义学中关于规范性的探讨涉及规则、意义、内容、心灵等重要概念，其论域包括：语言和规则的关系问题，意义归因、非事实论和规范性问题，意义自然化与规范性之间的关系，规则与规范性的社会建构论等问题。

可以肯定，语义学相关问题的理解与哲学本体论和认识论紧密相关，而科学语义学蕴含了为语义学理论建立的相对统一的认识论基础。在语义学的研究过程中，哲学的“解释学/修辞学转向”为语义学的发展产生了影响，这使得内在论语义学与外在论语义学由对峙走向融合，而实在论语义学与反实在论语义学也从相互论争走向了相互借鉴，由此当代英美语义学与欧洲大陆语义学之间逐渐从方法论层面上趋于对话与融合。在理论上，语义学的“认知”与“博弈”研究模型都在很大程度上具有理论解释的包容性，而“语境语义学”思想则在语义学的“自然性”与“规范性”协调的立场上为科学语义学的方法论模型研究提供了重要启示。

第四是科学时代的宗教信仰问题。19 世纪以来理性与信仰的双重危机，引发了欧洲文明的现代性危机，以及与之共生的当代人的精神危机。这场危机仍然在蔓延的同时也有了新的变化。宗教与科学的关系由对立走向了对话，宗教也没有如科学主义者预言的那样随着科学的发展而消亡，反而伴随着宗教世俗化的进程迎来了宗教与科学共处的“蜜月期”。但不容忽视的是，这种越来越世俗化了的宗教信仰即便在当代人的生活中大行其道，却离传统意义上的宗教信仰越来越远。我们正是立足于这些新的变化，通过对科学时代宗教信仰的反思，宗教经验的直观，以及世俗化宗教信仰的合理性分析，揭示宗教信仰可以作为一种内化的精神力量平衡于理性外化的物质力量，可以以其神秘主义对抗现代科学技术的去蔽，还自然以面纱，还世界以崇高。

在方法上，运用现象学方法和案例分析如关于尼采、克尔凯郭尔、詹姆斯、弗洛伊德、胡塞尔、海德格尔、萨特、伽达默尔等的相关理论和一些宗教现象的案例，对制度宗教观、基督教神学以及其他理性的宗教信仰研究方法进行悬搁，回到宗教信仰本身，通过对宗教信仰现状和宗教信仰活动的直观，探究宗教信仰的由来，分析宗教与科学关系的演变，反思科学时代的宗教信仰，解释宗教信仰经验，论证世俗化宗教信仰的合理性，最终是要寻求科学与宗教的融合、理性与非理性的平衡、人与自然的共设。

第五是宗教的“希望”范畴问题。莫尔特曼（J. Moltmann）是20世纪西方最具影响力的宗教哲学家和基督教神学家之一。他的思想以“终末论的希望”为起点和方向，对传统基督教神学中的上帝论、基督论、三一论、创造论、圣灵论、终末论、教会论等主题进行了创新性研究。这些研究与战争、解放、和平、人权、生态等社会现实问题联系密切。其早期思想从时间维度探讨上帝的应许以及对来临的上帝的期盼，并引申至政治神学领域。后期则在时间框架内引入上帝的自限（self-limitation）与内住（insedere）等空间概念，通过对创造论信仰的重新解释，回应了生态自然领域的危机与挑战。我们正是从时间、空间和实践三个维度对莫尔特曼的“希望”范畴进行哲学诠释，具体是对“希望”范畴做细致的语词分析、意义阐述和哲学史梳理，从哲学维度对一个典型的神学主题进行深入的哲学分析，强调希望神学作为一种处境神学，对社会、历史和实践的关怀和反思。相信这一研究有利于启发读者从一种理性的视角认识宗教，了解宗教主题的深层内涵，正视其学术价值和现实意义。

魏屹东

2015年10月10日

前 言

20 世纪下半叶以来，哲学研究回归生活实践的诉求越来越迫切，实践哲学在西方学界也越来越引起人们的关注。究竟什么是实践哲学？学界也莫衷一是。实践哲学最早可追溯到古希腊的亚里士多德，他将实践界定为关于人类实际活动与生活的反思行为。维特根斯坦从 20 世纪 30 年代初已经开始关注实践问题，他认为，语言中所表达的内容在每一种情况中都取决于我们实践中可用的技术。在后期，维特根斯坦所探讨的不是抽象的理论问题，而是具体的生活实践问题。这种实践哲学的任务就是要通过对日常语言的分析去寻找解决哲学问题的方法，使哲学重返日常生活。

维特根斯坦的实践哲学突破了传统理论哲学的框架，不再建构抽象的理论体系，而是着力于解决人们生活中的实际问题，从而使人们更好地生活。维特根斯坦的哲学关注人们的日常生活图景，其理论具有强烈的实践特征。可以说，维特根斯坦的实践哲学思想在 20 世纪产生了不可估量的作用，不仅推动了语言哲学的转向，而且深刻地影响了 20 世纪的分析哲学、语言哲学及后现代哲学的发展。事实上，后期维特根斯坦的这种对哲学思想实践化的研究与 20 世纪西方哲学的发展进路也是不谋而合的。

最近十余年来，笔者一直在追踪研究维特根斯坦的哲学思想，在研究过程中发现有部分学者赞同维特根斯坦语言哲学中的实践特征，却不赞同维特根斯坦有所谓的实践哲学观或实践哲学思想。究其原因，除了维特根斯坦本人没有明确讨论过这一主题之外，也与其所主张的实践观与一般大众所认可的实践观相差甚远有一定的关系。因此，笔者写作此书的主要目的是澄清维特根斯坦不仅在语言哲学中具有强烈的实践特征，事实上他后期哲学中的诸多理论兼具有实践特征。本书试图通过多方面的分析来层层深入地系统阐明维特根斯坦哲学理论的实践特征，以期抛砖引玉，能让更多的后来者深入研究维特根斯坦哲学理论中更有意义的新的实践问题。

在此，对于本书的行文方式，需要补充几点说明：①本书主要诠释维特根斯坦哲学理论的实践特征，为了表述的方便，书中也会使用“实践哲学”“实践哲学思想”“实践哲学观”等词，因此除非书中有特别说明，在本书中上述几个词会混同使用；②维特根斯坦的实践观一般被认为是发生在他的语言哲学转向之后，所以除非有特别说明，本书所涉及的相关内容一般泛指其后期哲学理论的实践思想；③由于本书对维特根斯坦的原著进行了解读和分析，因此书中引用原文之处比较多，甚至个别段落会存在重复引用的情况；④关于《哲学研究》，国内已经发行了众多译本，因各译本之间还存在着一些差异性，因此本书在写作的过程中参照和引用了不同的译本，因此在引文中会出现多个译本的情况。

在写作此书的过程中，笔者有幸得到许多人的帮助与支持。首先，要感谢笔者的良师袁海军教授，是他引导笔者进入维特根斯坦专题研究的殿堂。其次，要感谢笔者的学生益友们，正是在与他们讨论的过程中，笔者受到了许多的启发。最后，要特别感谢科学出版社的责任编辑朱萍萍女士及张楠女士，她们都有着非常深厚的专业知识和令人敬佩的人文素养，在本书的出版过程中，她们的敬业精神让笔者获益良多，在此一并感谢。

由于本书只是尝试性地对维特根斯坦哲学理论中的实践特征进行了总结、梳理和论证，大多数问题只是进行了简要的阐述，也由于笔者水平所限，在理解和解读维特根斯坦思想的过程中难免存在不足，甚或挂一漏万之处，敬请广大读者批评指正。

樊岳红

2019 年 9 月

目录

绪　言

一、研究维特根斯坦哲学理论实践特征的重要意义

路德维希·维特根斯坦（Ludwig Wittgenstein，1889—1951）是英国哲学家，语言哲学的奠基人。他出生于奥地利维也纳的一个富裕家庭，后加入英国国籍，毕业于英国剑桥大学，是罗素的得意门生。第一次世界大战中他曾入伍英军，获得过战斗勋章，后当过乡村小学老师、建筑师等，最后回到剑桥大学接替摩尔（G. E. Moore）成为哲学教授。1947 年他从剑桥大学辞职后专心进行思考与写作。维特根斯坦主张哲学的本质就是语言。在前期的《逻辑哲学论》（*Tractatus Logico-Philosophicus*）中，他主张语言图像说，将哲学转换成形式语言问题；而在后期的《哲学研究》（*Philosophical Investigation*）中，他通过语言游戏说主张哲学研究应该回归到人们的日常生活中。维特根斯坦也许是 20 世纪最广为人知的哲学家，其后有大量的著作和论文都在研究、分析及论述他的哲学思想，他被公认为哲学界的一个特殊范例。他没有经过哲学的专门训练，非科班出身，但他前后期的哲学思想先后影响了两个相当重要的哲学流派——维也纳学派和牛津日常语言学派。

维特根斯坦前后期的哲学思想在 20 世纪所产生的影响是有目共睹的。从 20 世纪 30 年代起，维特根斯坦的哲学研究开始转向。事实上，维特根斯坦前期哲学中蕴含了一种实践哲学思想的萌芽，而在其后期哲学的诸多命题中则明确诠释了一种实践哲学思想。当然，此实践哲学思想并非彼实践哲学思想，维特根斯坦并不是想要去建构一种完美的或者是包罗万象的哲学体系，而是试图突破传统理论哲学的框架。在后期，维特根斯坦更加关注如何才能使人们更好地生活，通过解决人们生活中实际存在的问题，使人们获得幸福，这与 20 世纪哲学知识论的发展

也是不谋而合的。在后期，维特根斯坦所关注的一些主要理论，如“生活形式”“语言游戏”“遵守规则”“意义在于使用”等，无不传达了一种实践哲学思想，这与其早期追求哲学的本质、语言的本质是相差甚远的。

在当代众多讨论实践哲学的学者中，维特根斯坦的理论应该说是独树一帜的，可以说他改变了欧洲哲学研究的传统，把哲学研究从形而上的天上拉回到人间。维特根斯坦关注人在世界中的具体生存状态，致力于帮助人们获得实践智慧，从而更好地行动和生活。当然，维特根斯坦实践哲学思想并不是进行抽象的形而上学分析，而是围绕着生活形式、语言游戏和遵守规则等理论展开哲学讨论，讨论的目的则是把哲学研究从形而上的思辨转向人们的日常生活。笔者主张将维特根斯坦哲学理论看作是具有实践特征的，但这种实践特征并非通常意义上的伦理学、政治哲学等作为学科分支的实践哲学思想，而是对人类实践活动以及与人类实践相关联的语言和教育等问题在实践层面上的本质思考。当然，维特根斯坦本人也认为他自己的哲学关注实践，贴近人们的日常生活，既是一种行动，也是一种思维训练；它有实际的结果，并能引导人们更好地生活，因此值得研究。

此外，后期维特根斯坦的这种研究进路与20世纪西方哲学的发展也是不谋而合的。在早期的《逻辑哲学论》中，维特根斯坦认为，哲学的主要任务是通过阐明语言与世界的关系从而解释世界的本质结构。到了后期，维特根斯坦一反常态，不再追求语言与世界之间的思想关联，而是转向了日常语言，转向了生活形式。后期的维特根斯坦解构了哲学统一的本质，不再试图建构某种包罗万象的理论体系，也不像早期那样想要建构一种理想语言。在后期，他关注于人们生活中的实际问题，关注于语言游戏和生活形式的多样性，关注于语境的动态性，等等。

在此需要说明的是，国内学界关于维特根斯坦是否存在实践哲学思想是存疑的。一方面，学者们认为，维特根斯坦哲学中无不蕴含着一些实践思想，但这种实践思想究竟是什么，似乎又无法说清楚、道明白；另一方面，如果维特根斯坦哲学理论中真的有实践思想的话，这又是否值得我们去进行深入的探讨和研究，因为他并没有此方面的专著或论文。

事实上，当前对哲学形而上学的研究正在慢慢减弱，实践哲学研究的升温与复兴又是不争的事实。正是在这种背景下，对维特根斯坦哲学理论中的实践维度进行追本溯源是很有必要的，也是值得去探讨的。笔者写作此书的目的在于试图阐明，维特根斯坦哲学理论中的实践维度是一种综合性的实践思想，他从日常语言入手，厘清了语言的本源性和非理论性，消解了西方传统哲学对语言逻辑性的追求。维特根斯坦认为研究哲学的方式可以像科学研究一样。但是，哲学与科学不同的地方在于，哲学研究必须基于人们的日常生活形式，而这正是人类实践活动的基础。正因如此才产生了所谓的维特根斯坦理论的实践转向，他的整个研究方向从对哲学本质的追求回归到了人们的日常生活，回归到了人们的生活形式之中。

二、维特根斯坦实践思想的主要内容与实质

本书主要讨论维特根斯坦哲学理论中的实践思想、价值及其意义。所谓“实践哲学”，是与形而上学哲学相对立的一种哲学模式。传统的理论哲学专注于寻找世界的本原、秩序与真理，想要获得关于这个世界的本质，而维特根斯坦的“实践”思想是把人类文化与社会实践的特有形式关联起来。“实践”所具有的重要意义是不言而喻的，当代哲学对实践的关注也是不争的事实。现代实践哲学则把视角转向了人在世界中的具体生存状态，致力于帮助人们获得实践智慧，从而更好地行动和生活。因而实践哲学并不仅仅是一种形而上的诉求，它的核心更是紧紧围绕现实生活中人的行为和生存方式而展开的哲学思考，积极拓展哲学在人类生活中的实践意义。

维特根斯坦的“语言游戏”“生活形式”“遵守规则”“意义在于使用”等核心理论，是一种融合了语用实践、生活实践、社会实践以及行动实践的“四位一体”的实践哲学思想。后期维特根斯坦更多地关注人在世界中的基本状态，通过生活实践来获得哲学智慧。因而维特根斯坦的实践观表现的是一种综合性的实践思想，既有语用实践特征，如他主张“语言游戏是一种基于生活形式的实践活动”；又有生活实践特征，如“生活形式是当前人类社会所共有的习俗、惯例、制度和传统等的总和”；同时兼有社会实践特征，如“遵守规则是一种实践”；另外还有行动实践特征，如“语词的意义在于使用”；等等。

维特根斯坦认为，从严格意义上来说，哲学的作用是防止人们进入形而上学的“迷雾”之中。那么怎样才能防止这种错误的产生呢？维特根斯坦认为，唯有实践哲学才做得到。对于维特根斯坦来说，实践哲学的任务不是解释和描述，而是一种活动。例如，维特根斯坦认为，遵守规则就是一种实践活动。哲学的目的应该是澄清语言导致的混乱，进而揭示事物发展的规律。在后期，维特根斯坦认为哲学的目的就是消除人们在日常交往中因语言用法的混乱而产生的“哲学疾病”，通过对语言表达式的考察和整理，逐步澄清表达式的意义。综上所述，从理论哲学到实践哲学维度的转向，维特根斯坦开启了一种哲学研究的新进路。

笔者主张维特根斯坦哲学思想的实践特征，是因为维特根斯坦倡导语言的实践性和异质性，这正是他哲学“解构”特征的鲜明体现。他并不试图指出人类实践是什么，而是为实践划清界限，指出它不是什么；他也不试图为语言提供理论解释，而是提倡“行胜于言”，因为语言的基础来源于实践。[①]

这种通过消除语言的混乱来达到哲学治疗目的的过程，就好像为苍蝇指明飞出捕蝇瓶的方向，通过这种方式来消除人们思维上的迷惘与混乱。所以实践不是简单地等同于张三或李四在做某件事情，也不能简单地等同于张三或李四有目的地在做某件事情。因为这种实践不仅关注人们实际上在做什么，而且更为重要的是人们在做某件事情时所具有的意义以及人与周围环境的互动过程。维特根斯坦的实践观不仅关注做事的目的，而且关注做事的外在规则。当然，这些规则不是人们头脑中的产物，而是人们在日常生活中所形成的。在做事时，人们根据这些规则来活动，这些规则可以用来解释人们做出某些行为的目的和意义。因此，维特根斯坦实践观的特点就在于他是从人们的生活形式、人们的日常语言、人们遵守的规则中来考察人们的日常行为。[②]综上所述，维特根斯坦哲学理论的实践特征是与他的“生活形式”“语言游戏”“遵守规则”“意义在于使用”等概念辩证地联系在一起的。

三、国内外研究概况

事实上，目前国内外关于维特根斯坦的研究成果颇为丰硕，但具体讨论维特根斯坦实践思想的专门文献并不多见，已有的成果大多局限于只从某一方面来讨论其实践观。

（1）国内探讨维特根斯坦实践思想的文献。陈常燊在《语言与实践：维特根斯坦对“哲学病”的诊治》[③]一书中指出：我们以往对维特根斯坦思想的研究存在过多的误解之处，因为我们无法完全离开“语言游戏”这一概念来研究任何一种人类的实践活动。事实上，哲学的研究活动就是一种日常实践活动，因为只有在实践中、在语言游戏中，其对语词使用才会有意义，而这些都是基于我们的生活形式的。此外，陈常燊还在《论后期维特根斯坦对哲学性质的理解》[④]一文中指出，

---

① 陈常燊. 论后期维特根斯坦对哲学性质的理解. 山东科技大学学报（社会科学版），2016，(3)：87-93.

② 张庆熊. 社会科学的哲学：实证主义、诠释学和维特根斯坦的转型. 上海：复旦大学出版社，2010：90.

③ 陈常燊. 语言与实践：维特根斯坦对“哲学病”的诊治. 上海：上海人民出版社，2016.

④ 陈常燊. 论后期维特根斯坦对哲学性质的理解. 山东科技大学学报（社会科学版），2016，(3)：87-93.

我们可以将维特根斯坦的哲学看作是一种实践哲学，这种“实践哲学”并非我们通常所理解的具有实践性的学科。维特根斯坦意义上的所谓“实践哲学”是指对人类日常实践活动的践行，也是对与人类生活息息相关的语言、习俗、制度等事物的本质思考。邱琳在《维特根斯坦“意义即使用”的实践观及其对语言教学的启发》[①]一文中认为，前期与后期的维特根斯坦在意义问题上有着巨大的分歧。前期他持意义图像论，而在后期他走向了反本质主义，回归到实践上对意义的使用活动之中，即“意义在于使用”。黄姣玲等在《统领语言事实和语言实践——论维特根斯坦前后期哲学的一致性》[②]一文中指出，维特根斯坦在早期哲学中所关注的是语言事实，而在后期哲学中所关注的是语言实践。梁美妍在《实践解释学视野中的〈逻辑哲学论〉——理解早期维特根斯坦的新视角》[③]一文中认为，正是实践观的影响，使得维特根斯坦的研究从前期不可言说的内容转变为后期可以言说的事物。江怡在《从〈逻辑哲学论〉看西方哲学的实践转向》[④]一文中主张，虽然《逻辑哲学论》对于我们现当代哲学的发展产生了积极且深远的影响，但是迄今为止，我们对这本重要的前期著作并没有给出一个令众人皆满意的解释。因此，凡是我们在日常生活中能用语言表达的东西都是可以说得清楚的，但也有一些我们无法用语言来表述的东西，那么我们只能通过实践的方式来表达。段惠琼等在《维特根斯坦的“语言游戏论”及其语用价值》[⑤]一文中阐明，在后期维特根斯坦的理论中，“语言游戏”等是其核心概念之一。人们研究语言游戏，不仅对于深刻理解维特根斯坦后期哲学实践观的内涵与外延有着重要的意义，而且也为语用学的发展提供了新的空间。黄敏在《怀疑论，常识与实践》[⑥]一文中分别比较了摩尔、马尔康姆（N. Malcolm）和维特根斯坦三人对怀疑论的回应。维特根斯坦对语法和经验命题进行了合理的区分，在维特根斯坦看来，能够避免怀疑论的是一种实践态度。刘林在《维特根斯坦“语言游戏”的实践哲学转向》[⑦]中认为，“语言游戏”对后期维特根斯坦理论的作用是不言而喻的，后期维特根斯坦正是通过对“语言

---

① 邱琳. 维特根斯坦“意义即使用”的实践观及其对语言教学的启发. 外国语文研究，2016，(6)：21-26.

② 黄姣玲，谢维营. 统领语言事实和语言实践——论维特根斯坦前后期哲学的一致性. 烟台大学学报（哲学社会科学版），2015，(6)：1-6.

③ 梁美妍. 实践解释学视野中的《逻辑哲学论》——理解早期维特根斯坦的新视角. 理论探讨，2012，(2)：74-76.

④ 江怡. 从《逻辑哲学论》看西方哲学的实践转向. 哲学动态，2011，(1)：86-89.

⑤ 段惠琼，王川一. 维特根斯坦的“语言游戏论”及其语用价值. 江西社会科学，2009，(4)：76-79.

⑥ 黄敏. 怀疑论，常识与实践. 现代哲学，2007，(4)：101-106.

⑦ 刘林. 维特根斯坦“语言游戏”的实践哲学转向. 外语学刊，2009，(4)：18-21.

游戏”进行日常的分析和考察才完成了其转向，即完成了从理论哲学向实践哲学的转向。曹剑波在《维特根斯坦的实践哲学》[①]一文中主张，后期维特根斯坦提倡一种实践哲学研究，而反对学院派的理论哲学研究。维特根斯坦所提倡的实践哲学更多地关注人们的现实生活，对人们的语言游戏进行分析论证。后期维特根斯坦正是基于生活形式来对日常语言进行分析的，使其哲学研究重新回归到了日常实践之中。

（2）国内从其他理论间接佐证维特根斯坦实践思想的文献。黄在忠在《从“解释”到“理解”——论现代哲学的问题转向》[②]一文中阐明，自现代哲学以来，哲学的形而上学特征使得人们对它的研究越来越脱离了真实世界，而片面地陷入对抽象问题的追问之中。进入20世纪后，以后期维特根斯坦、胡塞尔、海德格尔（M. Heidegger）、伽达默尔等为代表的哲学家努力把对哲学的抽象反思拉回到粗糙的地面，实现从解释世界到阐明世界的转向。庞学铨在《生活哲学：当代哲学的一种可能路向》[③]一文中指出，维特根斯坦和海德格尔两位哲人都表达了对传统西方思辨哲学的失望态度，并且试图消解西方的形而上学传统哲学问题，而实践理性的转向和实践哲学的繁荣正是此危机下的产物。陈嘉映在《周边情况——一项维特根斯坦与奥斯汀比较研究》[④]一文中指出，在后期，维特根斯坦哲学的一个显著特点是对语境性的关注。通过对生活形式、语言游戏等概念进行考察，维特根斯坦确定了语境因素的重要性。陈常燊在《从反思平衡看维特根斯坦后期哲学》[⑤]一文中指出，通过对维特根斯坦“规则遵守悖论”的考察，以及通过对《论确定性》怀疑论的考察，我们可以发现维特根斯坦在语言游戏和行为规则之间形成了一种动态的平衡关系。张爱珍等在《规则悖论与模糊语义研究的语境转向》[⑥]一文中表明，规则遵守悖论是维特根斯坦所建构的理论体系之一，人们在进行语言游戏时必然会遵守一定的游戏规则，而维特根斯坦的规则却是开放式的，语句的意义最终是由使用的语境与现实决定的。张庆熊教授在《交往行为与语言游戏：论哈贝马斯对维特根斯坦语言哲学的接纳与批评》[⑦]一文中指出，哈贝马斯极其赞赏维特

① 曹剑波. 维特根斯坦的实践哲学. 湖北社会科学，2007，（3）：104-107.

② 黄在忠. 从“解释”到“理解”——论现代哲学的问题转向. 南方论刊，2017，（2）：29-32.

③ 庞学铨. 生活哲学：当代哲学的一种可能路向. 哲学分析，2016，（6）：74-84，193.

④ 陈嘉映. 周边情况——一项维特根斯坦与奥斯汀比较研究. 现代哲学，2012，（2）：63-68.

⑤ 陈常燊. 从反思平衡看维特根斯坦后期哲学. 哲学分析，2012，（4）：115-125，199.

⑥ 张爱珍，陈维振. 规则悖论与模糊语义研究的语境转向. 湖北大学学报（哲学社会科学版），2010，（2）：76-79.

⑦ 张庆熊. 交往行为与语言游戏：论哈贝马斯对维特根斯坦语言哲学的接纳与批评. 马克思主义与现实，2008，（4）：34-46.

根斯坦的意义使用观。维特根斯坦强调人类语言社会的实践性，即人类社会是由具体的生活形式和语言游戏所支配的。范秀英在《由后期维特根斯坦哲学引发的思考》[①]一文中表明，“语言游戏”是一种基于日常语言行为的实践活动，而人类的生活是无法离开这种基于语言的实践活动的。范秀英在《语言游戏的语用维度》[②]一书中阐明，维特根斯坦深入讨论了生活形式与语言游戏等概念，并指出语言主体的语言活动就是一种实践活动，语言的意义是由使用来突显的。朱宝信在《日常生活实践：去蔽还是辩护？——关于国内外维特根斯坦研究的断想》[③]一文中指出，如果说人们的语言游戏是一种实践活动，那么生活形式就成为语言游戏的基础。据此来说，维特根斯坦的实践哲学观引发了现代哲学史上的语言学转向。江天骥在《知识、语言和行动——维特根斯坦与近代西方哲学的困境》[④]一文中表明，后期维特根斯坦哲学探究的是生活实践问题，其哲学观与传统哲学观的区别在于，维特根斯坦的哲学关注行动本身是如何可能的，而不是关注科学知识如何可能的问题。维特根斯坦想要表明的是生活实践和语言交流是如何可能的。韩林合在《维特根斯坦论“语言游戏”和“生活形式”》[⑤]一文中探讨了“语言游戏”和“生活形式”这两个重要的理论概念。维特根斯坦认为，“语言游戏”和“生活形式”是辩证统一的，因为生活形式是实践活动的背景。在实践活动中，人们是以特定的风俗、习惯、制度和传统为前提的。马尔康姆在《维特根斯坦论语言和规则》[⑥]一文中指出，当前学界关于维特根斯坦遵守规则理论的研究存在着矛盾：有些学者认为遵守规则以人类共同体的实践为前提和基础，而另一些学者则认为维特根斯坦所说的遵守规则的活动并不意指社会实践，只是单纯地强调人们在日常生活中所遵守的规则要在行为中可重复实现，这才构成了遵守规则的基础。

（3）国内间接提及维特根斯坦实践思想的专著。江怡教授在《维特根斯坦：一种后哲学的文化》[⑦]一书中提出，维特根斯坦的遵守规则活动是一种一再地重复进行的有规律的活动，即一种实践活动。张志林等在其选编的《多维视界中的维

① 范秀英. 由后期维特根斯坦哲学引发的思考. 长白学刊，2006，（5）：61-62.

② 范秀英. 语言游戏的语用维度. 北京：中国社会科学出版社，2014.

③ 朱宝信. 日常生活实践：去蔽还是辩护？——关于国内外维特根斯坦研究的断想. 中州学刊，2001，（6）：158-161，184.

④ 江天骥. 知识、语言和行动——维特根斯坦与近代西方哲学的困境. 哲学研究，1999，（3）：21-30.

⑤ 韩林合. 维特根斯坦论“语言游戏”和“生活形式”. 北京大学学报（哲学社会科学版），1996，（1）：101-109.

⑥ N. 马尔科姆. 维特根斯坦论语言和规则. 翟玉章译. 哲学译丛，1994，（5）：41-47.

⑦ 江怡. 维特根斯坦：一种后哲学的文化. 北京：社会科学文献出版社，2002.

特根斯坦》[①]一书中指出，维特根斯坦认为一个词语的意义在于该词在实践中的用法，它是通过共同体来认可的。布鲁尔（D. Bloor）在《左派维特根斯坦与右派维特根斯坦》[②]一文中提出，维特根斯坦对于规则与遵守规则的解释是以实践中共同体的利益为基础的。韩林合教授在《维特根斯坦〈哲学研究〉解读（上册）》[③]一书中强调，任何表达式的使用规则均植根于语言游戏和生活形式之中，其是否被遵守只能从相关语言游戏和生活形式的实践中来得到判定。

此外，还可参见王晓升、江怡、涂纪亮、韩林合、鉴传今、张庆熊、徐景亮、樊岳红等的相关专著。[④]

国外学界围绕维特根斯坦的实践思想开展直接研究的大体上有如下一些文献。

在《实践哲学》（"The Practice of Philosophy"）[⑤]一文中，甘特（G. Gunter）讨论了维特根斯坦前后期思想的转变，即从《逻辑哲学论》中所持的前期观点向后期《哲学研究》中所论证的思想的转变。在1919至1929年，维特根斯坦认为，在哲学领域应该保持沉默，并且应该将注意力转向实践活动。甘特把这种"实践哲学"理解为，哲学不再专门研究精神领域的问题，而是一种对日常实践的研究。在《维特根斯坦论教授与学习规则：用他自己的话来回应》（"Wittgenstein on Teaching and Learning the Rules：Taking Him at His Word"）[⑥]一文中，作者鲍威尔（T. Bowell）讨论了维特根斯坦描述的人们如何学习的规则。在这种学习的过程中，每一种学习和教学过程都对自我形成过程产生了重要作用，建构了我们融入世界的方式，这样我们与他人的互动就形成了我们的第二本性。在《维特根斯坦与经

① 威瑟斯布恩. 多维视界中的维特根斯坦. 郝亿春，李云飞等译. 上海：华东师范大学出版社，2005.

② 大卫·布鲁尔. 左派维特根斯坦与右派维特根斯坦//安德鲁·皮克林. 作为实践和文化的科学. 柯文，伊梅译. 北京：中国人民大学出版社，2006：273-288.

③ 韩林合. 维特根斯坦《哲学研究》解读（上册）. 北京：商务印书馆，2010.

④ 详情请见如下文献：王晓升. 走出语言的迷宫——后期维特根斯坦哲学概述. 北京：社会科学文献出版社，1999；江怡. 维特根斯坦传. 南京：江苏人民出版社，2018；涂纪亮. 维特根斯坦后期哲学思想研究. 南京：江苏人民出版社，2005；涂纪亮. 维特根斯坦后期哲学思想研究：英美语言哲学概述. 武汉：武汉大学出版社，2007；韩林合. 维特根斯坦《哲学研究》解读. 北京：商务印书馆，2010；鉴传今. 可说的与不可说的. 芜湖：安徽师范大学出版社，2010；张庆熊. 社会科学的哲学：实证主义、诠释学和维特根斯坦的转型. 上海：复旦大学出版社，2010；徐景亮. 语言与人生：沿着维特根斯坦之路. 济南：山东大学出版社，2011；樊岳红. 维特根斯坦与语境论. 北京：科学出版社，2016；樊岳红. 维特根斯坦数学哲学思想研究. 北京：科学出版社，2017.

⑤ Gunter G. Wittgenstein's Anthropological Philosophy. Cham: Palgrave Macmillan, 2017: 15-39.

⑥ Bowell T. Wittgenstein on teaching and learning the rules: taking him at his word//Peters M A, Stickney J. A Companion to Wittgenstein on Education. Singapore: Springer Nature Singapore Pte Ltd, 2017: 643-657.

典实用主义》（“Wittgenstein and Classical Pragmatism”）[①]一文中，作者加里森（J. Garrison）对维特根斯坦与三位经典实用主义者查尔斯·皮尔士（Charles S. Peirce）、威廉·詹姆斯（William James）及约翰·杜威（John Dewey）的观点进行了比较。加里森认为杜威的实用主义与维特根斯坦的主题有许多相似之处。在《从原因到规范的转换：维特根斯坦论训练》（“The Transition from Causes to Norms：Wittgenstein on Training”）[②]一文中，作者休默（W. Huemer）提出，后期维特根斯坦对“教学”和“训练”活动进行了鲜明的区分，这是后期维特根斯坦哲学所呈现的实践特征。在《维特根斯坦：全局怀疑主义与实践至上》（“Wittgenstein，Global Scepticism and the Primacy of Practice”）[③]一文中，拉德（A. Rudd）主张，维特根斯坦提供了关于怀疑论的一些重要主张。此外，在海德格尔的《存在和时间》（*Being and Time*）一书中也可以找到类似于维特根斯坦解释怀疑论的观点。在《实践中的标准性：学习与技术》（“Normativity in Practice：Learning and Techniques”）[④]一文中，作者梅迪娜（J. Medina）讨论了20世纪30年代前后维特根斯坦思想的转变，其结果是引发了实践的转向。在《“中期维特根斯坦”：从逻辑原子论到实践整体论》（“The‘Middle Wittgenstein’：From Logical Atomism to Practical Holism”）[⑤]一文中，作者斯特恩（D. Stern）指出，在后期的《哲学研究》中，维特根斯坦强调形式规则也必须根据人们的实践语境来理解，因为规则是开放的，实践必须为自己辩护。左汉森（K. S. Johannessen）在《维特根斯坦后期哲学中的实践概念》（“The Concept of Practice in Wittgenstein’s Later Philosophy”）[⑥]一文中明确指出，在维特根斯坦的后期理论中，“实践”是其使用的高频词之一。后期维特根斯坦认为实践概念是由我们的行为来确定的，我们会在一个特定的场合来应用某种实践概念。在《维特根斯坦：一种新的哲学实践时

① Garrison J. Wittgenstein and classical pragmatism//Peters M A, Stickney J. A Companion to Wittgenstein on Education. Singapore: Springer Nature Singapore Pte Ltd, 2017: 321-338.

② Huemer W. The transition from causes to norms: Wittgenstein on training. Grazer Philosophische Studien, 2006, 71(1) : 205-225.

③ Rudd A. Wittgenstein, global scepticism and the primacy of practice//Moyal-sharrock D, Brenner W H. Readings of Wittgenstein’s On Certainty. London: Palgrave Macmillan, 2005: 142-161.

④ Medina J. Normativity in practice: learning and techniques//Medina J. The Unity of Wittgenstein’s Philosophy: Necessity, Intelligibity, and Normativity. Albany: State University of New York Press, 2002: 141-194.

⑤ Stern D. The “Middle Wittgenstein”: from logical atomism to practical holism. Synthese, 1991, 87(2): 203-226.

⑥ Johannessen K S. The concept of practice in Wittgenstein’s later philosophy. Inquiry, 1988, 31(3): 357-369.

代》（“Wittgenstein: Time for a New Philosophical Practice”）[①]一文中，作者米勒（D. J. Miller）主要讨论了维特根斯坦在《哲学研究》中关于新的哲学实践的探索。在《维特根斯坦的理论与实践哲学》（“Wittgenstein's Theory and Practice of Philosophy”）[②]一文中，作者克莱塞（G. Kreisel）认为，维特根斯坦的哲学是“让苍蝇飞出捕蝇瓶的道路”。此外，无论是建构的抽象实体还是描述性的理论，语词的实际意义在于使用之中。

除此之外，国外围绕维特根斯坦实践哲学思想间接开展研究的文献大体上可以梳理为三个方面。

（1）遵守规则与实践哲学。目前西方学界对于维特根斯坦的“遵守规则是一种实践”的观点基本持肯定态度。涉及的主要文献有：额尔金（C. Elgin）指出，后期的维特根斯坦不相信能够找到理论的基础或者“宇宙的架构”，因为他相信的是实践，实践的正误取决于它们与我们所遵守的规则是否符合；夏克尔（S. Shanker）指出，维特根斯坦用遵守规则的实践基础取代了决定论图式；韦翰尼（P. H. Werhane）及麦金强调，维特根斯坦认为构成规则的乃是我们对规则的集体使用，遵守规则就是一种由共识、习惯和训练所建立的普遍实践；丹尼尔（W. Daniel）指出，维特根斯坦认为一个词的意义就在于它的使用，遵守规则是一种一再地进行的有规则的实践活动。[③]

（2）共同体与实践哲学。当前，学界关于维特根斯坦的共同体观是存在分歧的，其中左派以克里普克、布鲁尔、马尔康姆、斯特劳德（B. Stroud）及梅迪斯（W. Meredith）[④]等为代表。他们认为维特根斯坦赞同规则的集体主义观点，即只有在实践中拥有了共同体标准，个体才能参与到各种实践活动之中。维特根斯坦通过将规则与共同体联系起来，主张共同体的一致性使得规则具有了确定性，因

---

① Miller D J. Wittgenstein: time for a new philosophical practice. Continental Philosophy Review, 1998, 31(4): 411-424.

② Kreisel G. Wittgenstein's theory and practice of philosophy. The British Journal for the Philosophy of Science, 1960, 11 (43): 238-252.

③ Shanker S. Ludwig Wittgenstein: Critical Assessments. Vols. 1-5. Beckenham: Croom Helm, 1986; Catherine E. The Philosophy of Nelson Goodman: Selected Essays. London: Routledge, 1997; McGinn M. Routledge Philosophy Guidebook to Wittgenstein and the Philosophical Investigations. London: Routledge, 1997; Daniel W. The Later Wittgenstein on Language. London: Palgrave Macmillan, 2010.

④ Kripke S A. Wittgenstein on Rules and Private Language. Oxford: Blackwell, 1982; Bloor D. Wittgenstein: A Social Theory of Knowledge. New York: Columbia University Press, 1983; Malcolm N. Wittgenstein on language and rules. Philosophy, 1989, 64(247): 5-28; Stroud B. Meaning, understanding and translation. Canadian Journal of Philosophy, 1990, 39(S1): 2017-2018; Meredith W. Wittgenstein, Mind and Meaning: Towards a Social Conception of Mind. Oxford: Routledge, 2002.

为遵守规则的行为只能由共同体来检验。而右派的主要代表人物海克（P. M. S. Hacker）、贝克（G. P. Baker）、夏克尔、米纳尔（E. Minar）、梅迪娜、麦吉尼斯（B. MacGuinness）[①]等人认为，共同体观是基于对维特根斯坦论证中的误解的，共同体的一致性并不是遵守规则的必要条件。他们认为，对遵守规则的论证采用共同体的回应是无法令人满意的，共同体的解释也可能会出错。在日常实践中我们通常所说和所做的事情都需要辩护的理由，共同体的观点自身也需要进行辩护。此外，当规范性被嵌入人们的特定行为之中时，人们对同一规范的表现行为是不同的，因而同一规范也存在着不可通约性。

（3）语境论与实践哲学。皮尔斯（D. F. Pears）提出，维特根斯坦的学习观似乎是要在刺激和反应之间建立一种语境因果关系。因此，我们的行为在因果上是不确定的，但通过培训获得了规范性的结构。戴蒙德（C. Diamond）及迪尔曼（İ Dilman）则指出，所有的行为都取决于我们实践中可用的技术，只有在实践语境中行为才有意义。人类生活中的交往与互动都是语境性的。特拉维斯（C. Travis）、贝克和海克强调，词语的用法是建立在语境相似性基础上的，语义标准因语境而改变，如果人们不首先理解语言使用环境的话，那么也就无法了解其意义。[②]

此外，研究维特根斯坦比较著名的文献还有：格洛克的《维特根斯坦字典》，斯卢加与斯特恩主编的《维特根斯坦的剑桥手册》，斯特恩的《剑桥维特根斯坦学派》，格雷林的《维特根斯坦与哲学》，米勒等的《遵守规则与意义》，斯特恩的《维特根斯坦〈哲学研究〉导论》，贝克和海克的《维特根斯坦：规则、语法与必然性》，蔡尔德的《维特根斯坦》。[③]

---

① MacGuinness B. Approaches to Wittgenstein: Collected Papers. Oxford: Blackwell, 2002; Baker G P, Hacker P M S. Scepticism, Rules and Language. Oxford: Blackwell, 1984; Baker G P, Hacker P M S. Wittgenstein: Understanding and Meaning. Oxford: Blackwell, 2005; Baker G P, Hacker P M S. Commentary on the Philosophical Investigations. Oxford: Blackwell, 2009; Minar E. Heidegger, Wittgenstein, and scepticism. The Harvard Review of Philosophy, 2001, 9(1): 37-45; Medina J. The Unity of Wittgenstein's Philosophy: Necessity, Intelligibility and Normativity. Albany: State University of New York Press, 2002.

② Pears D F. The False Prison. vols. I and II. Oxford: Oxford University Press, 1987; Pears D F. The False Prison. vol. II. Oxford: Oxford University Press, 1988; Diamond C. Rules: Looking in the Right Place. London: Palgrave Macmillan, 1989; Dilman İ. Wittgenstein's Copernican Revolution: the Question of Linguistic Idealism. London: Palgrave Macmillan, 2002; Travis C. The Uses of Sense: Wittgenstein's Philosophy of Language. Oxford: Clarendon Press, 2001.

③ 参见 Glock H. A Wittgenstein Dictionary. Oxford: Blackwell Publishers Ltd, 1996; Sluga H D, Stern D G. The Cambridge Companion to Wittgenstein. Cambridge: Cambridge University Press,1996; Grayling A C. Wittgenstein: A Very Short Introduction. Oxford: Oxford University Press, 2001; Miller A, Wright C. Rule-following and Meaning. Montreal & Kingston: Acumen Publishing, 2002; Stern D. Wittgenstein's Philosophical Investigations: an Introduction. Cambridge: Cambridge University Press, 2004; Baker G P, Hacker P M S. Wittgenstein: Rules, Grammar and Necessity. Oxford: Blackwell Publishers Ltd, 2009; Child W. Wittgenstein. London: Routledge, 2011.

综上所述，这些文献有助于我们全面理解维特根斯坦的哲学思想，也为笔者阐明维特根斯哲学理论的实践特征提供了重要的理论基础。

四、本书的内容结构

本书以《维特根斯坦哲学理论的实践维度研究》为题，力图深入分析维特根斯坦实践观的基本内容、思想来源、理论特色、重要影响及不足之处。本书共由六章组成，具体章节结构安排如下。

第一章是“实践哲学概念的历史嬗变”。这一章主要是对“实践”“实践哲学”的内涵定义与外延发展进行分析和说明。此外，这一章还分别简要地阐明了亚里士多德、康德、黑格尔、马克思、海德格尔及伽达默尔的实践哲学观，从而厘清了传统实践概念与维特根斯坦实践概念的区别。

第二至第五章是本书的主体部分。其中，第二章“‘语言游戏’的实践特征”主要从语言哲学的角度来讨论维特根斯坦“语言游戏”概念所蕴含的实践特征，分别讨论了对本质主义的解构、对生活形式的整合、对私人语言的批判、对指称模式的批判以及语言习得的规范性等内容。第三章“‘生活形式’的实践特征”是承上启下的章节，这一章主要讨论了语言游戏、遵守规则的生成背景和基础，包括生活形式是语言活动的保障、生活形式是日常实践的基础等内容。第四章“‘遵守规则’的实践特征”是本书的重点章节之一。“遵守规则”在后期维特根斯坦的哲学理论中占有重要位置，其著作中的许多讨论都是围绕着遵守规则展开的。因此，第四章重点讨论了与遵守规则相关的规范、学习、训练等实践概念。第五章“‘意义在于使用’的实践特征”同样也是本书的重点章节之一。维特根斯坦的意义使用观所产生的巨大影响力以及所引发的众多讨论是众所周知的。因此，这一章正是基于此背景来进一步讨论维特根斯坦意义使用观所具有的实践意义的。

第六章是本书的结语部分，通过总结前五章的内容来总括维特根斯坦哲学理论中的实践特征。维特根斯坦实践观所体现的主要特征是多元化与动态化的特征。语言游戏会随着日常生活形式的变化而变化，进行语言游戏又必须基于一定的规则、遵守某种游戏规则，而这种游戏规则又是在人们的日常实践中形成的。哲学回归人们的日常生活已是大势所趋，为此维特根斯坦提出“生活形式”等概念，但是哲学的实践回归并不意味着理论问题已经得到了解决，恐怕某些形而上的问题将会永远困扰着我们。

第一章

实践哲学概念的历史嬗变

19世纪末20世纪初，西方哲学普遍发生了实践哲学的转向。尤其是20世纪下半叶以来，西方学术界越来越多地关注实践哲学的研究，许多哲学家也开始反思传统思辨哲学所带来的抽象性与片面性，从而强调实践哲学转向的新趋势。当然，这里所谓的“实践哲学”是对应于传统“理论哲学”的一种哲学形式，这种形式以人们的语言、习俗、传统、制度、行为等作为研究基底，不再关注哲学家的个人心智和行为，转而更加注重社会实践中共同体所共有的习俗、惯例、制度、传统等。之所以会引发学界这种实践哲学研究的转向，其原因一般来说主要有两个方面：一是传统哲学研究的“山穷水尽”，二是日常哲学研究的“柳暗花明”。为了更好地呈现本书的主旨，深入讨论维特根斯坦的实践哲学思想，本章将主要讨论几位有代表性的哲学家的实践哲学思想，以便在动态发展过程中更全面地理解和把握维特根斯坦的实践哲学观。

第一节　实践与实践哲学的内涵

从近代哲学的几次转向来看，理论哲学与实践哲学一直都是交替发展的。人们习惯于对一些终极的本质问题进行不断的追问，而这些问题又无法通过实践的方式来被给予回答，因此，实践哲学的研究传统曾一度退出了研究视野。随着科技和生产的发展，人们在对这些终极的本质问题追问无果后，实践哲学在西方又重新回归到了人们的研究视野。实践哲学的复兴在某种程度上表明了传统形而上学问题研究所具有的局限性和困境，而解决这种困境的必然途径之一可能就是实践哲学的回归。因此，这种实践哲学思想可以看作是对人们日常生活形式的延续。

人们正是通过生活形式的指引来从事日常的实践活动的，但在日常生活中没有所谓绝对正确的生活形式。当然，这种更加注重人们日常生活的实践哲学，所关注的是人们如何获得幸福，这标志着哲学从形而上学研究回归到了人们的日常生活之中，从“不食人间烟火”回归到了世俗的尘世之中。虽然实践哲学的研究淡化了形而上学，但并不代表它不进行任何理论的研究，只是与传统哲学研究相比，实践哲学更加关注人的幸福与意义的问题。因此，实践哲学的研究改变了人们对传统哲学的认识论偏见，此时的哲学不再是只追求终极本质的一种理解和解释的学科，它更多地关注于人类生存的意义。

实践哲学的复兴和升温既是时代赋予的使命，同时又是现实研究的需要。研究实践哲学首先需要明确界定“实践”与“实践哲学”的内涵和外延。因为“实践”一词我们日常中都在使用，但这里的“实践”与我们日常的用法不尽相同。日常生活中我们经常提及“实践”一词，甚至也会谈及“实践哲学”，但“实践”与“实践哲学”究竟是什么意思呢？我们如何才能更加准确地掌握并理解这些概念呢？我们又该如何来区分“实践”的日常用法与“实践”的哲学意蕴呢？因此，这里有必要首先来界定“实践”一词的哲学内涵。

什么是“实践”？“实践”一词在人类思想史上有着悠久的历史发展过程。“实践”一词拥有丰富的内涵，不论是自然界万事万物的运动变化规则，还是人的生产活动，都可以被称为“实践”，因此“实践”本身绝不仅仅只是一个概念，而更是一种行动。中国古代就有“实行”“践履”等词，这些概念的意蕴就类似于我们今天所说的“实践”。古代先贤提出了知行合一问题，相当于我们今天所谓的主客观统一的问题、思维与存在的问题或者理论与实践的问题。“实践”一词最初在希腊可以被概括为有机物的生长过程，任何有机体都是拥有生命的，小到微生物，大到人类社会，都是有机体。因此一切有机体的运动过程都可以被广义地称为“实践”，甚至包括斗转星移、四季更替、新陈代谢等。此外，人类自身所从事的活动，包括生产与生活活动，不论是可见的满足生存需要的物质劳动，还是不可见的伦理道德方面的思想活动，都可以被统称为“实践活动”。

最早提出“实践”一词的哲学家应该追溯到古希腊的亚里士多德，虽然柏拉图也对人类的实践生活进行了分析，但他并没有对“实践”概念进行明确的定义和区分。事实上，正是通过亚里士多德的继承与发展，“实践”一词才成为一个具有真正内涵的哲学概念。亚里士多德首先区分了人类技术意义上的实践和伦理生活意义上的实践。[①]之后，康德的批判哲学区分了理论理性和实践理性，前者讨论的是认识论问题，而后者探讨的更多的是道德伦理问题。再往后，黑格尔发展了

① 参见张培. 海德格尔与实践哲学. 武汉：华中科技大学，2010：12-13.

康德的实践哲学观，他更多地运用辩证法来分析人们的实践活动，以期达到主客观的统一，或者是通过实践来统领理论、检验理论。因此，黑格尔通过辩证关系来分析实践活动，开启了实践哲学研究的新范式。

除了探讨“实践”一词外，学者们对实践哲学的用法和解释也是多元化的。研究马克思主义哲学的学者有“马哲”的观点，研究中国哲学的学者有“中哲”的立场，研究西方哲学的学者又有“西哲”的看法。一般来说，学界对于“实践哲学”有如下几种解读方式：首先是从本体论上来分析，实践哲学是与理论或思想哲学相对立的形态，在本体论上主要讨论哲学的实践形态或性质。其次是从认识论上来分析，知识主要来源于实践，在认识的过程中，实践的方法构成了我们认识或知识的主要来源和基础。或者说，在认识论上，实践优于理论方法。再次是从学科分类上来说，哲学体系中除了伦理学、政治学、宗教学、社会学等之外，还有实践哲学、政治哲学、宗教哲学、社会哲学等分支。最后是在应用意义上的实践哲学，即对各种实际问题或社会问题进行哲学的分析和解释。

随着20世纪实用主义、存在主义、解释学、法兰克福学派等的发展，如海德格尔的《存在与时间》、萨特的《存在与虚无》、杜威的《经验与自然》、伽达默尔的《真理与方法》（*Truth and Method*）等著作的出现，实践哲学在20世纪初成为一股强大的潮流，引领了学术的发展。实践哲学具有强烈的实践性，但它仍然是实践与思辨性质的辩证统一。[①]虽然20世纪哲学发展的主要趋势是实践哲学，但并非说实践哲学就真的“一统江湖”了。只是说哲学主流的研究方向已经发生了改变，但仍然有许多哲学家在理论哲学领域内孜孜不倦地做着研究工作，固守着传统哲学的研究方向，而且实践哲学自身也需要进一步的理论升华与完善。因此，在西方哲学史上，实践哲学与理论哲学并行发展，实践哲学更多地关注人的行为方式和活动规律，而理论哲学更加注重探寻生命的意义和价值，虽然二者的认知方法和研究领域不尽相同，但实践哲学与理论哲学同样都关注于人的问题。

尽管“实践”一词在希腊文献中出现得相当早，但它通常只是作为一个日常概念，严格说来，它没有被纳入理性的范畴，相对也就缺乏具体确切的含义。一般来说，理论与实践是相对的，实践哲学关注的是人的活动，与理论哲学不同的地方在于，实践哲学总是关注于人的问题，总是在人们的日常生活之中展开。[②]实践哲学是动态变化的，与人们的生活息息相关；而理论哲学则是静态的、抽象的，

---

① 参见黄颂杰. 关于实践哲学的三个问题——从杨国荣教授新著《人类行动与实践智慧》说起. 哲学分析，2014，(2)：4-11，196.

② 参见周晓梅. 实践哲学视域下的译学研究. 上海：上海交通大学出版社，2015.

尽可能地脱离人们的主观思想来讨论事物的客观本质，因此远离了人们的日常生活。实践哲学最初可以追溯到古希腊的亚里士多德，他最早把“实践”一词变成了一个哲学的概念。尽管在他之前“实践”这一概念已经在人们日常生活中有所使用，但他的贡献在于将实践上升到了哲学的范畴。

第二节 亚里士多德的实践哲学观

亚里士多德意义上的实践哲学更多的是在伦理、政治意义上谈论的活动。实践哲学是一种内在意向性的活动，是由主体的内在目的驱动的活动。由于实践活动本身的特殊性，这种活动具有主体的向善性，是具有自由意志的活动，是目的与手段、过程与方法的辩证统一。但是在生产活动中，外在环境与内在目的是对立或断裂的，因为生产制作过程中的目的与手段、过程与方法并非统一的，而是割裂的。

在《尼各马科伦理学》的开篇中，亚里士多德阐明：一切技术、一切规划以及一切实践和抉择，都以某种善为目标。因为人们都有个美好的想法，即宇宙万物都是向善的。由于实践是多种多样的，技术和科学是多种多样的，所以目的也有多种多样。例如，医术的目的是健康，造船术的目的是船舶，战术的目的是取胜，理财术的目的是发财。在这里，某些活动有时归属于同一种能力。[①]古希腊亚里士多德实践哲学的出发点基于当时的城邦文化，以及基于其上的道德机制，因此具有鲜明的时代背景和特征。它研究的是人怎样通过自身的行为调整，让自身在充满善和正义的政治形态下，追求并获得自身的善与幸福。由此看来，其哲学宗旨是以人在具体时代背景下对于善和幸福的追求为基础的。[②]

在《尼各马科伦理学》中，亚里士多德把人的行为分为理论的、实践的与制作的三种。它们分别对应于理论智慧、实践智慧与制作智慧（技艺）。亚里士多德将实践界定为关于人类实际活动与生活的反思行为，指出实践哲学是要通过对人类实践行为的反思，指明人类存在和生活的有价值的理论基础与目标趋向。亚里士多德对“实践”的规定方式有两种：第一种是实践本身就具有目的性；第二种是实践是广义的伦理和政治行为，而不是人们所说的生活或生产活动。[③]

---

① 亚里士多德. 亚里士多德全集（典藏本）. 苗力田主编. 北京：中国人民大学出版社，2016.

② 参见王罕哲. 马克思实践哲学研究. 哈尔滨：黑龙江大学，2016：23.

③ 参见张汝伦. 作为第一哲学的实践哲学及其实践概念. 复旦学报（社会科学版），2005，（5）：155-163.

从亚里士多德对实践行为的区分来看，实践本身关注的是人与人之间的伦理道德行为或政治行动。因此，在亚里士多德理论中，广义的实践有三个层次：理论哲学、实践哲学和生产技术。它们三者各自都有着不同的对象和活动方式。理论哲学关注的是人自身的关系和生产活动，实践哲学关注的是人与人之间的关系和交流活动，而生产技术关注的则是人与物之间的生产关系和交易活动。因此，这三者分别有着不同的对象和追求。从上述三个层次来看，生产技术处于认识活动的最底层，通过自然生产活动来满足人们最基本的生存需求。实践哲学处于人们认知活动的中间层次，既需要由生产技术来提供支撑，又需要理论来提供指导，因此实践哲学是具体生产技术活动与抽象理论辩证统一的过程。而理论哲学所需要面对的更多的是人类自身的内心活动，关注人的抽象思想和意向活动，处于人们认识活动的顶端。

从理论思辨、实践哲学与生产技术三者的关系来看，虽然亚里士多德认为实践的最高形式是理论思辨，但这只是三者相比较而言的。与实践哲学和生产技术相比，理论思辨是高度抽象的、恒定的领域，而实践哲学和生产技术则是运动变化的，与环境、主体等有着密不可分的联系。虽然实践哲学与生产技术都属于有运动变化的领域，但它们二者之间仍然有着本质上的不同。因为亚里士多德意义上的实践哲学，是政治伦理视域中的概念，这种实践观更多地是指善和美德的实现。虽然生产技术也处于运动变化过程之中，但它处理的是人与物的关系，而实践哲学处理的是人与人之间的关系，所谓的生产技术大致相当于我们今天的物质产品的生产过程，是一种技术活动过程。

在亚里士多德所区分的三个层次中，他更多关注的是理论哲学与实践哲学的关系。亚里士多德从本体论上把世界分为普遍必然性领域和特殊偶然性领域。相应地，他把知识也区分为理论知识和实践知识。理论知识包括的是必然性知识。所谓必然性知识是指它的反面是不可能的，例如，在几何学知识中，三角形没有三个角是不可能的，在物理学知识中，黄金不是黄色的也是不可能的；必然性知识还包括一些形而上学知识，例如，没有一个事物既是圆的又是方的。这些知识都属于必然性知识领域。而实践知识涉及的是道德伦理等领域，这些知识都是偶然性知识，例如，同一件事情在不同情况下可能被认为是好的，也可能被认为是坏的。亚里士多德在讨论理论知识与实践知识的关系时，认为对二者不可能进行绝对的区分。他把理论哲学看成是关于存在物存在的第一哲学，是认知最高层次的知识。但这种最高层次的知识并不是与道德伦理毫不相干的，而是道德伦理学研究的基础。反之，伦理学是讨论“善”本体的哲学，因为亚里士多德认为人与宇宙中的万物一样，都有着向善的本能，但是行动的具体目的则千差万别，因此具有极强的实践意义，实践的目的乃是关注人类自身。[①]因此，虽然亚里士多德将实践区分为三个层次，但他始终将实践哲学的范围限定为人类自身的行为。

综上所述，虽然亚里士多德的实践概念会涉及生产技术，但是他的实践哲学主要关注的是理论知识与实践知识，而将生产技术排除在外。亚里士多德一方面将理论知识与实践知识统摄到实践哲学之外进行辩证的理解，另一方面实际上是割裂了理论与实践的关系，导致了理论与实践的二元对立。因此，亚里士多德的实践哲学并非只是第一哲学的观念，还包括了道德伦理概念，他的实践哲学在综合了一些前人的思想之后，进而为人类的实践哲学观指出了一种新的研究方向。

第三节　近代意义上的实践哲学观

进入近代以来，亚里士多德的实践哲学的内涵和外延发生了极大的变化。"实践"概念在近代哲学理论中主要有两种发展方式：一种是通过科学实验突破以往的经验观点；另一种则是从逻辑理性思维出发，强调自主创新。文艺复兴之后，资产阶级的兴起使得近代的自然科学与生产活动紧密相连。基于这一时代背景，培根提出了技术实践论，这与古希腊哲学理论中对于"实践"概念的阐述有着本质的区别。技术实践论对资本主义社会的影响极其深远，特别是自工业革命以来，科学技术的蓬勃发展使得人们对于实践的理解更加趋近于日常生活中的一种功利化活动。生产技术的提高极大地增加了人们的物质财富，人们更加热衷于对财富和利益的追逐，科学技术被看成是创造社会财富的主要工具。这样一种实践哲学观实际上关注的只是亚里士多德的生产技术层次，而忽略了实践哲学的道德伦理层次。这种实践观更多地是对科学技术的运用，以及对人与物的关注，而人自身的维度如意向性内容却被忽视了。

西方近代哲学强调，理论不是指古希腊时期的理性直观和洞见，而是指一种科学技术知识和经验。它在实践（生产）中的应用是按照一种单一因果关系的模式进行的。它把古希腊实践的"善"的理念变成了着眼于实践结果的目的，实践变成了一种使用工具实现目的的客观过程。"在这种理论和实践二元对立的情况下，理论对实践的作用充其量是一种观念的指导，而不是一种价值原则的决定和

① 参见丁立群. 理论与实践的关系：本真涵义与变质形态——从亚里士多德实践哲学说起. 哲学动态，2012，(1)：31-37.

实在的建构。反过来，实践对理论的作用，也不过是实践结果对预期的目的和理论本身的确认或纠正，它同样不能在价值理念上决定理论。实践不能贯彻整个认识过程，并在这个过程中对理论不断进行建构。”①

因此，西方近代哲学家如培根就认为，从古希腊传承至中世纪的哲学过于重视道德和伦理，他强调道德哲学和神学的兴起极大地阻碍了自然科学的发展。培根重视技术和工具的重要性，从而提出了“知识就是力量”的口号。洛克认为，人类知识本来就是以实践经验为基础所构建的，其根源在于经验。而当人类实践活动进一步演化为生产活动时，便不断地引入技术理性来对行为进行支配。此时的生产准则进一步演化为生活准则，人类的实践智慧也越来越多地被技术理性思维所取代。

在唯理论者眼中，他们通常认为认识实践这种活动本身乃是思想与固有观念的契合，也就是说，实践本身也只是一种精神活动。其代表人物笛卡儿和培根一样，也十分反对经院哲学的相关理念。笛卡儿尽管有过关于实践哲学的零星看法，强调人类可以成为自然的主宰，但总体上他和近代科学的奠基人伽利略、牛顿等一样，遵循古希腊人“理论自身就是目的”的观念，坚持理论不需要通过有用的结果来证明自身。莱布尼茨继承了笛卡儿的先验论，并进一步表示，人的灵魂乃是以一种精神实体的形式存在的，知觉即其本性，两者相互依存，密不可分。而普遍真理的来源也并非人的感觉经验，而是先天就存在的。对于真理，他表示应当包含两大元素，即推理和事实。前者以普遍性为主要特征，而后者则存在个体差异，具有偶然性。所以根据莱布尼茨的观点，知识可以来源于感觉经验，这一点他并没有完全否定，但是他认为起决定作用的仍然是先天理性。由此可见，莱布尼茨完全把实践也变成了一种纯粹的主体的理性行为。“总之，理论与实践在古希腊是人的两种不同的生活方式，在近代的衍生和流变中有了一种新的关系：理论及其应用的问题。理论需要应用于实践，体现了自己的实用性；实践需要理论的指导，并验证理论的真理性。”②

当然，不可否认的是，唯理论者的伦理学和实践观念也深刻地影响了康德。康德的实践哲学观在西方近代哲学史上具有历史性转折的意义，他与亚里士多德两人共同塑造了西方的实践哲学传统。康德实际上继承了亚里士多德实践哲学的一些观念，比较强调道德伦理实践，而轻视所谓的生产技术实践。亚里士多德是

① 王罕哲．马克思实践哲学研究．哈尔滨：黑龙江大学，2016：24-25.

② 王罕哲．马克思实践哲学研究．哈尔滨：黑龙江大学，2016：25-26.

把实践概念提升为一个基本哲学概念的第一人，当然，他的实践哲学是理论知识与实践知识的统一，关注的是以人自身需要为目的的活动以及人与人之间的道德伦理关系。在中世纪，实践概念演变得非常宽泛、多义和不确定。[①]而康德认为生产技术本身也要受到道德伦理的制约，所以从理性角度来看，道德实践知识高于生产技术。康德的所谓"实践哲学"是指人在自由意志支配下从事道德实践的活动。

康德认为，过去在实践问题上盛行着一种误用，即混淆了自然概念的实践与道德概念的实践，虽然人们在理论哲学和实践哲学的名称之下做了一种分类，但事实上并没有什么实质性的区别。在《判断力批判》(*The Critique of Judgement*)中，康德写道：迄今为止，在以这些术语来划分不同的原则，又以这些原则来划分哲学方面，流行着一种很大的误用：由于人们把按照自然概念的实践和按照自由概念的实践等同起来，这样就在理论哲学和实践哲学这些相同的名称下进行了一种划分，通过这种划分事实上什么也没有划分出来（因为彼此之间有相同的原理）。[②]

后来，康德进一步把哲学区分为纯粹理性哲学和纯粹实践哲学，即理论上的"自然哲学"和实践上的"道德哲学"，纯粹理性哲学与纯粹实践哲学共同构成了康德的批判哲学大厦。根据康德的观点，"自然哲学"实践概念关注的是生产技术活动，而"道德哲学"实践概念讨论的是伦理道德活动。在康德看来，生产技术活动属于理论领域，因而称不上真正的实践哲学；只有关于伦理道德的活动才是真正意义上的实践哲学观。因此，康德坚定地认为，实践理性是相对于理论理性而言的，前者要优越于后者。也就是说，伦理道德知识在认识上是高于其他知识的，它们都是纯粹理性知识的对象。在《实践理性批判》(*The Critique of Practical Reason*)中，康德指出，"纯粹理性单就自身而言就是实践的，它提供（给人）一条我们称之为德性法则的普遍法则……纯粹理性是实践的，亦即能够独立地、不依赖于一切经验性的东西而规定意志——虽然这种阐明是通过一个事实，在其中纯粹理性在我们身上证明它实际上是实践的，也就是通过理性借以规定意志去行动的那个德性原理中的自律。——这个分析论同时指出，这一事实是和对意志自由的意识不可分割地联系着的"[③]。

① 参见欧阳康，张明仓. 康德实践哲学及其意义探析. 河北学刊，2008，（3）：26-31.

② 康德. 判断力批判（上卷）. 宗白华译. 北京：商务印书馆，2000：8-9.

③ 康德. 实践理性批判. 邓晓芒译. 北京：人民出版社，2003：41，55.

在康德看来，只有现实意义的实践活动才是伦理道德视域下的规范活动，而这种伦理道德的实践活动更多涉及的是主体的自由意志与意向活动。康德认为，这种主体自由意志与意向活动才是真正的实践哲学，即一种完全基于自由概念所建构的规范性活动。因此，康德的实践哲学更多的是一种先验范畴的伦理道德活动，这种伦理道德活动必须根据道德律（moral law）或道德法则来行事。人们首先要做的是必须控制自己的意向性与主观欲望，从而更加体现人们所拥有的自由意志。事实上，人除了有理性的道德观之外，还是一种感性动物，在自然界中具有趋利避害的本能，追求幸福生活是人的天性，是人类基本的生存法则。[①]因此，康德进一步对实践哲学概念进行了严格的界定：实践哲学不是一种生产技术，也不是一种科学技术，而是人们通过自由可能实现的事实，是人们纯粹理性的规范性，是最终只能通过自由意志而实现的活动。显然，康德的实践哲学观不直接研究人的生产活动，而是在理性反思的基础上进行的一种伦理道德的先验实践形式。康德本人区分了实践理性与理论理性，并且认为实践理性要高于和优于理论理性，因为实践理性是一种纯粹的理性活动，并且实践理性活动体现了主体的能动性和意向性。[②]

康德的实践理性实际上意指的是一种纯粹的先验直观形式和意向状态，这种意向状态使人们的行动准则与道德律令能够得以相互契合。人在认知世界时只有依靠纯粹理性的批判才能为人的自由找到一个坚实的基础。因此，在运用纯粹理性进行批判的过程中，为了实现人的自由，除了运用理论理性外，还必须把这种批判精神运用到伦理道德领域，纯粹理性批判还必须包括实践理性批判。因此，从康德的整个哲学体系看，纯粹理性批判涉及的对象即人的内在理性精神，而实践理性批判涉及的对象是人的外在伦理道德领域。从康德的纯粹理性及实践理性来看，他不仅考察和批判了人的自由意志、理性与实践等方面，而且还对人的道德问题进行了整体的探究。

在《实践理性批判》中，康德进一步指出，“一个实践原则的质料是意志的对象。这个对象要么是意志的规定根据，要么不是。如果它是意志的规定根据，那么意志的规则就会服从于一个经验性的条件……于是它就不会是什么实践法则了。……所以一个有理性的存在者要么根本不能把自己的主观实践的诸原则即各种准则同时思考为普遍的法则，要么必须假定，唯有这些准则的那个单纯形式，

---

① 参见袁凌新. 康德实践哲学的形上之蕴. 学术论坛，2010，(3)：11-14.

② 参见欧阳康，张明仓. 康德实践哲学及其意义探析. 河北学刊，2008，（3）：26-31.

即它们据以适合于普遍立法的形式，才使它们独立地成为了实践的法则”[①]。康德的实践哲学想要阐明的是，人们可以由纯粹理性的先验自由形式来解释实践理性的最终根据。当然，康德除了进行纯粹理性的批判之外还研究实践理性，其主要目的在于强调人的自由和自主性。正如理论是给现象世界立法一样，人的实践过程不过是运用理性来给自然万物立法的过程，通过人对自然世界和理智世界进行立法来强调主体的自由与理性。在认识康德批判哲学的过程中，理论理性与实践理性最终可以在主体中达到统一，这个统一体的认识基础和根据就来源于主体的自由性。

康德的实践哲学关注实践理性正是由于康德重视人的自由和主观能动性，康德最终把对实践理性问题的研究上升为一种对伦理道德行为的研究，从而使研究从纯粹思辨领域转向了道德伦理领域。综上所述，康德的实践哲学在一定程度上继承和发展了亚里士多德意义上的传统实践哲学观，即他们都将人类发展的最终目标确定为“至善”。康德实践哲学与亚里士多德实践哲学的不同之处在于，康德的实践哲学本身具有一种先验理性，这种先验理性最终要阐明的是人的道德形而上学，而不是分析人们日常的经验生产与实践活动，最终因其形而上学特性而忽视了人类动态变化的生活世界与日常的生活形式。

第四节　现代意义的实践哲学观

近年来，我国关于马克思思想的哲学研究成果十分丰硕，但鲜有学者对“实践”概念本身进行追根溯源的分析，而只是在非常宽泛的意义上来使用或谈论“实践”概念。例如，主张马克思的实践是指人类最基本的实践活动，是物质资料的生产活动。事实上，在这种马克思意义上的生产实践活动过程中，人们进一步认识了人与人之间、人与自然之间、人与社会之间，甚至人类社会与自然界之间的关系。因此，人类的所有认识活动无非都来自各种实践活动，实践构成了人们认识的基础。

一、黑格尔与马克思的实践哲学观

马克思实践哲学的建立在哲学史上写下了浓墨重彩的一笔。马克思哲学中的

① 康德. 实践理性批判. 邓晓芒译. 北京：人民出版社，2003：33，34.

主要概念当然还是“实践”，但他是在日常语言意义上使用“实践”一词的，同时，他还把“实践”作为一种理论概念来使用。马克思强调理论与实践的重要性，从认识上来说，实践高于理论，实践是人们真理性认识的来源，但理论对实践也有指导作用。马克思的实践哲学观在很大程度上批判地继承了黑格尔的辩证法。因此，在具体讨论马克思的实践哲学观之前，有必要先讨论一下黑格尔的实践哲学观。

黑格尔的辩证法主要是在人的现象思维中体现人们的实践过程，而马克思则是要使辩证法成为研究实践哲学的方法和工具，使之真正体现人类的实践过程。当然，根据黑格尔的观点，人类所有的行动或实践过程无非包含四个方面，即目的、目的的实现、达取目的的手段、被创造出来的现实[①]。因此，黑格尔在《精神现象学》(*The Phenomenology of Mind*)中明确写道：“自我意识已经把握到了它自己的概念，即把握到了当初只是我们对它所有的那种概念；它现在确信它自身即是一切实在，而它的目的与本质则是普遍（天赋与才能）与个体性的一种运动着的渗透或统一……意识摆脱了所有的对立和一切限制其行动的条件以后，就轻松愉快地从自身开始做起，不再骛心于他物，而专诚致力于自己。因为个体性自身既然就是现实，那么，个体的活动实质和行动目的就全在行动自身之中。因此，行动就好像是一个自身循环的圆圈运动，这个圆圈在太空之中自由旋转，无拘无束，时而扩大，时而缩小，而以游戏于自身为无上愉快，以只与自身遨游为至高满足。”[②]对于黑格尔来说，“实践”一词更重要的意义在于，人们对于真理知识的追求是通过实践来实现的，这种实践不是研究人的生产或生活方式，而是研究生活世界。在这个世界中，人们的经验认知与生活秩序得以建立。因此，黑格尔认为，真理是要澄清人类的经验认知与世界形式之间的关系，并且真理的最终目标是说明或阐明人类的幸福或福祉如何成为可能。

但在马克思看来，真理性的认识并不是如黑格尔所阐述的那样是在人们的思维中完成的认知过程，而是要澄清人类的经验认知与世界形式之间的关系；并且真理的最终目标是说明或阐明人类的幸福。因此，马克思基于黑格尔的实践观，进一步揭示了人类实践活动的真实意蕴。在《1844年经济学哲学手稿》(*Economic and Philosophic Manuscripts of 1844*)中，马克思主张人类实践活动既是以客观的自然万物为对象，同时又要发挥主体的主观能动性。因为人类的视角或出发点总

---

① 参见王罕哲. 马克思实践哲学研究. 哈尔滨：黑龙江大学，2016：38.

② 黑格尔. 精神现象学（上）. 贺麟，王玖兴译. 上海：上海人民出版社，2017：324-326.

是带有主体性的，人类总是试图从主观的视角去认识和改造客观世界。马克思认为，人类的实践过程就是主观认识与客观过程的统一。主体的人与客观的自然是在人类的实践过程中有机地统一起来的。①因此，在马克思看来，真正的实践哲学是通过梳理人与自然的关系，在实践活动中更好地理解主客体关系，在实践中更好地理解人类的知性与理性能力，从而指导人类的实践行为。

当然，人类的认识过程并非一蹴而就的，而是一个曲折地由浅到深的过程，而检验人们认识过程是否正确的标准还得依靠实践。马克思认为，认识过程和实践过程需要理论来指导，正是通过这种理论指导实践的过程，人们在认识过程中不断地提出新问题，得到真理性认识，进而为主体认识客观世界提供基础和材料。

因此，马克思的这种实践哲学观包含着非常丰富的内涵。第一，人类最基本的生产生活方式需要依靠实践。马克思的实践观既包括物质资料的生产活动，也包括人类精神层面的生产活动。第二，不论物质资料的生产活动还是精神产品的生产活动，都需要主体的参与和推动，这种实践活动需要主体和创造者。"实践"一词之所以在马克思理论中占有重要地位甚至是核心概念，是因为它本质上体现了人的生产活动，不管是物质的还是精神的，不管是理性创造还是感性活动，等等。因此，马克思的理论哲学是通过实践来理解人、理解社会、理解自然、理解世界的，这样的实践活动是理性与知性的统一。这种理性与知性活动统一于人的实践活动之中。相比马克思的实践观，黑格尔的实践观实际上更多地关注人的主观精神领域，他只是将实践作为人们认识活动中的某一个方面。而马克思的实践哲学则是把"实践"作为一切认识活动的来源，包括感性认识活动与理性认识活动，都来自人们的实践活动，而不仅仅只是考察内在抽象的思维活动。第三，马克思实践哲学的特征既有继承性，又有创新性，还有超越性和改造性。他的实践哲学观在批判和继承前人的基础上，对实践哲学观进行了改造和创新，他提出了自己独特的见解。第四，马克思的实践哲学是目的性与社会性的统一，因为其实践哲学的最终落脚点是人，而人的活动既包含目的性，又具有社会性，因此人类的实践活动是目的性和社会性的统一，通过这种统一的实践活动就能认识世界。第五，马克思的实践哲学是"改造世界"的哲学。因为人类一切的活动都需要依靠实践，包括物质资料的生产活动及理智的创造活动，因此这种实践哲学在人类发展史上具有改造世界的作用。第六，马克思的实践哲学是历史性的，整个世界通过人类的实践进入人类活动过程之中，因此，人、自然界正是通过实践处于历

① 参见宋铁毅. 马克思的实践哲学方法论探析. 学习与探索，2014，(4)：11-13.

史的发展与生成过程中。[①]

综上所述，马克思认为，实践哲学为人类的认知活动提供了有利的工具，既丰富了人类的物质资料生产活动实践，同时也不断地提高主体的认知能力。当然，马克思认为，实践的最终目的不是思辨中的精神生产活动，而是一种认识世界、改造世界的活动。如果只谈抽象的精神生产活动，则人类容易陷入空洞的形而上学争论之中；如果只注重实践，那么这种实践过程无疑是盲目的。马克思认为，真正的实践一定是主体与客体的统一，同时也是感性认识与理性认识的统一，这才是一个完整的人类认知过程。马克思实践哲学的最终对象是现实中的人类生活，但这种关注人的活动的实践，还涉及自然、社会与世界，是多重关注的结合，是历史与社会过程的辩证统一。就物质资料的生产来说，马克思这种生产实践哲学观继承和发展了亚里士多德意义上的生产技术实践观；而就精神生产活动来说，马克思的这种实践哲学观批判地继承了黑格尔的关注人类福祉的实践观。当然，马克思的实践哲学对于整个西方哲学史的实践转向来说具有举足轻重的作用，但马克思过度强调物质资料的生产活动，会导致人们片面强调科学技术的发展，从而忽视人类伦理道德方面的实践过程。

二、海德格尔和伽达默尔的实践哲学观

事实上，在当代语境中，实践转向最重要的思想来源无疑是海德格尔和后期的维特根斯坦。但是，从何种意义上来说，他们为实践奠定了理论基础呢？从海德格尔的观点来看，他认为现代的科学技术已经奴役了人们的生活，现代的人类已经成为“单向度的人”，现代的科学技术已经成为一种意识形式，控制着人们的生活，已经将“此在”远离人们的现世生活。海德格尔认为，如果我们还想找回“此在”的话，那么就必须回到古希腊，回到柏拉图，回到亚里士多德那里寻找回人们的本真状态。我们只有通过阐明古希腊的“实践观”来进一步澄清生产技术（科技）的根本含义。因此，海德格尔的实践哲学观并非我们现代意义上的实践生产观，而是要恢复古希腊文明时代的人工劳作意义上的实践观。海德格尔的实践观是一种动态的实践，不是进行本体论的反思，他不是要对亚里士多德实体观进行反思，而是继承了亚里士多德意义上的生产制作实践观，他主张的是一种生动的、还原人类生活场景的实践观。

---

① 参见王罕哲．马克思实践哲学研究．哈尔滨：黑龙江大学，2016：93-94.

当然，海德格尔的这种实践哲学观最终关注的仍然是人类的生活场景、人类的生存世界，“此在”的对象本身就是主体的人。海德格尔试图通过实践来开启人们“此在”的生活世界，至于如何开启这种此在的世界，需要返璞归真的劳作。但是当今世界科学技术占主导地位已经遮蔽了人们的“此在”，人们因为痴迷于现代技术生活而忘却了自己的本真性。这正是海德格尔实践哲学所要批判的地方。因为人类的本真性并不蕴含于工具的世界，人类的生产活动也无法并入人类的本真性之中。虽然生产活动部分地遮蔽了人类的本真性，但在一定程度上人类还必须依赖于生产技术活动，所以还必须得依靠实践。因为实践活动不仅能保留人的本真性，同时还能敞开“此在”的技术世界。因此对于海德格尔来说，实践指引着人们的生存与行动。值得注意的是，亚里士多德意义上的实践不仅有生产技术，还有伦理道德关怀。海德格尔虽然强调亚里士多德的生产技术实践，但却避而不谈他的伦理道德关怀。[①]虽然海德格尔认为“实践”一词的内涵是丰富和宽泛的，因为实践既包含了人类所有的生产行为，同时又包括了制作活动，但他的实践观更多的是对人在生活世界的“此在”的讨论。

正如张汝伦教授在《海德格尔的实践哲学》[②]一文中主张的，如果不考察海德格尔的“此在”理论，那么他的实践哲学也无从谈起。因为“此在”是一切实践与理论的最终来源和根据，当然，由于我们要考察的是实践哲学，所以其同时也是一切实践哲学的最终来源和依据。如果我们把亚里士多德意义上的实践哲学观或康德意义上的实践哲学观理解为一种伦理道德学的考察，或是对人类生产活动的考察的话，那么海德格尔的实践哲学观却不是如此。因为海德格尔强调的实践是一种存在论意义上的实践哲学观，这种存在论意义上的实践哲学观不是研究人类的思维规律，也不是研究先验的理性实践哲学，而是要阐明人类实践行为和理性存在的条件与基础。当然，海德格尔的这种实践哲学本身也具有理论特征，但这种实践哲学的研究对象却是人类的“此在”在生活世界中的展开。

在20世纪关注实践哲学的思想家中，不得不提的一个人物就是伽达默尔，他的解释学事实上就是一种实践哲学观。[③]作为海德格尔的学生，伽达默尔在不同程度上继承和发展了海德格尔的实践哲学观，尤其是海德格尔对于亚里士多德意义上的实践哲学观的复兴。伽达默尔提倡解释学传统，主张将解释学传统引入实践

---

① 参见张培. 海德格尔与实践哲学. 武汉：华中科技大学，2010：85.

② 张汝伦. 海德格尔的实践哲学. 哲学研究，2013，(4)：60-67，128-129.

③ 参见邵华. 论伽达默尔对实践哲学和解释学的融合. 现代哲学，2010，(5)：28-34.

哲学之中，在实践哲学的视域下来进一步解释人的真理观。伽达默尔一方面继承了海德格尔的实践观，另一方面又批判了近代科学理性主义。伽达默尔的实践哲学观对主观的思维世界与客观的物质世界进行了整合。因此，在《真理与方法》中，伽达默尔主张人们对真理的追求就是一种"显现"或是一种"解蔽"，是要使存在物或对象世界处于无遮蔽的状态之中。

在西方哲学的发展史上，实践哲学是一个历久弥新的讨论话题，实践哲学与理论哲学一起构成了古希腊哲学的重要组成部分。因此，伽达默尔是在理论哲学的基础上完成了对实践哲学的复兴与重建[①]，这种哲学观可以称为伽达默尔实践哲学的解释学，或者称为解释学的实践哲学。伽达默尔的实践哲学关注的是人文与科学融合的合理性问题。近代人文与科学之间的割裂和分歧引发了伽达默尔对于人文与科学之间合理关系的思考，这种思考体现了伽达默尔对于当代人类生活世界的现实关怀。当然，伽达默尔同样也认为，我们这个时代是技术万能论的时代，技术已经成为一种意识形态，统治了一切，从而导致了虚无主义盛行。因此，伽达默尔的实践哲学是立足于人文与科学的融合来重新挖掘和复兴古希腊的实践哲学观的。伽达默尔重视古希腊的传统文化，同时也注重传统价值观对人们普世价值观的影响。他试图通过恢复古希腊的价值观来消解现代科学技术所带来的人们价值观上的虚无主义，进而来维护和建立人们思想与行动上的自由性。[②]伽达默尔的实践哲学从根本上离不开人们日常生活中的交流与对话，因为语言也是实践活动中最为基本的工具。伽达默尔提倡通过对话和协商来达到人们一致性的共识，在相互理解之中突出人类的团结与友爱。因此，伽达默尔这种解释学的实践哲学对于现当代实践哲学的发展具有重要的启示作用。

可以说，古希腊的哲学是一种思辨性的理论哲学，关注的是世界的本原问题，或者说关注的是世界从何而来的问题。但自哲学研究进入近现代以来，尤其是自培根提出"知识就是力量"之后，实践哲学就完全走上了一条经验化的道路。正如海德格尔所批判的那样，实践仅仅处理生产技术层面的问题，从而"遮蔽"了人类的本真性。伽达默尔正是在继承海德格尔实践哲学观的基础上，对现代哲学进行了深刻的反思与批判，并试图复兴古希腊亚里士多德意义上的实践哲学传统。

到了 20 世纪，西方哲学研究的兴趣已经发生了转变，由关注理论思辨转到了关注生产技术，最后是对实践哲学的关注。事实上，在 20 世纪，还有另外一位有

---

① 参见张能为. 伽达默尔与实践哲学传统和解释学重建. 学术界，2010，(10)：48-56.

② 参见邵华. 论伽达默尔对实践哲学和解释学的融合. 现代哲学，2010，(5)：28-34.

着巨大影响力的哲学家维特根斯坦，他也另辟蹊径地阐述了哲学的实践特征（实践哲学观）[①]。当然，由于“实践”一词本身内涵的丰富性，它一直渗透于人们的日常生活之中。

第五节 维特根斯坦哲学理论的实践特征

后期维特根斯坦认为，哲学实践的真正目的是要消除因语言混乱而产生的许多无意义的问题，尤其是要消除人们在日常交流中由语言混乱所带来的哲学困惑或难题。既然维特根斯坦已经阐明了实践哲学的目的是要消除因语言混乱而产生的那些形而上学的无意义问题，那么通过什么方式来消除这些问题呢？后期维特根斯坦主张，哲学研究事实上就是一种实践活动，这种活动的主旨是要澄清思想过程，尤其是不再去建构抽象庞杂的理论体系，而是去解决人们在现实生活中所遇到的各种实际问题，从而使人们更好地生活，获得幸福。在维特根斯坦看来，哲学必须对我们日常的生活和实践有帮助。因此，他的哲学关注现实生活，关注人们的实践目的，具有强烈的实践性倾向。例如，张庆熊主张，维特根斯坦有关“字词意义的理解和说明”可以用“实践的转向”（practical turn）来刻画。

维特根斯坦意义上的实践不是简单地等同于人们在日常生活中做某件事情，也不是简单地等同于某人有意识、有目的地去规划做某件事情。实践不仅在于人们正在做什么，而且在于人们做某事时其行为与周围环境发生的关联。在这样的过程中，不仅有行事的目标或目的，而且人们必须根据某种规则来行事。这些规则是人们在生活中形成的习俗、惯例及传统等。人们只有根据这些规则来行事，并根据共同的生活形式来解释行为，语词及行为才是有意义的。事实上，维特根斯坦阐明了各种各样的实践理论，其实践观的特点要从语言的视角加以考察，实践的概念是与其生活形式、语言游戏、语言的用法和规则等概念结合在一起的。因此，“语言的用法不单纯取决于对内心的状态和过程的描述和解释，也不单纯取决于对外部世界中的事物及其运动规律的观察和说明，而取决于把人的内心活动、外在行动以及行动的后果结合在一起的实践，而这种实践总是在相关的生活形式和语言游戏中发生的。离开了这样的实践活动，也就没有语言的用法，从而也谈

① 本书主要诠释维特根斯坦哲学理论的实践特征，为了表述的方便，文中偶尔也会使用“实践哲学”或“实践哲学观”一词，因此除非有特别说明，维特根斯坦哲学理论的实践特征与维特根斯坦的实践哲学（观）会混同使用。

不上语言的意义”[①]。

所以，维特根斯坦哲学理论的实践特征在于，为了避免人们因滥用语言而导致的形而上学谬误，首先，要了解人们的日常生活形式，通过对生活形式的考察来避免陷入形而上学的困惑之中。其次，要遵守共同体的规则，要遵守日常语言的使用规则和各种游戏规则以避免陷入主观思维的错误之中。前期的维特根斯坦主张，实践的目的是用客观的逻辑形式来建构一种理想的人工语言。而后期的维特根斯坦认为，实践的目的是消除由语言引起的哲学上或思维上的混乱，因为语言在本质上还是来源于人们的日常生活、人们的生活形式、人们的日常使用，并且哲学的研究并不能干涉人们对语言的实际使用，归根结底哲学只是在描述语言的用法，即清晰地阐明什么样的语言游戏是合乎规则的，什么样的生活形式是无意义的、不符合规则的。

在其整个哲学生涯中，维特根斯坦试图消除形而上学的幻相。他关注必然性问题，认为必然性不涉及世界的形而上学结构，而涉及语言的标准结构，关于必然性的所有哲学问题都可以通过阐明语言使用来得以解决。因此，在维特根斯坦看来，必然性的问题与语言的规范性问题结合起来，这就涉及有意义和无意义之间的区分，也涉及了可接受符号的组合与不可接受符号的组合之间的区分。维特根斯坦试图不受前期哲学观念的影响，即不接受什么是可言说的和不可言说的这种观念的影响。在这里，他的首要目的是揭穿形而上学的错误观念，我们离开普通语言时就会产生这种错误的观念，因此，我们只能从普通的谈话中来区分有意义和无意义的观念。

在早期，维特根斯坦坚持用形式语言来解释日常语言。他认为真值函项的命题逻辑限制了可以言说的内容，其逻辑形式表明了语言与世界的一般结构：“逻辑必须照顾自己。”[②]逻辑论者把日常语言看成是构成了系统的规则，如计算规则或科学理论。在后期，维特根斯坦的语言观认为甚至是形式规则也必须根据它们的实践语境来理解：“规则对于漏洞是开放的，实践也要为自身负责。”[③]从演算模型到语言游戏模型，尽管所讨论的主题是连续的，但在20世纪30年代，维特根斯坦的语言观已发生了剧烈变化。在20世纪30年代早期，维特根斯坦经常把语言

① 张庆熊. 维特根斯坦对“说明”和“理解”的重新思考. 陕西师范大学学报（哲学社会科学版），2009（2）：5-11.

② Wittgenstein L. Tractatus Logico-Philosophicus. London: Routledge, 1922: §5. 473.

③ Wittgenstein L. On Certainty. Anscombe G E M, von Wright G H eds. Paul D, Anscombe G E M trans. Oxford: Basil Blackwell Publisher, 1969: §139.

与演算进行比较，当讨论字词的意义时，形式规则强调的是规则的明确性。[①]因此，他反驳把字词的意义当成实体。意义在于对字词的使用之中，我们对规则的描述可以接受对字词的使用。在维特根斯坦的后续工作中，他所重点强调的不是描述行动或表达规则，而是把注意力转向了如何来解释语言意义的标准模式，这种模型是根据句子与世界之间的实指定义来联结的，并且句子与句子之间的充要条件必须通过使用来阐明。在语言中所思考和表达的内容不是由逻辑或特定语法命题系统地、一成不变地、一劳永逸地固定好了的。根据后期维特根斯坦的实践哲学观，人们在生活形式中进行语言游戏时所表达的思想和内容只能由相关语境来确定，即每一种情况都取决于我们实践中可用的技术。

在1929年之后，维特根斯坦重新审视了他早期的人工语言观，提出了"意义在于用法""私人语言之不可能性"等一系列语用学的观点，从而解构了语言用法的本质，构成了他后期实践哲学的核心理念。因此，维特根斯坦的实践哲学思想还具有丰富的语用意蕴，因为人们在生活形式下参与语言游戏还必须与外在环境产生联系，也就是说，语言游戏还需要外在的使用语境才能最终确定语言的意义，才能最终确定行为合理与否，才能最终确定语言与行动是否在遵守正确的规则。因为外在的环境或语境是随着情况而变化的，或者说语言与语境是动态的，因此语言的意义与行为的合理性需要语境才能确定，即意义必须基于使用。维特根斯坦"意义在于使用"的理论表明语言的使用离不开外在环境或语境，因为同一句话在不同的环境或语境中可能有着不同的意义和用法。试想"诸葛亮与孔明""H_2O和水""晨星和暮星"等语词，它们的意义会随着语言游戏和生活形式的变化而变化，即语境不同意义也不同。

从前期的《逻辑哲学论》到后期的《哲学研究》，维特根斯坦采用了一种紧缩的方式来处理有关必要性和可理解性的哲学问题。更为重要的是，维特根斯坦的紧缩方法通常依赖于语境论（contextualism）[②]，他把去情境化作为哲学困惑产生的主要来源。他认为我们的观点或概念只有在语境中才起作用，从而实现哲学的理解。他试图在日常语言中来解释逻辑和语法，阐明"意义""必要性"等的概念，把这些概念看成是来自我们日常生活的语言使用，即"使字词从形而上学的神坛

① 参见 Wittgenstein L. Philosophical Grammar. Anthony K trans. Oxford: Basil Blackwell Publisher, 1974: §69-§80.

② 下文如无特别区分，语境论与语境主义二者在相关意义上等同使用。

回归到日常使用之中”[①]。后期维特根斯坦认为，考察语境是为了阐明关于必然性和可理解性的哲学问题，这里的语境是由规则或公约系统所提供的语境。

在后期，维特根斯坦不再像前期那样，追求语言与世界的统一本质，他也不再试图去建构人、语言与世界之间的理想关系，而更多关注的是人们的生活形式和语言游戏的多样性、关于规则与使用的语境性，同时他在人们的生活形式中来考察语言游戏的确定性，从而使得语言哲学、生活形式、遵守规则等与实践观紧密联系了起来，也使得语言哲学的研究突破了传统思辨哲学研究的框架，进而走进了实践哲学的视野之中。因此，维特根斯坦哲学理论的实践观将生活形式、语言游戏、遵守规则、意义在于使用等理论紧密地结合，其核心理论如“生活形式”“语言游戏”“遵守规则”“意义在于使用”等构成了理解其理论实践特征的钥匙。维特根斯坦主张把理解、说明和实践结合起来，因为理解和说明离不开实践。张庆熊教授认为，我们可以用“实践的转向”来表达维特根斯坦对当代西方社会科学问题的讨论。

接下来，我们将讨论维特根斯坦如何通过这些钥匙开启了其哲学理论实践特征的奥秘。在《哲学研究》中，维特根斯坦并没有给出“语言游戏”“生活形式”“遵守规则”等概念的准确界定，只是对这些概念进行了举例说明，当然，这种说明方式与他后期反本质主义的解释有关。一方面，“生活形式”与“语言游戏”概念是有机结合的，因为“生活形式”是“语言游戏”得以进行的场所和背景，只有在人们的日常生活形式中才能进行语言游戏，有多少种生活形式就有多少种语言游戏。正是因为有了各种共同的生活形式，我们才能理解多种多样语言的意义。因此，生活形式是语言游戏进行的背景，也是人们理解语言意义的前提条件。另一方面，生活形式又必须在人们的语言游戏中得以显现。因为语言游戏必须植根于人们的生活形式之中，如果没有多样性的语言游戏，那么人们的生活形式也无从建立。同时，语言游戏表明了我们使用语词的现实活动，语词的意义要在不同的生活形式背景中才能凸显出生机与活力。对于维特根斯坦来说，人们在参与语言游戏的过程中不断改变生活形式，并不断形成新的生活形式。同时，新的生活形式又促进了新的语言游戏的生成。

通过对不同实践哲学观的考察与梳理我们可以发现，维特根斯坦的实践哲学思想不同于传统亚里士多德意义上的实践哲学观，亚里士多德的实践观考察了理

① Wittgenstein L. Philosophical Investigations. 4th ed. Anscombe G E M, Hacker P M S, Joachim S trans. Oxford: Basil Blackwell Publisher, 2009: §116.

论哲学、实践哲学与生产技术，他认为实践的最高形式是理论思辨。维特根斯坦的实践哲学思想也不同于康德意义上的实践哲学，康德主要是对人们的伦理道德和政治哲学进行分析，他强调道德伦理实践，而忽略所谓的生产技术实践。维特根斯坦的实践哲学思想也不同于马克思的实践哲学观，马克思试图澄清人类的经验认知与世界形式之间的关系，主张人类实践活动既以客观的自然万物为对象，同时又要发挥主体的主观能动性。维特根斯坦的实践哲学思想也不同于海德格尔的实践哲学观，海德格尔关注人类的生活场景和生存世界，并且批判现代科学技术使人类失去了本真性，主张通过实践哲学来解蔽人类的"此在"。维特根斯坦的实践哲学思想也不同于伽达默尔立足于人文与科学的融合来重新挖掘和复兴古希腊的实践哲学观。

总之，后期的维特根斯坦哲学理论中的实践观不再建构抽象的思辨体系，而是关注生活形式中的实际问题，在这种生活形式中，人们有着各种各样的语言游戏，通过语言活动来沟通交流，形成规范、制度和传统，在不同的传统中遵循着不同的规则。而人们遵守规则的活动正是一种实践活动，人们在不同的实践语境中有着不同的规则，从而产生不同的生活意义。这也是现代西方实践哲学的一个普遍特征，因此可以说，后期维特根斯坦哲学理论中的实践特征为现代西方实践哲学提供了一个崭新的视角。

第二章 “语言游戏”的实践特征

在语言哲学领域中，维特根斯坦前后期思想对比反差较大，或者说转变非常之大。他在后期提出了“语言游戏说”，不再认为语言只拥有描述对象这一种功能，而是认为人们每天都会拥有不同的语言游戏，每种游戏都具有各自的功能。早期分析哲学家把语言的意义、真理性、指称、表达式等内容作为哲学研究的主要对象；而以后期维特根斯坦为主要代表的哲学家不再满足于传统上对语言的意义和指称的分析，希望能够在人们日常的生活中来研究语言的用法。维特根斯坦主张语言的意义取决于语言使用的规则与环境，而语言规则的确立又依赖于人们的生活形式以及长期以来形成的习俗、习惯、传统和制度等。从这种意义上来说，语言的意义并非一成不变的，而是动态变化的，会随着使用的语境而变化。

第一节 “语言游戏”对本质主义的解构

在后期维特根斯坦的理论中，“语言游戏”是一个极其重要的概念，甚至是其核心概念之一，他通过“语言游戏”来考察人们的日常语言和日常生活。可以说，维特根斯坦正是通过“语言游戏”完成了从早期思辨哲学向后期实践哲学研究的转向。在1929年之后，维特根斯坦开始对他早期的作品产生怀疑，并离开纯粹逻辑的领域，在“语言游戏”的实践中寻找语言的实际用法和意义。

一、语言与行为的紧密相关性

维特根斯坦的“语言游戏”着眼于人们日常的语言使用活动，这与传统上将语言看作形式符号是完全不同的，因为语言游戏也是一种实践活动。维特根斯坦的“语言游戏”本身包括孩子学习语言的过程、孩子和成人使用语言的活动、对新事物的命名活动等，这些语言活动与原始语言一起构成了人们的言说行为。当然，维特根斯坦在《哲学研究》中还列举了许多别的活动来说明语言游戏的多样性，如下命令、猜字谜、描述世界、心理预测等都属于语言游戏。维特根斯坦正是用“语言游戏”一词来突出地强调语言活动是基于生活形式的实践活动，并且“生活形式”的多样性也决定了“语言游戏”的多样性。事实上，维特根斯坦“语言游戏”的实践特征可以从两个层面来理解。

> 我们可以区分假设和语法规则，一方面是用“真”和“假”这些词，另一方面是用“实践上可行的”和“实践上不可行的”。我们没有把命题说成是实践上可行的或不可行的。“实践上可行的”和“实践上不可行的”这些词刻画的是规则。规则既不真也不假，但我们对假设却使用这对词。一个人说某个假设是错的（当他不愿意去重塑其他的东西时），而另一个人则说它在实践上是不可行的（承认他可以重塑其他的东西）。确定句子是被用作假设还是用作语法规则，这就像是确定游戏是下棋还是其他不同的棋类，它们是由于在游戏的某个阶段引入了新的规则而相互区分的。但在我们到达这个阶段之前，仅仅盯着游戏，就不会有任何方式会告诉我们正在玩的是哪种游戏。[①]

维特根斯坦一方面指出，在日常生活中显式的语言实践活动就是人们通常所说的语言或语词的使用活动，包括各种说和写的语言活动；另一方面是他所指的隐式语言实践活动，是人类理性者的各种实践活动，如思考、下判断、做推理等，这些都离不开语言的使用。当然，维特根斯坦的语言实践观是二者兼而有之的，因为他所关注的是人类生活形式中的语言实践或语言的实际用法[②]。但是维特根斯坦“语言游戏”所产生的直接困惑是：

> 语言究竟是静态命题系统，还是动态的社会实践？如果把语言理解为话语实践（discursive practices），如何同时把物质的、社会的、文化的

① 维特根斯坦. 维特根斯坦全集（5）：维特根斯坦剑桥讲演集. 周晓亮，江怡译. 石家庄：河北教育出版社，2003：208（§17）.

② 陈常燊. 论后期维特根斯坦对哲学性质的理解. 山东科技大学学报（社会科学版），2016，（3）：87-93.

背景纳入到话语实践之中？[①]

我们可以试想某一群体正在玩一种语言游戏，游戏也表明了正在使用的语言的样子，但此时的语言并不是因什么目的而被大家所使用的，衡量某种语言游戏成功与否的标准是要让所有参与语言游戏的人都可以自行其是。正如维特根斯坦在《哲学研究》一开篇的§1~§6就描述了何谓语言游戏。

> 在语言（2）的使用实践中，一方喊出诸语词，另一方则按照其行动；但是，在语言课中发生的是这个过程：学习者命名诸对象，也即，当教师指向石料时，他说出语词。——甚至于在此还会发生如下更为简单的练习：学生跟说教师教他说的话——两者都是类似于语言的过程。
>
> 我们也可以设想，（2）中的语词使用的整个过程是这样的游戏之一种，借助于它们，孩子们学习他们的母语。我将称这些游戏为"语言游戏"，而且有时将一个原始语言说成一个语言游戏。
>
> ……
>
> 我也将语言和这样的活动——语言与它们交织在一起——所构成的那个整体称为"语言游戏"。[②]

事实上，维特根斯坦想用"语言游戏"来强调日常语言使用的不确定性和模糊性，它随着人们的生活形式而变化。维特根斯坦最早是在《蓝皮书和褐皮书》（*The Blue and Brown Books*）一书中提出"语言游戏"这一概念的，在该书中他指出，"语言游戏"大意是指"孩子学习字词时所使用的方式和方法"，或者意指"语言的最原始形式"，或意指"一种原始语言"。[③]在《哲学研究》的§1~§6中，他把所列举的事例称为"语言游戏"，是因为语言游戏与我们日常生活中的许多其他游戏有着或多或少的相似之处。孩子通过模仿老师，或通过与成年人进行这样的语言游戏来学习语言。

当我们在学校里学会一种专门的、技术性的符号语言，例如图表和表格的使用、画法，以及几何学、化学公式等，我们便学会了更多的语言游戏。当人们企图以"真正被看到的东西"来解释物质对象的概念时，情况就是这样的。我们应

---

① 孟强. 当代社会理论的实践转向：起源、问题与出路. 浙江社会科学，2010，（10）：47-51，126-127.

② 维特根斯坦. 哲学研究. 韩林合译. 北京：商务印书馆，2015：12-13.

③ 参见维特根斯坦. 蓝皮书和褐皮书. 涂纪亮译. 北京：北京大学出版社，2012：99.

该做的是接受日常的语言游戏并指出对事物的解释是错误的。教孩子学的原始语言游戏不需要什么辩护；欲辩护它的企图必须放弃。[①]

维特根斯坦的所谓“语言的原始形式”与人类其他行为活动交织在一起，语言与行为之间是密不可分的。因为人们是在语境中学会使用语言、学会和其他人进行交流的，是在不同的语言情境中理解彼此话语的意思的，有些语句的意义必须依靠语境来确定，而有些语句的意义则必须脱离特定的语境来理解。此外，不同的语言游戏会有不同的游戏规则，如何理解不同语境中的语句，这得依靠规则来确定。例如，张三和李四在下象棋，张三拿着“兵”倒着走。这种玩法即使得到了彼此的一致同意，也不再是下象棋了。但是，张三和李四可以放弃传统的象棋玩法，改玩“兵”可以倒着走的棋类游戏。[②]

维特根斯坦认为，语法、规则、概念不是先天或形而上学的认识论条件。语法命题、规则和概念可以从我们的实践中抽象出来，从我们的语言游戏中抽象出来。语言实践的目的是寻求自我理解、理解世界、与他人相互理解等多个维度的沟通。语言是人类生活中不可或缺的一部分，它应该在具体的使用场合被加以考察。

约翰·希顿（John M. Heaton）在《维特根斯坦与心理分析》中写道：

> 在他看来，哲学理论是想象力的产物，它们向我们提供了看似简单但实际上非常深刻的图景，使我们对语言的实际复杂性视而不见。新的哲学就是对哲学理论的那种迷幻力量的一场有组织的抵抗，其方法是要使我们回到语言现象本身。……在1929年返回剑桥之后，维特根斯坦就逐渐把哲学看作是一种描述性的、分析的以及根本上是治疗的实践。……哲学问题和哲学难题之所以产生，是因为哲学家没有充分注意到我们对日常语言的具体使用。[③]

因此，人类的实践活动就是通常所说的人类使用语言的过程，即基于生活形式所进行的各种语言游戏。因为人们不仅可以使用语言来描述事物，而且还可以使用语言进行日常的交流活动。例如，上级对下级下达命令，下级对上级汇报工作，人们对某个事件的发展进行推测和推定，家长为孩子编故事和讲故事，演员

① 参见维特根斯坦. 蓝皮书和褐皮书. 涂纪亮译. 北京：北京大学出版社，2012：17-18.

② 参见樊岳红. 维特根斯坦语境论思想初探. 科学技术哲学研究，2016，(2)：35-39.

③ 约翰·希顿. 维特根斯坦与心理分析. 徐向东译. 北京：北京大学出版社，2005：12-13.

们对戏，为缓和气氛而讲笑话，课堂上留问题和提问题，等等，这些不同形式的日常交流和交往活动往往都是通过语言来进行的实践活动。[①]由此维特根斯坦才强调，想象一种语言游戏就意味着去想象一种生活方式。维特根斯坦正是通过人们对语言使用的实践活动来研究语言和句法的意义的。[②]

维特根斯坦认为，理解语词的意义是一种实践活动，但这种实践活动并非如黑格尔意义上的是一种纯粹的思辨活动。人们的这种语言实践活动必须在特定的生活形式之中进行，而生活形式的形成是离不开特定的教育和训练的。因为“语言既不是内在的也不是外在的，或者说语言既是外在的又是内在的。语言起到沟通内在和外在、主观和客观、心灵和自然的作用。思想是与语言结合在一起的，语言又是与我们的生活结合在一起的。不论自然科学还是社会科学，都离不开与我们的社会生活结合在一起的语言”[③]。正如维特根斯坦所说的，“语言的说出是一个活动或者一个生活形式的一个部分”[④]。

因此，语言与世界之间的关系正是通过这种语言游戏的作用结合起来的。语言活动本身也是社会性的，不同的生活形式拥有不同的语言规则，进而拥有不同的语言游戏。语言规则的形成离不开人们日常使用的标准、习俗与惯例等，并且语言规则必须是可重复操作的。如果某种规则不可重复操作，那么它就和私人语言一样是毫无意义的，因为人们根本无法理解和使用它。因此，正是“通过个体与其他个体之间的实践以及群体常规性的重复或者群体相互影响，规则与规则系列联结在一起就是社会，社会制度亦始于此”[⑤]。当然，不可否认的是，语言及语言规则的习得还必须依靠日常的训练或教育，不同的训练和教育方式决定了人们有着不同的规则与生活形式。

二、日常语言与逻辑语言之张力

当然，前、后期的维特根斯坦都关注语言，但其内在思想存在着根本性差异，前期维特根斯坦主要考察形式语言，尤其是考察语言与逻辑之间的关系，他认为

① 参见刘林．维特根斯坦“语言游戏”的实践哲学转向．外语学刊，2009，（4）：18-21.

② 参见樊岳红．维特根斯坦与语境论．北京：科学出版社，2016：196.

③ 张庆熊．社会科学的哲学：实证主义、诠释学和维特根斯坦的转型．上海：复旦大学出版社，2010：73.

④ 维特根斯坦．哲学研究．韩林合译．北京：商务印书馆，2015：24.

⑤ 樊岳红，魏屹东．布鲁尔“有限论”的扩展——对遵守规则理论的社会学解读．科学技术哲学研究，2011，28（1）：57-60.

日常语言是模糊的、不精确的，而逻辑语言在形式上恰恰是精确和完备的，从而形成了一种理想的人工语言或形式语言，这种理想语言只是一种静态的符号。在早期，维特根斯坦想用这种理想语言来描述和解释语言与世界在逻辑上具有一种同构关系；在后期，维特根斯坦主张不要将语言看作是一种描述世界的形式符号，而要看作一幅生动的人类生活场景。他致力于分析人们的日常语言与生活形式之间的关系，因为任何语言的意义最终都要取决于人们生活在其中的背景。他认为语言与世界之间的这种本质关系只不过是一种推测或假定，因为通常我们无法看到语言与世界之间的这种逻辑同构关系。

在日常的交流活动中，所谓的语句或语言并没有统一的形式或形式上的统一性，而只有由各种语言游戏所构成的家族相似性。即使是在抽象的逻辑和数学形式语言中，也需要以日常语言为媒介，任何种类的语言都源自对日常语言用法的扩展。因此，维特根斯坦认为，人们使用的日常语言并不具有逻辑上的严谨性和精确性，语言使用的正确与否要由它在实际使用过程中的作用来决定。正是实践哲学使得维特根斯坦哲学思想从研究早期不可言说的东西转变为后期可言说的日常事物，甚至句法规则也必须根据实践的语境来理解。"'词到底是什么东西？'这个问题就类似于'象棋中的棋子是什么东西？'"[①]这表明，在不同的语言游戏中，语言会有不同的用法和意义，语言的用法和规则并非固定不变的，而是会随着语境或环境的不同而发生变化的。因此维特根斯坦在《哲学研究》中强调：

> 把"事情是这样的"作为命题的一般形式给出也就等于给出这样一个定义：一个命题就是某种可以为真或为假的东西。因为我们可以不说"事情是……"而说"这是真的"(或者也可以说"这是假的")。但是"P"是真的=P，"P"是假的=非P……只有命题才有可能为真，仅仅只是说我们只对我们称为命题的东西才加以"真的"和"假的"的判定。命题是什么，在一种意义上取决于语句的形成规则，(例如德语的形成规则)在另一种意义上则取决于语言游戏中的记号的使用。[②]

维特根斯坦主张，在语言与世界之间并不存在统一的逻辑结构，在语言与世界之间没有这种本质上的一一对应关系。维特根斯坦通过对日常语言的进一步考

① 维特根斯坦. 哲学研究. 李步楼译. 北京：商务印书馆，2009：70（§108）.

② 维特根斯坦. 哲学研究. 李步楼译. 北京：商务印书馆，2009：79（§136）.

察发现，我们在生活中所使用的语词或语句并没有固定的意义，语词或语句的使用是动态变化的。因此，维特根斯坦提出了著名的“语言游戏说”，以修正其早期的“语言图像说”。因为他发现，世界的本质结构并非如他早期所表述的那样，是以某种特定的结构组合而成的，然后我们再通过语言来建构语言与世界的本质结构。后期维特根斯坦从研究“理想语言”转向了研究“日常语言”。

> 以前，我相信，存在着一种我们经常说的日常语言，并且还存在着一种初始语言，它表达我们确切知道的东西，即现象。……从根本上来说，我们只有一种语言，那就是我们的日常语言。我们不需要发明一种新的语言，或者建构一种新的记号系统，我们的日常语言已经是这种语言了。①

“语言游戏”在《哲学研究》中总是以例子的形式出现，我们不妨也从这些例子入手来理解它。维特根斯坦提出的语言游戏事例是关于建筑工人的。当建筑工人张三说出“石块、石柱、石板、石梁”这些词时，其助手李四就会根据张三的要求正确地递上这些石材。这种建筑工人的事例非常类似于孩子学习语言的过程，当老师教导孩子学习不同的字词时，就要通过手势或口头语言来规训孩子的行为，从而让孩子理解该词。维特根斯坦将这种建筑工人张三指示助手李四递来建筑石材的过程和孩子学习字词的过程，称为一种语言游戏。在后期，维特根斯坦走向了非本质主义，不再追求语言形式上的统一性与世界的本质结构。语言和用法是与人们的具体生活形式相关的。

> 当哲学家使用一个词——“知识”、“存在”、“对象”、“我”、“命题”、“名称”——并试图把握事物的本质时，人们必须经常地问自己：这个词在作为它的老家的语言游戏中真的是以这种方式来使用的吗？——
>
> 我们所做的乃是把词从形而上学的使用带回到日常的使用上来。②

当我们谈论某种建筑语言时，设想对话就在建筑者张三和他的助手李四之间进行。因此，这会存在一些特殊的语言形式，如部落语言和建筑语言等，例如，

---

① 维特根斯坦. 维特根斯坦与维也纳学派. 弗里德里希·魏斯曼记录. 徐为民，孙善春译. 北京：商务印书馆，2014：17.

② 维特根斯坦. 哲学研究. 李步楼译. 北京：商务印书馆，2009：72（§116）.

张三发出命令“砖块”，李四就会递给他一块砖。同样，在日常生活中我们的孩子是通过这种训练而学会其他语言的，这也类似于我们所说的给事物命名。例如，一位母亲把一块砖放在一堆砖上并说“砖块”，于是孩子就会依葫芦画瓢做同样的事情。“要注意，在孩子面前说出的‘砖块’并不是真正的实指定义，因为我们在这种语言中并没有这样的问题：这叫做什么？这是在不同背景中的命名过程。”①

维特根斯坦的这种基于日常语言的实践观，不再追求语言的统一形式，他通过日常的“语言游戏”走向了反本质主义，从而改变了西方哲学中追求语言与世界的确定性和普遍性的根深蒂固的研究传统。在后期，维特根斯坦要解决的是人们日常生活中所遇到的各种实际问题。维特根斯坦所谈到的语言游戏并非任意的，而是要遵照一定的语法规则，因为语言用法的正确与否与语法规则息息相关。人们在日常生活中，也需要依据规则来指导生活，例如必须遵守交通规则和各种游戏规则等。

> 为什么我不把烹饪的规则称为随意的，为什么我试图把语法的规则称为随意的？因为“烹饪”受其目的限制，而“说话”却不受限制。因此在某种意义上语言的使用是自主的，而烹饪和清洗在这种意义上却不是自主的。谁在烹饪时不遵守正确的规则，他的饭菜就做得不好；但是谁要按照一些与棋类规则不同的规则下棋，谁就在玩另一种游戏；谁要是按照一些与这种和那种语法规则不同的语法规则讲话，那他就没有说错什么，而是说些别的什么。②

正如涂纪亮在《维特根斯坦后期哲学思想研究》中强调的，“一方面他强调遵守规则对语言游戏的重要性，要玩任何一种语言游戏，都必须遵守一定的规则；另一方面，他又认为语言游戏的规则具有任意性，因为语言规则是由人们制定的。人们对规则的遵守往往是盲目的，而且规则也没有对语言游戏中的各种活动作出十分严格的规定”③。

既然不同的语言游戏有不同的规则来规定其用法和意义，那么很有可能在不

---

① 维特根斯坦. 维特根斯坦全集（5）：维特根斯坦剑桥讲演集. 周晓亮，江怡译. 石家庄：河北教育出版社，2003：242-243.

② 维特根斯坦. 维特根斯坦全集（11）：杂评、纸条集、关于颜色的评论. 涂纪亮，吴晓红，李洁译. 石家庄：河北教育出版社，2003：196（§320）.

③ 涂纪亮. 维特根斯坦后期哲学思想研究. 南京：江苏人民出版社，2005：23.

同语境中同一表达式会有不同的含义，或者在相同语境中不同表达式也可能会有相同的意义。因此，维特根斯坦强调语词、规则、语境三者并不是一个客观统一体，而是有诸多的用法规则和使用的语境，语词在其中相互地重叠和交叉，然后通过人们的生活形式来实现特定的实践目的。在日常生活中，由于语言的用法和生活形式都处于变化和发展的过程之中，人们的生活形式是会根据习俗和传统而变化的，所以语言总是与生活形式相伴随的。[①]

因此，维特根斯坦才认为，语词的意义必须在一定的语境下才能确定，并且语词的结构和用法还会随着生活形式的变化而变化。因为人们进行语言游戏只能在特定的生活形式下开展，否则就无法理解其真实的意思。语言也必须在具体的使用情境中才能被赋予确切的意义。语言游戏和用法规则会随着语境而变化，那么我们的语词也会随着生活形式的改变而不同。因此，维特根斯坦强调，不要把语言及其规则当成是一种静态的符号，而要看作是一种动态的人类实践活动。[②]但是这样就会产生一个问题，我们真的能确切知道语词的意义吗？

> 如果“游戏”这个概念的界线如此未加限定，那么真正说来你可是不知道你用“游戏”在意指什么。……人们可以说，“游戏”这个概念是一个有着模糊的边缘的概念。……因为，每一种一般的解释也均可能被误解。……请设想这样一个语言游戏：在其中B作为对A的问题的回答向其报告堆在一起的板石或方石的数目，或者报告堆放在某某地方的石料的颜色和形状。因此，这样一个报告可以是这样的：“五块板石。”现在，报告或断言“五块板石”和命令“五块板石！”之间的区别是什么？——好了，区别是这些词的说出在这个语言游戏中所扮演的角色。但是，说出它们时的语调也可能是不同的，而且表情，还有许多其它的东西也可以是不同的。不过，我们也可以设想，语调是相同的——因为一个命令和一个报告可以按照各种各样的语调说出，而且可以带着多种表情说出——区别还是仅仅在于运用。[③]

这里所说的原始语言可以被看作是维特根斯坦对于语言起源的探讨。在“语言游戏”中，语言的语词或命题与其使用之间的关联并不是先验的，相反它是人

① 参见张庆熊. 社会科学的哲学：实证主义、诠释学和维特根斯坦的转型. 上海：复旦大学出版社，2010：78.

② 参见崔丹. 维特根斯坦语言哲学思想论析. 北方论丛，2011，(5)：122-125.

③ 维特根斯坦. 哲学研究. 韩林合译. 北京：商务印书馆，2015：21（§21），61（§70，§71），70（§83）.

们在日常训练中习得并内化成的一种生活习惯，是在完美的逻辑对应关系作用下形成的。因而，我们说语言的内在本质并不存在，语言产生于人类日常的实践活动中。换句话说，语言是一种人类学现象。维特根斯坦认为，可以将上述建筑工人之间的对话看作是张三和李四之间的全部语言。正如孩子在大人的教导下从事各类活动、在做某些行为时会要使用到某些语词一样，其与他人的对话也是以这种方式做出回应的。这样，维特根斯坦就把“语言游戏”的范围从原始语言中语词的使用，扩展到了日常语言中语词的使用。维特根斯坦表明在理解字词的意义时，可能会在不同语言游戏中使用同一语词，从而对语词产生不同的理解。

前面提到的原始语言中的“五块板石”之所以能被理解成“给我五块板石”，是因为它出现在一个可被这样理解的语言游戏之中，李四被训练成这样来理解板石的意义。而在另外一个语言游戏之中，同一语词“五块板石”的使用可能就会有所不同。例如，张三和李四在玩猜板石数量多少的语言游戏，如果李四回答说“五块板石”，这一回答就与上一个语言游戏之中出现的“五块板石”的用法是截然不同的。维特根斯坦认为它们的区别仅仅在于使用的场合不同。后期维特根斯坦通过“语言游戏说”明确指出，语言和词语自身的意义取决于规则、语境和用法。相应地，语词的意义也只能在语言使用中，即在“语言游戏”中才能被体现。因为语言表达和用法的丰富性，每种语言的表达方式都是在更为广阔的语言环境和语言行为中来体现的。

在维特根斯坦看来，任何语言或多或少都存在不足之处，都是不完整的。事实上，这一观点与维特根斯坦的有限论观点相关。首先，话语现有的用法和意义不能决定它将来的用法和意义。其次，语言游戏过去的规则不能决定这种语言游戏未来的规则。再次，语言的意义是由具体的使用情境来决定的，过去语词的意义并不能决定它现在和将来的用法，意义在于使用的情境。最后，语词的意义在使用语境中是不断扩展的，话语只要在适当的语境中使用就会一直得到扩展。因此，不是语词的意义决定了语词的用法，而是语词的具体使用情境决定了语词当下的意思。语词的使用不只与单个主体相关，如言说者背后的目的或意图，而且与言说者的环境、言者听者的对话情境以及听者自身的背景等语境因素相关。①

归根结底，维特根斯坦通过“语言游戏”把人、生活和世界联系了起来，正是通过语言，人才成为生活世界中的一部分。前期的维特根斯坦认为，通过形式

① 参见樊岳红. 维特根斯坦语境论思想初探. 科学技术哲学研究，2016，(2)：35-39.

语言或理想语言就能精确或准确地描述世界的本质结构。而在后期，维特根斯坦则认为，语言的意义不具有确定性，它会随着生活形式和语境而改变，生活形式的多样性决定了“语言游戏”的多样性。这样，维特根斯坦就把语言作为一种实践活动来加以考察。

第二节　“语言游戏”对生活形式的整合

对于维特根斯坦来说，语言游戏和生活形式构成了人们生活实践中密不可分的一部分。我们甚至可以说语言游戏就是生活形式的一部分。所有的日常语言活动也必须基于人们共同的生活形式才能展开。语言的各个部分构成了总体的语言游戏，而语言游戏又必须回到人们的日常生活形式之中。因此，归根结底，句法规则、游戏规则和规则的遵守者都必须处于一定的生活形式之中才有意义，也就是说，语言游戏必须植根于人们的生活形式之中。

一、语言游戏是一种人类学现象

语言游戏是人们日常生活中的一部分，语言游戏之所以能够具有不同的功能，是因为人们在生活形式中对相关的语词和命题的使用做了如此这般的规定。在语言游戏中，语词或命题的意义是通过它们所属的生活形式来解释的。[①]有多少种语言游戏，就表明了有多少种生活形式。因此，维特根斯坦认为，生活形式体现着语言、世界和人之间的紧密关系，缺一不可。他强调语言游戏必须基于生活形式来进行，因为语言游戏也是一种实践活动。“语言游戏就在那里——就像我们的生活一样。”[②]语言由语言游戏构成，语言游戏又是通过相关的语法规则及其遵守的行为来刻画的，因而语法规则及其遵守的行为，甚至语言游戏都植根于生活形式之中，语言是一种人类生活现象。[③]对于维特根斯坦来说，语言游戏与生活形式二者在日常生活中是缺一不可、相辅相成的。

后期的维特根斯坦之所以强调语言游戏必须植根于人们的日常生活形式之中，主要原因在于：首先，人们的语言游戏要基于生活形式来展开，而生活形式

① 参见韩林合．维特根斯坦《哲学研究》解读（下册）．北京：商务印书馆，2010：1407.

② 维特根斯坦．论确定性．张金言译．桂林：广西师范大学出版社，2001：90（§559）.

③ 韩林合．维特根斯坦《哲学研究》解读（下册）．北京：商务印书馆，2010：1243.

的形成又依赖于语言共同体的习俗、惯例、传统与制度等，这就是为什么语言游戏与生活形式是密不可分的。其次，在不同的语言游戏中，决定游戏玩法正确与否的标准要依靠游戏规则，而游戏规则的建立也来源于特定的生活形式。不同的生活形式所建立的语法或游戏规则也是不同的，用法决定意义，并且游戏规则的形成也必须植根于生活形式之中。[①]因此，一方面，语言游戏构成了生活形式的直接材料来源；另一方面，生活形式又反过来规定语言游戏的范围，同时生活形式也构成了人们进行语言游戏的场所。所以，我们对于语言的理解最终也离不开日常的生活形式。

除此之外，人们在进行真正的语言游戏时，还预设了在遵守规则问题上的一致性。维特根斯坦意义上所谓的语言上的一致性，并不是指意见上的一致性，而是指人们进行语言游戏的一致性前提，其一致性来自人们共同的生活形式，而非来自张三、李四、王五的个体意见。人们进行语言交流或进行命题判断的一致性必须基于人们共有的日常生活形式，否则在交流过程中便会产生分歧和摩擦。由于语言游戏的基础不是基于一种私人语言，而是基于共同体所拥有的习俗、惯例等，那么在进行语言游戏的过程中，语言的用法就不是任意或随意的，而是必须遵循特定的游戏规则，这种游戏规则在实践中是可以被反复使用和验证的。[②]

简言之，特定的语言游戏必须遵守特定的游戏规则，当然，游戏规则本身也是开放式的。这决定了语言规则在我们的日常生活中可能是不断发生变化的。在人们的语言游戏活动中，人们共有的习俗、惯例、制度、传统、风俗、习惯、道德标准等，都会对游戏规则的建构产生影响。语言游戏的各种规则也是在生活实践的过程中慢慢形成的。[③]由此可见，语言游戏规则本身具有开放性和变动性。当然，语言游戏规则的变动性不是一蹴而就实现的，而必然是在人们日积月累的实践过程中逐渐形成的。

我们在通过日常的语言训练掌握了一种表达式的用法之后，便掌握了语言所处的生活形式，此后我们便不再寻找表达式的理由，而是按照共同的生活形式不假思索地去使用所学会的语言，并参与到相关的语言游戏之中。在参与语言游戏的过程中，我们通过观察他人的行为进而来描述人们共同的实践行为。维特根斯坦认为，人们通过生活形式参与到实践活动之中，只有自身参与了语言游戏，并

---

① 参见高歌，沈梅英，孙洁菡等. 维特根斯坦哲学观视角下的语言研究. 杭州：浙江大学出版社，2012：101.

② 参见刘森林. 生活方式与语言意义：后期维特根斯坦语言哲学探讨. 江西社会科学，2013，(11)：25-29.

③ 参见高歌，沈梅英，孙洁菡等. 维特根斯坦哲学观视角下的语言研究. 杭州：浙江大学出版社，2012：102.

遵守了相关语言规则，才能明白行为的合理与否，正如人们想要学会游泳就必须通过下水反复练习一样，只有通过实践才能理解语言游戏和相关规则。

维特根斯坦认为，人们无法独立地理解一个语词或语句，这类似于理解私人语言。而语词和语句必须在一定的生活形式之中才能得到充分的理解，除此之外，语词和语句并没有独立的意义，或者说人们无法独立地理解它们。当然，理解一个语词和语句的意义就像是在进行一种语言游戏。例如，建筑工人张三喊出“砖”这个词，助手李四在听到张三的话后，就会明白张三的意思是指“请递给我一块砖”，于是李四就会递过去一块砖。人们也正是从类似的语言游戏中去把握和理解“砖”或“板”这些词的内涵的。这就是一种基于生活形式所进行的日常语言活动。但是一旦脱离了特定的语境，这种基于生活形式所进行的语言游戏就会在某种程度上造成人们理解上的偏差，甚至会让人们无法理解语句所要表达的意思。因此，语言游戏离不开特定的生活形式，生活形式是语言游戏进行的基础和前提，只有在具体的生活形式中，人们才能掌握语词或语句的用法，从而进行下一步的语言游戏，获得更多语词或语句的意义。①

事实上，正如维特根斯坦所强调的，许多哲学问题都是由语言的混乱所产生的。因此，哲学家的困惑更多地是来源于语言问题，例如对于日常语言的用法产生了认知偏见。而哲学家要从这些哲学迷茫或困惑中走出来的话，就必须消除因语言用法的混乱而产生的语法偏见。这一方法必然会涉及认识论问题，例如会涉及大家经常探讨的命题知识、本质、存在等，通过理解这些语词在生活形式之中的用法试图来把握事物的本质。正如维特根斯坦所言的，“我们所做的乃是把词从形而上学的使用带回到日常的使用上来”②。

在此，试考虑人类学家埃文斯–普里察德（E. E. Evans-Pritchard）关于阿赞德人巫术的解释，将巫术看成是灾祸的社会化方式，而不是意识必然的不可知性。③埃文斯–普里察德认为，阿赞德人对于语词意义的不确定性恰恰也是他们游戏规则的一部分，并且同样来自他们共同的生活形式。因此在阿赞德人看来，一旦一个人被授予了巫术，他所说的任何话都将被扭曲至迎合一种私密的意思。这就是一种生活形式。因此，阿赞德人总是猜测语言背后的含义，使得语言带有了一种神秘的不可知性。由此看出，语言的规则仍然是由生活形式所规定的，我们看到人

① 参见高歌，沈梅英，孙洁菡等. 维特根斯坦哲学观视角下的语言研究. 杭州：浙江大学出版社，2012：89.

② 维特根斯坦. 哲学研究. 李步楼译. 北京：商务印书馆，2009：72（§116）.

③ 参见 Evans-Pritchard E E. Witchcraft, Oracles and Magic Among the Azande. New York: New York University Press, 1976: 33.

类学家以一种对人类学现象进行描述的方式将这种不可知性进行了消解。那么“生活形式”是不是也正是维特根斯坦找到的哲学的人类学回归之路呢?

也就是说,语言游戏以及作为语言游戏基础的“生活形式”都是人类学现象。对于维特根斯坦来说,哲学研究要做的不再是对语言进行逻辑分析,而是要回归到人们日常生活的语言游戏之中,在实践中对语词进行描述和使用。这就是维特根斯坦所说的,“哲学不应以任何方式干涉语言的实际使用,它最终只能是对语言的实际使用进行描述。因为,它也不可能给语言的实际使用提供任何基础”①。这样,语词令人迷惑的共同面貌才能被揭开,哲学的困惑也才能被消解。在这一意义上,可以说维特根斯坦为哲学困惑找到了一条人类学的回归路径。

二、语言是基于生活形式习得的

为了阐明什么是语言游戏,也为了说明语言游戏的学习过程,维特根斯坦在《哲学研究》一开篇就批评了奥古斯丁的语言学习观。在奥古斯丁的解释中,他认为孩子先天地就拥有一种完整的意识和语言系统,这套先天的或内在的意识系统在孩子学习语言之前就已经存在了,而孩子对语言的习得只不过是激发内心已有的思想而已。但维特根斯坦则认为,在奥古斯丁的语言学习观中,学习者更像一个旁观者,他通过倾听长辈或父母们的交谈所发出的声音,通过观察他们的面部表情、姿态和说话时身体转向的对象,然后猜测他们的语言与对象之间的关联,从而理解语词的意义。维特根斯坦主张,语言概念的获得一定要基于人们的日常语言训练,然后通过已有的生活形式来进入更为复杂的语言游戏之中。此时,孩子才开始进入与他人共有的世界。因此,真正的语言学习过程并不是如奥古斯丁所描述的那样进行观察,而是要参与到具体的语言游戏中去,通过共同的生活形式来完成语言游戏,这涉及训练和教育。正如维特根斯坦在《哲学研究》中主张的:

> 来到一个陌生的国度的人有时会经由当地人给予他的实指解释来学习他们的语言;他常常须猜测这些解释的释义,而且有时他猜对了,有时则猜错了。
>
> 现在,我认为我们可以说,奥古斯丁是以这样的方式来描述人类语

① 维特根斯坦. 哲学研究. 李步楼译. 北京:商务印书馆,2009:75(§124).

言的学习过程的：好像一个小孩来到一个陌生的国度并且他不理解这个国度的语言；这也就是说，好像他已经有了一个语言，只不过它不是这个语言。或者也可以这样说：——好像这个小孩已经能够思维，只是还不能讲话。[①]

在《哲学研究》§2 中，维特根斯坦设想了师傅张三和他的助手李四之间使用语言的情况。师傅张三告诉助手李四，建造房子需要使用到各种各样的建筑材料，如砖、板、柱、梁等，并且通过实例告诉李四这些石料与其名称如何对应，助手李四事先记住了这些建筑材料的名称。在这一简单的语言游戏中，语词的意义就是它所指称的东西。但是，这一语言游戏如果仅仅到此为止，那么还很难知道李四是否掌握了张三告诉他的这些知识，即关于石材的命名知识。检验的办法就是当张三喊各种石材的名称时，李四能及时地把张三所需要的石材递给他。当助手李四递错了建筑材料时，师傅张三也会及时纠正他。因此，在这种命名的语言游戏中，相伴随的往往是对象、指令、质问或回应等形式，这种语言游戏是跟张三和李四所共同拥有的生活形式交织在一起的。因为这种语言游戏中指称的对象、下达的指令、质问或回应过程本身就是人们日常生活形式的一部分。

有一种这样的语言游戏：一个人按照规则进行计算，并按照计算结果堆放建筑石料。这个人已学会按照规则用书写符号进行操作。——一个把这种教和学的过程写下来的人，已经说出与按照规则正确行动相关的一切。我们不能再前进一步。例如，追回到相互一致这个概念，那是没有用处的。因为，这种行动与另一种行动相互一致这一点，并不比它是按照规则进行的这一点更加可靠一些。按照规则进行这一点也依据于一种一致性。

如人们所说，人们不能比通过对学习"按照规则行动"作出描述而更加靠近对什么是正确地遵守规则作出描述。这种描述是一种日常的描述，例如对烹调和缝纫的描述。与这些描述一样，这种描述也以许多东西为前提。它把这一个与另一个区别开，从而告知那个对此事毫无所知的人。

① 维特根斯坦. 哲学研究. 韩林合译. 北京：商务印书馆，2015：30（§32）.

因为，谁向我描述人们如何接受遵守规则的训练和人们如何正确地对此作出反应，谁就在这种描述中作用了规则这个表达式，并且以我对他的理解为前提条件。

因此，我们把乘法技巧教给某个人。我们在这里使用了赞同和拒绝这些表达式。我们有时还向他写出乘法的目标。我们可能对他说："如果你做得正确，你就一定得出这个结果。"①

因此，在《哲学研究》中，维特根斯坦进一步描述道：

人们可以很容易地想象这样一种语言，它仅仅由战场上的命令和报告构成。——或者这样一种语言，它仅仅由问题和一种肯定的和否定的表达式构成。以及无数其它的语言。——想象一种语言，就意味着想象一种生活形式……"语言游戏"这个词在此当是在强调如下之点：语言的说出是一个活动或者一个生活形式的一个部分。……"因此，你说，人们的一致决定了什么是正确的和什么是错误的？"——人们所说出的东西是正确的和错误的；而在语言中人们是一致的。这绝非意见上的一致，而是生活形式上的一致。……遵守一条规则，这类似于这种事情：服从一个命令。人们是被训练着做这事的，人们以特定的方式对命令做出反应。但是，如果现在一个人这样，一个人那样对命令和训练做出反应，那么情况会怎样？究竟谁是对的？②

语言游戏表明人们对语言的使用事实上就是对生活形式的反映。在日常生活中，人们使用语言的各种活动如问候等，都反映了人们的某种生活形式。因此，共同的人类行动方式是我们借以向自己释义一种陌生语言的参考系。这种训练的一个重要组成部分在于教学的人指向诸对象，将一个小孩的注意力引向诸对象，并且与此同时说出一个语词。

比如，在指给人看板石形状时说出"板石"这个词（我不把这称为"实指解释"或"定义"，因为这个小孩的解还不能追问名称。我将称其

① 维特根斯坦. 维特根斯坦全集（7）：论数学的基础. 徐友渔，涂纪亮译. 石家庄：河北教育出版社，2003：304（Ⅶ，§26）.

② 维特根斯坦. 哲学研究. 韩林合译. 北京：商务印书馆，2015：17（§19），24（§23），145（§206），154（§241）.

为“语词的实指教学”。——我说，它将构成训练的一个重要的部分，因为在人的情况下事情就是这样的；而并不是因为事情不可想象成其它样子的）。这种语词的实指教学可以说在一个语词和一个事物之间建立起了一种联想性的结合。

……

人们也可以将石料的命名过程和先说出的词的跟说过程称为语言游戏。请想一想在轮舞游戏中人们对诸语词所作的一些使用。

我也将语言和这样的活动——语言与它们交织在一起——所构成的那个整体称为“语言游戏”。……一个语词的意义就是其在语言中的用法。①

维特根斯坦认为，语言学习过程本身是从每个个体出发的，是个体经由学习和教育所建构的过程。要正确地理解这些主张，在维特根斯坦所讨论的命名、遵守规则和经验时有必要区分所谓的“新手域”（the domain of the novice）和“熟手域”（the domain of the master）。较复杂的实践包括所有“熟手域”的二阶实践，诸如命名、辩护或评价、判断、描述的感觉、怀疑的主张、形成假设或解释等行动。哲学家经常把上述一些或所有二阶实践的这些行为当作语言实践。这种实践之所以更复杂是因为哲学家通常把这些语言活动看成是所有实践的基础。

维特根斯坦认为，这些事物必须是完全掌握了语言的人才可以参与的，下判断、给出名称、评估解释、描述感觉和形成假设等，它们属于语言的“熟手域”。对新手来说，个人如果没有获得一门语言，那么他就不能像我们这样使用语言来沟通，因为这里已经预设了熟手域是初学者的目标。对新手进行应用技巧上的培训，通过培训使得新手也能下判断、给出名称、评估解释、描述感觉和形成假设等，培训及生活形式为新手提供认知上实质性的学习语境。由于人们只能证明这些应用技巧，无法通过一系列明确的规则或命题来描述下判断、给出名称、评估解释、描述感觉和形成假设等，所以只有通过培训学习才能获得语境门槛，并且判断什么是由我们复杂实践所预设的。学习的过程是技术上的训练，在这个意义上，学习的过程也构成了学习的内容。

维特根斯坦越来越频繁地诉求于孩子学习的事例，因此这比仅仅陈述我们概

① 维特根斯坦. 哲学研究. 韩林合译. 北京：商务印书馆，2015：10（§6），12（§7），39（§43）.

念的语法更具有启发性或说明性。学习起到了解释的作用，同样也构成了实践和概念的基础。执行一个命令依赖于对这个命令的理解。一个命令之所以成为一个命令，这与它的被服从是相互依赖的。如果命令从不被服从，那么“命令”这一概念就会成为无稽之谈；反之，如果从来没有命令，那么“服从”概念也是无的放矢的。因此命令与服从命令之间会有一道鸿沟，它必须由理解者本人来填平。对一个命令有多种理解，决定如何执行的不是命令本身，而是对命令的理解。决定何种理解才是正确的理解并不依赖于哪一种理解符合命令本身，而是哪一种理解是合用的——它导致正确命令的发出者和执行者乃是基于同样的生活形式而学会这种命令的语言游戏的。[①]

维特根斯坦主张，我们之所以能进行语言游戏，是因为有共同的生活形式做支撑。生活形式体现着人、语言、世界之间的关系。维特根斯坦之所以把语言游戏当作一种生活形式，是为了强调语言游戏是一种有生命力的实践活动，而不只是人们沟通的工具或心理的伴随物。在20世纪30年代中期，维特根斯坦还没有意识到语言和行动是如何深刻地交织在一起的。在后期，维特根斯坦明确地阐述了语言与行为之间的密切联系。因为语言就是生活形式的一部分，语言游戏的一个显著特征就是，它是一种基于生活形式的实践活动。这实际上标志着维特根斯坦通过共同的生活形式将语言和世界之间的关系交织在了一起。

第三节　“语言游戏”对私人语言的批判

维特根斯坦在《哲学研究》§243～§263中集中对私人语言进行了分析和批判，提出了著名的反私人语言论证。那么，他所批判的私人语言到底是一种什么样的语言呢？维特根斯坦在《哲学研究》中指出，当这种语言只有自己知道，而别人只能通过其他方式来猜测时，这种语言就是无意义的。

一、私人感觉之不可交流性

当我通过日常的训练掌握了一些表达式的用法之后，我就不去寻找理由了，而只是不假思索地依照我在日常实践中所接受的训练去使用语言。在《哲学研究》中，维特根斯坦以“疼痛”之类的语言游戏为例来说明私人感觉的无意义性。

① 参见陈常燊．语言与实践：维特根斯坦对“哲学病”的诊治．上海：上海人民出版社，2016：52.

那么，在什么样的范围内我的感觉是私人的？——好，只有我能够知道我是否真的具有疼；另一个人只能对其进行猜测。——这一方面是假的，另一方面是没有意义的。如果我们是在人们通常使用“知道”这个词的意义上使用它的（我们究竟应当如何使用它！），那么当我具有疼时其他人常常知道这点。——没错，但是他可是不像我自己那样确实地知道这点！——针对我，人们根本不能说（除非比如在开玩笑时）我知道我具有疼。因为除了意味着比如我具有疼之外，这样说究竟还可以意味着什么？[①]

……

“另一个人不能具有我的疼。”——哪些东西是我的疼？在此什么东西被当作同一性的标准了？想一想是什么使得如下事情成为可能的：在物理对象的情况下人们谈论“两个完全相同的”。比如，人们说：“这把椅子不是你昨天在这里看到的那同一把椅子，但是它是一把完全相同的椅子。”

……

“感觉是私人的”这个命题可以与如下命题相比：“人们独自玩单人纸牌。”[②]

维特根斯坦认为，私人感觉或私人语言的赞同者错误地通过主体心理状态来理解语词的意义，人们心中并没有一种“疼”的独特图像或事实与“疼”这个词形成一一对应关系，说话者并不是因为看到了这种图像或事实才说出“我疼”的语言。

如果我针对我自己说：我只是从自己的情况知道“疼”这个词意谓什么，——难道我不是必须针对其他人也这样说吗？我如何能够将这样一种情形以如此不负责任的方式加以一般化呢？

好了，每一个人都针对他自己向我说，他只是从他自己知道疼是什么东西的！[③]

如果有人有痛感却不表现出来的话，那么我们也就不可能教会孩子使用“痛”

① 维特根斯坦. 哲学研究. 韩林合译. 北京：商务印书馆，2015：155（§246）.

② 维特根斯坦. 哲学研究. 韩林合译. 北京：商务印书馆，2015：156（§248），158（§253）.

③ 维特根斯坦. 哲学研究. 韩林合译. 北京：商务印书馆，2015：172（§293）.

这一词。对于某种疼痛（如牙疼），应当有两种意义和用法：一种是我自己的痛，而另一种是表述他人的痛。尽管每个人疼痛的时候都会有不同的感觉，但维特根斯坦告诉我们，个体自身的这种疼痛感是不能作为评判他人疼痛的客观标准的。

首先，这种客观评判标准缺乏同一性。上次疼痛时出现的感觉与这次的感觉是同一种感觉吗？我们既没有评判的计量标准，也没有评判的核查手段。其次，对疼痛感的记忆是不牢靠的。因为即使不同的疼痛拥有同一的客观标准，我们也没办法证实这一次的疼痛感与上一次的疼痛感出现时的感受是一样的。最后，所谓评判的客观标准乃是一种外在的第三人称标准，而疼痛的内在感受是以第一人称为主体的，两者之间有着不可逾越的鸿沟。因此，维特根斯坦问道，我知道我在疼痛与我说出的我疼痛意义一样吗？

> “我呻吟，因为我疼。”你肯定这就是你呻吟的原因吗？
>
> ……
>
> “牙疼”是我在与他人所玩的游戏中使用的词，但它对我来说有一种私人的意义。
>
> ……
>
> 人们会认为：……“牙疼”这个词一方面代表了一个行为，另一方面则代表了一个私人经验。它们的联系是，当一个人有了这种私人经验，他就会以某种特殊的方式行事。
>
> 但在你不知道是只有一个私人经验还是有 100 个的情况下，为什么你只谈到一个私人经验，而不是 100 个私人经验？
>
> ……因为其他人只能得到我牙疼的梗概，而不是真正的牙疼。
>
> 我们在“红色”的用法上可以说一些相似的东西。在我看来，这似乎再一次表明，我应当使用两个不同的词。
>
> 但实际上这种私人语言游戏并不存在。
>
> ……
>
> 鲁滨逊可能会自言自语，因此他只是对自己的说话。[①]

维特根斯坦在《哲学研究》中除了用“牙疼”的事例来说明私人语言是什么之外，还进一步用某种私人感觉来描述所谓的“私人语言”。在赞同私人语言的人

---

① 维特根斯坦. 维特根斯坦论感觉材料与私人语言. 江怡译. 杭州：浙江大学出版社，2011：40，47，135.

看来，私人对象只有主体自己可以拥有而别人不能拥有，因为对私人对象的主体感受是不可通约的。

> “一旦你知道了这个词是表示什么的，那么你便理解了它，你便知道了它的全部的应用。”
>
> 让我们想象这样的情形。我要就某一种感觉的再现这件事写日记。为此，我将它与符号“E”联想在一起，并且在我具有这种感觉的每一天我都在日历上写下这个符号。——我首先要说明，关于这个符号的一种定义是不可说出的。——但是，我可是能够将它作为一种实指的定义而给予我自己！——如何做到这点？我能够指向这种感觉吗？——在通常的意义上不能。但是，我说出或者写下这个符号，与此同时我将我的注意力集中到这种感觉之上——因此可以说在内心指向它。——但是，这种仪式的目的何在？因为看起来它仅仅是这样的一个仪式而已！一个定义可是用来确定一个符号的意义的。[①]

当然，维特根斯坦并不承认有所谓的私人感觉存在，而是强调疼痛的感觉是通过主体的行为表现与主体说出的语言来体现的。维特根斯坦主张，即使人们有某种所谓的私人感觉或私人语言，我们也无法在这种私人感觉或所谓的私人语言与外界之间建立起确定性的联系。因为即使张三能够发明某种私人语言，就如鲁滨孙·克鲁索（Robinson Crusoe）一样，这种私人语言也是他人无法理解的语言。如果张三确实能够用符号 E 来特指某种私人的感觉或情感，但这种私人感觉只有他自己知道而他人无法了解时，那么写出这个符号到底有什么具体的意义呢？不管这种对私人感觉的描述多么真实和准确，私人语言的维护者到底要在什么时间、什么地点把这种真实的感觉告诉谁呢？如果是纯粹私人意义上的自说自话，那么这个 E 到现在还没有任何功能。[②]如果只是进行命名活动的话，那么这种命名的过程不会产生任何实质性的结果。就如同我们和自己进行交易一样，当我们把钱从左手交到右手，然后我们再用右手写一张借条交到左手一样，这似乎是一个完整的借贷交易过程，但实际上没有什么意义，在这里没有真实的交易发生。由此，维特根斯坦认为，语言的意义必然在它的使用过程之中。

---

① 维特根斯坦. 哲学研究. 韩林合译. 北京：商务印书馆，2015：160（§258），162（§264）.

② 参见黄济鳌. 对维特根斯坦反私人语言论证的一种解读. 自然辩证法研究，2011，（11）：1-7.

即使在日常生活中我们能通过实指定义的方式在语句与对象之间建立某种联系，但是对语词理解的实际意义并没有在这一过程中确立起来。试想一下，在某人的行为中，通过某种方式可以知道懂或不懂得这个词，可能有一些词对他来说是一无所知的，因为之前从未使用过这些词。

> 让我们回忆一下，在一个人的行为中，有某种标准可判别他不懂得某个词，该词对他来说一无所指；也一无所用。还有一种标准可判别他“自为以他懂”，给这个词附上某种意义，但不是正确的意义。最后，还有判别他正确地理解这个词的标准。在第二种情况中，我们可以说是一种主观的理解。我们可以将其他任何人都不懂而我“似乎懂”的声音称为一种“私人语言”。[①]

因此，我们还可以通过其他方法来确定或判断张三是否已经正确地理解了某个词，但是这种判定标准存在的问题是它是一种主观标准。如果我们使用的标准是一种只有我自己可以理解的私人语言或私人感觉的话，那么这种标准就毫无客观性可言。

二、私人语言之“甲虫事例”

维特根斯坦曾在《哲学研究》中使用“盒子中的甲虫”事例来说明在逻辑上这种私人语言是不可能的，人们也无法理解这种私人语言。“盒子中的甲虫”事例大致如下[②]：假设张三、李四和王五等每个人手里都有一个不透明的盒子，他们被告知盒子里装的是被人们称为“甲虫”的东西。当然，张三、李四和王五等人只能看到自己手里的盒子里装的是什么，而不知道其他人的盒子里有什么。其结果是张三、李四和王五等都只知道自己盒子里的“甲虫”长得是什么模样的，而无法观察或理解他人盒子中的“甲虫”。但是不同人的盒子里装的东西都是不一样的，有的人的盒子里甚至可能根本没有装任何东西。但自己盒中有什么，这些情况只有张三、李四和王五等他们本人才知道。现在请试想这样一种情况，他们每个人的盒子中装的“甲虫”都是不同的事物，而且盒子里的这个东西还可以不断变换。现在，张三、李四和王五等人都宣称，只要看看自己盒子里的东西就能知道这个

① 维特根斯坦. 哲学研究. 李步楼译. 北京：商务印书馆，2009：141（§269）.

② 参见维特根斯坦. 哲学研究. 韩林合译. 北京：商务印书馆，2015：172（§293）.

所谓的“甲虫”究竟是什么。维特根斯坦指出，这样一来，“甲虫”这个词可能不是任何特定东西的名称，因为在场的张三、李四和王五等每个人的盒子里的东西都可能是不一样的，也许有的人的盒子里根本没有任何东西。这个思想实验产生的问题是不论每个人的盒子里放的是什么，或盒子里什么都没有，我们终将无法确定“甲虫”一词最终指的是什么，当大家都经由此过程而习得这个词时，谈论的可能就不是相同的事物。维特根斯坦的“盒子中的甲虫”事例表明，人们习惯于也必然会从自我的立场出发，这首先会导致唯我论（solipsism）立场，其次还会产生无意义的问题。

> 如果一个人从未感受到过痛，那么他能够懂得“痛”这个词吗？——是不是得由经验来告诉我是这样或不是这样？——如果我们说“一个人不在某个时候感到过痛就不可能想象出痛”——我们是怎么知道的？怎么才能够确定这种说法是否正确？[①]

如前所述，心理状态的特征具有私密性，而且描述心理状态的语词也是私密的。所以当张三使用“痛”一词时，我们无法确定他对于“痛”这个语词的用法跟我们的用法是否一致。或者说我们只能知道自己的“痛”意指什么，我们无法确认其他人的“痛”是否也如此。所以张三所谈论的“痛”和我们所谈论“痛”是否拥有相同的心理状态，这是无法确定的。

感觉材料的私人性。人们有时在注视相同的对象时却看到了不同的事物、颜色等等。这种情况就是我们说的“他看到的是暗红，而我看到的是浅红”。如果我在这方面是个唯我论者，对此就不会有反对意见。但这并没有使我感到满意。因为你可能会通过我的身体而知道我的身份。现在我希望我的身体根本没有出现，那么在这种情况下，所谓的“我”在空间上是指什么呢？唯我论的问题是与“我”这个词的错误用法密切相关的，回忆一下我们曾说过的实指定义，我们提出词的用法是它的意义。[②]

上述观点表明，维特根斯坦反对私人语言，他认为所谓的私人语言只不过是一种自言自语，只是一种貌似具有意义但事实上并没有意义的语言，并且这种私人语言的基础是私人感觉，而私人感觉具有秘密性和主观性，它也无法建构出具有意义的语言来。因此，对于维特根斯坦来说，即使有所谓的私人语言，那么这

---

① 维特根斯坦. 哲学研究. 李步楼译. 北京：商务印书馆，2009：156（§31）.

② 维特根斯坦. 维特根斯坦论感觉材料与私人语言. 江怡译. 杭州：浙江大学出版社，2011：94，134.

种私人语言也是毫无意义的。维特根斯坦所认可的私人语言是指涉及心灵私密的内容。事实上，在实践中，日常语言本身的用法是各异的，正如日常生活中存在着多种多样的语言游戏。不同的生活形式决定了不同的语言游戏，生活形式表明语言表达式的意义并不只是在描述和指称它的外部事实或事态，而是要看在实践中人们是如何使用它们的。

维特根斯坦认为，在对语词或语句进行研究时，人们往往容易被这些语词或语句过去的句法和用法一叶障目，从而产生许多偏见或错误，进而陷入理解的困境之中。由于语词理解的差异及语法规则的不同，如果人们没有详细观察语词的实际使用的话，错误就会层出不穷。在《哲学研究》中，维特根斯坦对此也进行了描述，他认为与语词用法误解相关的，除了别的原因之外，还来自于对语言不同领域中的表达形式所作的某些相似的类比。①

因此对于宗教、伦理、形而上学主体等对象，也可以进行有意义的陈述。可说与不可说的界限终于在以生活形式为基础形成的语言游戏中湮灭了。例如，前期的维特根斯坦认为唯我论的“我”是形而上学的主体，是不可言说的。但到了后期，维特根斯坦却认为唯我论是可以言说的。当唯我论者说“我知道我有痛”时，维特根斯坦不再像前期那样认为这个命题是无意义的形而上学命题，因此不可言说；相反，他把形而上学命题归结为日常生活命题，即“有痛”或将其理解为与呻吟、叫喊相同的行为表述。

综上所述，维特根斯坦认为“私人语言”具有如下三方面的特征。

（1）这种语言具有私密性。由于该语言指称的对象只有当事人自己知道，因此这种语言具有私密性。

（2）这种语言具有主体性，即由于语言所指称的对象是某种私人感觉和情绪，这种私人感觉和情绪只能由使用该语言的主体所拥有，而无法被其他人所拥有，因此它具有主体性。

（3）这种语言不具有公共可交流性。一般能够进行交流的语言都具有公共性，能为其他人所使用和理解。但是私人语言是他人无法理解和传达的，因此不具有交流的意义。

因此，要想弄清楚一条私人规则的意思，我们最终也只能诉诸主体在遵守规则时的心理状态。但是心理状态是第一人称的，其他人无法通过语法或规则来了解。如果在理解语言时诉求的是某种私人的心理产物，那么我们就无法将某人自

① 维特根斯坦. 哲学研究. 李步楼译. 北京：商务印书馆，2009：64（§90）.

认为在遵守规则（私人感觉）和他实际在遵守规则（实际行动或行为）区分开来。在维特根斯坦看来，讨论一种私人语言或私人感觉是没有意义的，这种心理产物也无法在具体的语言游戏中去遵守，从而也无法参与到特定的实践活动中。

三、私人语言之“鲁滨孙事例”

试想一个已经掌握了一门人类语言的人，如鲁滨孙，他被迫来到一个孤岛上生活，那他是否可以发明一些词语来命名岛上独特的动植物呢？也就是说，像张三这样的独立个体是否可以给自己下命令，然后服从自己的命令，自己与自己进行交易，或者他是否可以自问自答，并且自言自语呢？维特根斯坦的答案是否定的。或者在一个陌生的部落中，每个人都讲一种只有自己知道的语言，当一位人类学家来到这个部落，成功破解了他们之中某一个人的语言，并将这个人的语言翻译成我们所说的语言时，那么经过翻译的语言还是不是维特根斯坦所说的私人语言呢？

维特根斯坦认为，经过翻译的语言并不是一种私人语言。我们也可以设想，在语言游戏或生活形式之中，一个人可以用只有自己所知道的日常语言或自己所发明的特别的符号体系来记录他的心灵内容，这些内容也只有他自己可以理解，那么这种语言才是维特根斯坦意义上的“私人语言”。所谓私人语言是指除了主体自己知道其意义之外，他人无从知晓，也没有办法知道其内容或意义。在《哲学研究》中维特根斯坦也描述了这一情况：

> 那么，那种描述我的内在经验并且只有我自己才能懂得的语言究竟是怎么回事？我是怎样使用词来表示我的感觉的？像我们通常做的那样吗？那么，我的那些感觉语词是否与我对感觉的自然表达联系在一起呢？如果这样的话，我的语言就不是一种“私人”语言了，还会有别的人和我一样地懂得它。
>
> ……
>
> 人们可能说：如果你对一个词给自己下了一个私人定义，那么你就一定得在内心里做到以如此这般的方式使用这个词。你是怎样做到的呢？是不是要假定你发明了使用这个词的技巧；或者假定你发现这种技巧是现成的？①

---

① 维特根斯坦. 哲学研究. 李步楼译. 北京：商务印书馆，2009：137（§256），139（§262）.

维特根斯坦认为，人们之所以无法确切地理解私人语言，是因为私人语言脱离了人们的日常生活形式，导致人们无法理解这种“私人语言”，并且这种私人语言只是描述了主体的内在心理状态，而这种内在的心理状态又只有主体自己才能体验到。况且语言必须涉及生活形式、语法规则及语境等，通过这些因素来考量语言的用法。但是这些检验标准并不是一种内在标准，而是一种外在标准，用第三人称视角是无法最终理解第一人称的心理状态的。

> 一个人可以鼓励自己，命令自己，听从自己，责怪自己，惩罚自己，给自己提出一个问题并且回答它。因此，人们也可以设想这样的人，他们只以独白的方式说话。用自言自语来伴随他们的活动。——一个观察他们并偷听到他们所说的话的研究者能够成功地将他们的语言翻译成我们的语言。……
>
> 但是，这样一种语言是可以设想的吗：一个人可以用它为了自己的使用而写出或者说出他的内在的体验——他的感受、情绪等等？——难道我们不能用我们的通常的语言做到这点吗？——但是，我并不是这样意指它的。这个语言的语词应当指涉只有说话者才能知道的东西；指涉他的直接的、私人的感觉。因此，另一个人不能理解这个语言。
>
> ……
>
> 私人语言的规则是规则的印象吗？——人们在其上称量印象的那台天平并不是关于一台天平的印象。
>
> ……
>
> 我们有什么根据将“E”称作一个感觉的符号？因为“感觉”必然是我们的共同的语言而非只有我自己才能理解的语言的一个语词。因此，这个词的使用需要一种大家都能理解的辩护。
>
> ……
>
> 人们可能说：给自己做出一个私人语词解释的人现在必定在内心中决定以如此这般的方式使用了这个词了。他如何决定做这样的事情？我应当假定他发明了关于这种应用的技术；还是应当假定他发现了它已经现成地摆在那里了？①

① 维特根斯坦. 哲学研究. 韩林合译. 北京：商务印书馆，2015：154（§243），161（§259），161（§261，§262）.

试考虑一个经常进行速记的张三。张三为了使会议记录或会议纪要记得更快一些，他把一些词语进行了“编码”。例如，把“西方哲学”速记成 xz，把“维特根斯坦”记成 Wit，等等，以此来提高记录的速度。这种编码后的语言符号非常类似于维特根斯坦所描述的私人语言，即只有张三能够明白和使用，而其他人只能猜测。但是，在他把这种方法告诉其他人，其他人也明白他这种语言的内涵和意义，并且逐渐扩散开来后，就会形成一种适用于一定范围的公共语言。如果形成公共语言，也就会形成一定的形式规则。只有大家共同遵守这种规则，才能保持这种语言固有的内涵和意义，因而大家的共同遵守是这种语言成为公共语言的必要条件。这样，经过一定的方式这种私人语言最终就会转化为一种语言游戏和特定的生活形式，一种大家广泛接受的语言游戏和生活形式。

维特根斯坦说，当我想要某个人记住一篇我给他念的文章，以便他在此之后可以向我复述，我就必须给他一页纸和一支铅笔；当我读时，他就在纸上画些线条、符号；如果他以后要复核这篇文章，他就可以用眼睛看着那些符号说出这篇文章来。但我猜想，他所记下的符号不是文字，也不是某种与文章中的词相关联的规则；但是没有这些记下的符号，他就不能复述这篇文章；并且如果这个速记遇到他人更改或者其部分被破坏，那么他在“读”时就会停顿，或者复述文章时没有把握，或者不大准确，或者就根本无从着手！——我称为“速记”的东西不是文章的翻版，不是说将其译成另一种符号体系。①

这是因为，维特根斯坦预设了私人语言的不可能性，也因为私人语言是由主体心理概念组成的语言。任何一门语言如果还称得上是真正的语言的话，那么最低限度就是必须有人在使用它。当然，不能说是一个人在使用，而是有一群人在使用，因而这离不开人们共同的生活形式。

这意味着，私人语言的使用者应当有可能做到用与他自己的定义相一致的方式使用它。可是，按照私人语言的定义，使用者用以确定使用正确与否的依据只能是他的私人感觉。在这种情况下，使用者最多只能说他感觉到自己是对的。但是一个人感觉到自己是对的并不代表他实际上就是对的。“在我看来正确的无论什么东西都是正确的。而这只是意味着：在此根本就不能谈论‘正确的’。”②为了使某个语词有意义，这个交流共同体就必须能够判断一个人在具

① 维特根斯坦. 维特根斯坦全集（11）：杂评、纸条集、关于颜色的评论. 涂纪亮，吴晓红，李洁译. 石家庄：河北教育出版社，2003：255（§612）.

② 维特根斯坦. 哲学研究. 韩林合译. 北京：商务印书馆，2015：160（§258）.

体运用中是否确定地在遵从一个给定的规则，即判断他所做出的回答是否与他们自己给出的回答相一致。从维特根斯坦在《哲学研究》§243 中的论述来看，“私人语言”通常是指在逻辑上不可能被主体以外的任何其他人所理解的语言。这是不是意味着当鲁滨孙孤单地生活在一个岛上时，他无论做什么都不可能被认为是在遵守规则呢？[①]

在维特根斯坦看来，鲁滨孙需要遵守的是一种语法规则。这种语法规则的规范性已经规定了什么是正确遵守规则的行为，或规定了什么样的行为是在遵守规则。同样，这样的语法规则也制约着人们对语言的使用和解释，而通过人们的使用和解释，又可以看出他们是否在正确地使用语法规则。但是，如果这种语法规则属于私人的话，那么该规则无法说明其他人是否在正确地遵守语法规则。因此维特根斯坦认为，在人们的日常生活中，根本不存在这样的私人语言和私人语法规则。因为人们没有核查这种私人语言的手段和方法。人们关于自己的心灵内容所使用的语词是直接知道的，不需要任何的辩护。

由此，维特根斯坦主张，对于假设的形成和辩护以及对于特定事实信念来说，在逻辑上我们必须要有这种共享的实践基石。如果没有某种一致性背景，那么在逻辑上就没有了辩护、怀疑、挑战或争论的空间。如果没有某些被认为是理所当然的事实，那么对于做出实质性的主张、形成愿望或意图、进行一种挑战、引用的证据等来说也就没有了逻辑空间。维特根斯坦的语法研究深入语境之中，只有这样我们才可以得出我们规范性的结构、行为和判断。语境包括了我们对相似标准的判断，包括世界上的对象和属性，以及我们对于对象的感觉体验等。由于没有办法来核查私人感觉的正确与否，所以由私人感觉所引发的私人语言同样是没有意义的。

维特根斯坦的反私人语言论证表明我们的语言游戏和生活形式并不是建立在私人语言或私人感觉之上的，也并非有了某种私人感觉之后，再用实指或实例的方式来告知他人。在具体的语言游戏中，所谓的私人语言是没有意义的符号，因为任何语言的交流都是要以人们共同的生活形式为前提的。鲁滨孙在孤岛上如果继续遵守他之前在人类社会学会的交通规则，比如行人靠右，那么他的这种遵守规则的行为对于那个孤岛上的所有存在状态的生物来说也是没有任何意义的。此外，在《哲学研究》中，维特根斯坦用大量的篇幅批判了实例定义的指称模式。维特根斯坦认为，指称模式由于自身的局限性而无法涵盖生活形式的多样性，如

① 克里普克. 维特根斯坦论规则与私人语言. 周志羿译. 桂林：漓江出版社，2017：143，146.

无法涵盖私人感觉。也就是说，私人感觉无法由指称模式来表述，例如，“痛”这种私人感受如同私人语言一样，是无法由词语来指称的。

第四节 “语言游戏”对指称模式的批判

维特根斯坦在《哲学研究》《哲学语法》《维特根斯坦剑桥讲演集》等著作中都对实指定义进行了批判。在后期，维特根斯坦认为，不能通过增加定义项来消除语言使用或用法的不确定性。这种对实指定义批判的结果是维特根斯坦用语言学习与训练的方式来理解字词的意义。

一、对实指定义的批判

维特根斯坦认为，“实指定义”这样一种方式并不可取，正如这一过程可以描述为教师通过用手势指着某个对象，然后告诉并引导孩子，同时说出某个词一样。例如，老师指着某种事物然后说出“板”这个词时，这就是一种实指定义的方式。[①]维特根斯坦所说的“实指定义”是指通过指着一个范本而赋予一个词以意义的行动。教师一开始做出的指着一个特定形状的东西并发出适当声音的行动并不能被视为一个词的实指定义，因为孩子还无法将大人的所作所为理解为定义一个名称。他尚未掌握命名的技法，他还不能追问名称是什么。所以，维特根斯坦才把我们刚才描述的过程称为“实指教词”。

> 让我们回到实指定义。……譬如，当我们还是孩子时，我们看到了水，但并没有学会“水”这个词的使用规则，或者不知道其他的规则，而这个词的使用规则则是最后的规则。当然，我们并不需要把这叫做实指定义，但在孩子的实指定义与成人的实指定义之间并不存在一条清楚的界限。孩子的学习有几个阶段，而在这之前，他们不会问：“这是什么？”而且，即使当他们达到了这个阶段，他们也不可能问：“这是什么颜色？”为了描述实指定义，我们可以给出一些游戏，区分如下：（1）给出规则清单中的最后一个；（2）像孩子们学习一个词的使用时那样去做；（3）（1）

① 参见 Wittgenstein L. Philosophical Investigations. 4th ed. Anscombe G E M, Hacker P M S, Joachim S trans. Oxford: Basil Blackwell Publisher, 2009: §6.

> 与（2）之间的逐渐变化。……说“去”适合“是红色的”，在某种意义上就是提供了关于它的用法的消息。但人们无法确定，告诉什么词适合它就是赋予了这个词的用法。即使是实指定义也并没有确定这个用法。①

正如在《哲学语法》中，维特根斯坦通过批判奥古斯丁的语言图像说，来进一步反驳奥古斯丁所使用的实指定义的方法。在此之前，维特根斯坦已经一再强调实指定义的模糊性："它可以在任何情况下进行不同的解释。"②维特根斯坦认为，实指定义的不确定性可以通过对字词的命名来消解。但是，传达给我们的实指定义的信息依存于我们对分类术语的掌握。实指定义必须依赖于先前所获得的语言能力，否则它仍然是完全不确定的。

> 当小孩学习说话时，他们便运用这样的原始的语言形式。在此语言的教学绝不是解释，而是一种训练。
>
> ……
>
> 这种训练的一个重要部分在于：教学的人指向诸对象，将一个小孩的注意力引向它们，并且与此同时说出一个语词；比如，在指给人看板石形状时说出“板石”这个词（我不把这称为“实指解释”或“定义”，因为这个小孩的确还不能追问名称。我将称其为“语词的实指教学”）。③

在《哲学语法》中，维特根斯坦认为，通过实指定义的方式，这些使用的规则或公约解释了字词的意义。④因此根据这一观点，在适当的语境中，实指定义可以执行系统规则或所定义的功能。实指定义本身完全不同于我们接触语言的原始通道，通过实指定义也不能解释我们语言能力的获得，实际上，语言能力的获得是一种相当复杂的语言行为。在语言中，当字词的整体作用很明显时，实指定义则说明了使用这个词的意义。

---

① 维特根斯坦. 维特根斯坦全集（5）：维特根斯坦剑桥讲演集. 周晓亮，江怡译. 石家庄：河北教育出版社，2003：180（§2），293.

② Wittgenstein L. Philosophical Investigations. 4th ed. Anscombe G E M, Hacker P M S, Joachim S trans. Oxford: Basil Blackwell Publisher, 2009: §28.

③ 维特根斯坦. 哲学研究. 韩林合译. 北京：商务印书馆，2015：10（§5，§6）.

④ 参见 Wittgenstein L. Philosophical Grammar. Anthony K trans. Oxford: Basil Blackwell Publisher, 1974: §24.

意义的解释首先指定义，包含语词定义和实指定义，还指所有其他的语法规则。如前文所言，实指定义也是一种语法规则。有人或许认为，一个（可以经由实指的方式来解释的）语词的实指定义构成了其最为基本的语法规则，其他的语法规则都要从其得出，因为是实指定义先行惟一地确定了这个语词的意义，而其他语法规则则进一步地得自于这个意义。这种观点是不能成立的，因为首先，如前文所言，实指定义根本不能惟一地确定一个语词的意义，只有与大量其余的语法规则一起，它才能够做到这点；其次，如上所言，并非是一个语词的意义决定了其语法规则，而是包括实指定义在内的所有语法规则构成了其意义。①

维特根斯坦在《哲学研究》中进一步强调，对于实指定义的不确定性可以通过命名字词的类型来消解：

当小孩学习说话时，他们便运用这样的原始的语言形式。在此语言的教学绝不是解释，而是一种训练。

……

现在，人们可以以实指的方式来定义一个人名、一个颜色语词、一个物质名词、一个数字、一个方位名称等等。数二的定义为“这叫作‘二’”——在此人们指向两个坚果——是完全精确的。——但是，人们如何能够以这样的方式定义二？人们向其给出这个定义的那个人这时甚至不知道人们要用“二”来命名什么；他会假定你在将这组坚果命名为“二”!

……

人们或许说：二只能这样来实指地加以定义：“这个数叫作‘二’。”因为“数”这个词在此指明了我们将这个词放置在语言、语法的哪一个位置。但是，这意味着，在那个实指定义能够得到理解之前，人们必须已经解释了“数”这个词。——这个定义中的“数”这个词的确指明了这个位置；我们将这个词放置于其上的那个岗位。②

但是，传达给我们的实指定义信息依赖于我们对于分类术语的掌握，不依赖

① 韩林合．维特根斯坦《哲学研究》解读（下册）．北京：商务印书馆，2010：1126.

② 维特根斯坦．哲学研究．韩林合译．北京：商务印书馆，2015：10（§5），27（§28），28（§29）.

于先前获得的语言能力，一个实指定义是完全不确定的。这一论证所表明的是实指定义不能解释语言能力的获得，它们完全不是我们接触语言的原始通道。实际上，这是非常复杂的言语行为。

> 因此，人们可以说：在一个语词在语言之中究竟应当扮演什么角色这点已经是清楚的情况下，实指定义便解释了这个词的用法——意义。因此，如果我知道一个人要向我解释一个颜色语词，那么“这叫作‘深棕色’”这个实指解释便促成了对这个词的理解。
>
> ……
>
> 当人们指给某个人看象棋中的王这个棋子并且说“这就是王”时，人们借此还没有向他解释这个棋子的用法，——除非他已经了解了除这个最后的规定之外的这种游戏的诸规则……只是从来还没有人给他看任何一个实际的棋子……我们可以说：只有已经知道用名称做些什么的人才有意义地追问名称。①

事实上，维特根斯坦对实指定义的批判有着不同的版本。在20世纪30年代，这种批判建立的实指定义不足以固定字词的使用，实指定义只是使用字词的规则，规则本身不足以规定字词的意义。因此，实指定义的不确定性问题可以通过增加定义来解决，直到所有规则都来支配字词的用法。这种对实指定义的批判试图取消这类定义的特权，即规则单独决定字词的意义——语言与现实之间的联系是指字词与对象之间的关联，如果可以确定对象独立于语言，那么就可以确定我们的字词意指什么。因此，维特根斯坦认为，语言与现实之间的联系是通过定义来完成的，这属于语法，从而使语言保持独立性和自洽性。②

在《哲学语法》中，前期的维特根斯坦认为规则或公约对于实指定义的所有字词都是有效的，因为规则可以固定语法。但是这些语法规则所应用的范围只能解决字词使用的某些特定方面，而无法理解字词完整的作用与意义。

在《哲学研究》中，维特根斯坦批评了奥古斯丁式的学习模式，即奥古斯丁主张孩子是通过实指定义来学习字词的。但是维特根斯坦认为实指定义的方式是存在问题的，因为每个字词所指称的对象并不是固定的，因为没有什么可以固定

---

① 维特根斯坦. 哲学研究. 韩林合译. 北京：商务印书馆，2015：29（§30，§31）.

② 参见 Wittgenstein L. Philosophical Grammar. Anthony K trans. Oxford: Basil Blackwell Publisher, 1974: §55.

字词与对象之间的关系。事实上，维特根斯坦赞同字词-对象的关系建立在语言使用的实践中，我们被训练以获得语言能力。实践无法独立于它所处的环境。语言不是独立存在的，关键取决于世俗的偶然性：在环境中有某些一致性，言说者以常规方式来使用语言，并与环境相互作用，他们有能力接受培训，并且在这些日常活动中来培训其他人。虽然人们可以以实指的方式来定义人名、数字等，但人们又如何能够以实指的方式定义“红色”这样的词呢？人们能够指向不是红色的东西吗？当不理解某个词或句子的意义时，我们主要是通过定义的方式来说明的。例如，为了说明“人”的意义，通过给“人”下定义说：“人是有理性的动物。”但维特根斯坦并不认可这种做法，他认为人们不是通过定义，而是通过训练来说明语句意义的。如果我们可以用实指定义给出意义，那么正确的用法就会出自它的意义，而不是出自规则。

> 你说“这是红的”，但怎么确定你是对的？这难道不是由人们之间的一致性确定的吗？——是否我要依据这种一致性来辨认颜色？有这种情况：我让一定数量的人看一件东西，每人都会想起一组词（所谓颜色词）中的一个；例如，观察者中大部分（我自己不属于其中）都想“红色”一词，“红色”就成为这件东西的修饰语。这样一种技术大约有其重要性。
>
> 人们这样学习颜色词汇：如“这是红色”——当然只有当一致性存在时，我们才能玩这种语言游戏，但一致性的概念并不在这种语言游戏之中。如果一致性是普遍的，那就根本无人会意识到这个概念。
>
> 是否人们的一致性决定什么是红色的？是否这是求助于大多数人来决定的？是否我们是以这种方式学会确定颜色的？
>
> 我只能向一个自己也会玩这种语言游戏的人描述“带一些红色东西来”这种语言游戏。对其余的人只能由我来教。[①]

在《哲学研究》中维特根斯坦强调，在最初的语言学习过程中，我们首先需要的是训练，“当小孩学习说话时，他们便运用这样的原始的语言形式。在此语言的教学绝不是解释，而是一种训练。……这种训练的一个重要部分在于：教学的人指向诸对象……我将称其为‘语词的实指教学’。——我说，它将构成训练的一

---

① 维特根斯坦. 维特根斯坦全集（11）：杂评、纸条集、关于颜色的评论. 涂纪亮，吴晓红，李洁译. 石家庄：河北教育出版社，2003：218（§429-§432）.

个重要的部分……这种语词的实指教学可以说在一个语词和一个事物之间建立起了一种联想性的结合”[①]。

正如维特根斯坦在《纸条集》中所说的：“每种解释都有训练的基础。”[②]事实上，一个词的实指定义关键取决于通过培训所获得的语言技能。但是这些语言技能的获得并不是完全由实指的方式来定义或解释的，事实上，语言技能是通过实际的实践来阐明的。如果我们的学习过程不是通过实指定义的方式来实现的，那么我们还能通过什么方式来学习呢？在后期，维特根斯坦认为，真正的语言习得过程，是人们在日常生活实践中不断地进行不同语言游戏，通过训练来学会不同语言及其规则的。

二、语言学习是一种训练过程

根据维特根斯坦的观点，一种语言游戏之所以能被教会，不是通过耳提面命的方式去向他人传达语言游戏的规则，而是在学习的过程中，人们通过训练学习者按照一定的方式，或根据某种生活形式来遵守语言规则。当然，这种训练方式必须与学生在智力上的学习区分开来。对于这种教导方式来说，维特根斯坦使用了一个特别的词——“训练”，这个词可以用在训练一只狗按照某种方式行动的行为上。维特根斯坦正确地认识到，这样一种训练并不是逐字进行的，因为那样一来，所学的东西就变成这个词的用法标准。学习者被训练的就是玩一个纯粹的语言游戏。[③]

维特根斯坦要求实践者的语言能力是为了更好地理解实指行为，而不需要通过对意义的解释来提供。我们需要的是训练，教授语言不在于解释，而是在于训练。对我们来说唯一自然的事是三维地表现我们看到的东西。无论是通过绘画还是通过语词，二维的表现都需要专门的实践和训练。[④]维特根斯坦认为，孩子们使用这些语词的目的并非要在他们心中引进某种意象，实际的目的是要进行一种语言的训练。维特根斯坦借用“语言游戏”一词来描述这种语言的训练活动。在语言教学中，老师教学生学，这种语言活动是嵌入在使用者的日常生活之中的。

① 维特根斯坦. 哲学研究. 韩林合译. 北京：商务印书馆，2015：10（§5，§6）.

② Wittgenstein L. Zettel. Anscombe G E M, von Wright G H eds. Anscombe G E M trans. Berkeley: University of California Press, 1967: §419.

③ 贾可・辛提卡. 维特根斯坦. 方旭东译. 北京：中华书局：2002：58-59.

④ 维特根斯坦. 哲学研究. 李步楼译. 北京：商务印书馆，2015：303.

如果有人用向我们提出某个指物定义（词的使用规则）的办法，把“黄色”这个词的意义教给我们，那么可以用两种不同的方式考察这个教的过程。

A.这个教的过程是一种训练。这种训练使我们能够把一个黄色的形象、一个黄色的东西与“黄色”这个词联系起来。

……

B.讲授可以给我们提供一种规则，这种规则本身包括在理解、执行等等的过程之中；不过，“包括”一词在这里意味着规则的表达构成这一过程的一部分。①

正如维特根斯坦在《哲学研究》中的主张一样，孩子们被教导做出这些活动，与此同时孩子们能使用这些语词，并且以这样的方式对另一个人的话能做出适当的回应。因此一个词的实指定义关键取决于其通过培训所获得的语言技能。

人们可以谈论一个词在句子中、在语言游戏中、在语言中的功能。不过，在每一个这样的事例中，“功能”都意味着“技巧”。因此，它与一种普遍的解释和训练相关。

要把否定符号教会某个人，就以这种或那种方式对他进行训练……我肯定不是通过这种训练而学会这种区别。可是，我是通过训练而学会意义，因而也学会这同一种意义。

人们可以在一种训练中把（其他）种类的训练区别出来。因而也可以在一种语词用法中把其他种类的语词用法区别出来。②

维特根斯坦进一步认为，语言游戏事实上是世界与主体之间的关联中介，通过语言游戏的训练人们能掌握不同的语言技巧。因此，孩子们的语言学习过程本身就具有一种重要的社会维度，因为语言的教学过程本身就是文化适应人们日常实践的过程。无论是孩子还是成人，遵守规则的关键在于能对语言学习过程进行解释，并能理解实指定义。

① 维特根斯坦. 蓝皮书和褐皮书. 涂纪亮译. 北京：北京大学出版社，2012：17-18.

② 维特根斯坦. 维特根斯坦全集（10）：关于心理学哲学的最后著作. 涂纪亮，张金言译. 石家庄：河北教育出版社，2003：70-71（§348-§350）.

学习者通过学习来区分正确的和不正确的事物或规则。正如维特根斯坦所说的，学习是一个过程，是以一种特定的方式来知道如何去做。从这个角度来看，学习对于规则遵守来说是必不可少的。培训他人所遵循的这种技术是否属于遵守一种规则呢？对于维特根斯坦来说，规范结构的训练技术确实是以遵守规则为特征的。遵守规则的技术仍然是至关重要的，它依赖于学习的过程，并且必须通过学习才能获得。如果某人不熟悉这项技术的话，那我们可以通过训练来教他，使他可以记住或想起这类培训。最初的训练也包含了规范性要素，包括对行动和话语加入规范的态度。不仅要教学习者做事的方式，而且要教他们如何进行正确的回应，否则学习者无法区分正确的回应和错误的回应。

在维特根斯坦看来，遵守规则的能力不是通过对规则的解释而继承下来的，而是某个人的行为与其他实践者的行为是一致的。对于最初的训练过程有两个重要的组成部分，即训练和逐步获得的规范性态度。学习者对规则的掌握是被技术所束缚的：如果我曾经掌握了一种规则，那么就限制了我下一步能做什么……根据什么与规则是一致的，什么又不是一致的，我被限制在我的判断中。[①]当然，如果在日常生活中要训练某人如张三去遵守规则的话，这种训练还会涉及实践的一个重要特征——可重复性，即在实践中能重复地遵守相同规则，并进而产生一种规律性，这种规律性可以在张三的行为中反复出现。训练的过程必然会涉及调节的过程，即在训练的过程中通过不断地调节来确立正确的行为模式。因此，培训的最终目标就是要使众人不同的行为模式走向“行动的一致性”。

然而，我们学会遵守规则的方法只是偶然地与我们遵守规则的能力相关。因此，学习的过程似乎与一个人的学习能力无关。但梅迪斯认为，这种不相关性是学习过程中所产生的幻觉。因为学习者将遵守规则的行为看成是理所当然的事情，他只是在遵守已经存在的规则，规则已经提前规定他将如何行动。

> 人们教孩童把东西“排列起来”，人们在进行这种活动时同时说出“这些东西是在一起的”这些词。这个孩童也学会了这种说法。他甚至也能借助于这些词和某些手势来排列东西。然而，这些词可能也仅仅是这些动作的伴随物。一种语言游戏。[②]

① 维特根斯坦. 数学基础研究. 韩林合译. 北京：商务印书馆，2013：334（§92，§93）.

② 维特根斯坦. 心理学哲学评论. 涂纪亮译. 北京：北京大学出版社，2012：230（§945）.

那么，孩子是通过什么方式来学习字词的呢？维特根斯坦认为，这需要一种语言游戏或一种基于语言游戏的训练，这种训练过程包括老师通过各种方式来引导孩子注意对象，同时老师使用言语或手势等来表达对象或描述对象。这就是维特根斯坦所说的“实例方式来教授字词”，这也是为了区别于实指定义。字词的实例教学包括教授孩子如何使用“板石”一词，也包括简单的练习或训练。当老师指向板石时，学生会说出这个词或者学生能重复老师的话。在有了这些练习之后，当特定的“板石”等物体出现时，孩子能够说出它们的名称。维特根斯坦主张，在使用语言的过程中，一方喊出诸语词，另一方则按照其行动；但是，在语言实践中发生的过程是学习者命名诸对象。也即，当教师指向石料时，他说出语词。——甚至于在此还会发生如下更为简单的练习：学生跟说教师说的话[①]。在这些训练过程中，我们可以看到相似的语言过程。

正如维特根斯坦在20世纪30年代初所强调的，遵守规则包括承诺。但需要注意的是，这些承诺不再是来自规则本身，而是来自我们的训练之中，来自实际的应用：遵守规则的行为不是指对内部关系的把握，而是盲目地服从它。对于维特根斯坦来说，当学习者盲目地以一个特定方式来行动和说话时，学习的过程已经完成了。在训练结束阶段，教师所认可的正确行动过程是学习者当成正确应用规则的必然结果。正如维特根斯坦所说的，这种态度表明学习者进入一个循环之中：他不是说，我意识到这种情况会发生。相反，它必须是这样的。这个必须表明一种来自这种场景的经验。

这些语言学习过程虽然相似，但这只是学习的一个原始阶段，此时学习者还没有真正地学会语言。因为学习一种语言涉及多个发音程序，并且还会要求在某些情况下重复显现。因此，在语言学习过程中，维特根斯坦首先强调的是命名，学习者之所以可以进行命名，是因为教师的能力提供了必要的背景。因此，维特根斯坦特别强调教师在学习中的作用，以及初学者对教师的依赖性。在老师的指导下，通过这些训练手段来引导学生们掌握语言。

事实上，这些初步的训练过程还只是一种习惯的培养，只有当这种习惯已经在学习者的行为中产生了规律性时，学习者才掌握了这种语言。因此，归根结底，这些行为的规律性对于获得语言能力来说也是必不可少的，但初学者自己是无法独立掌握语言的。正如维特根斯坦所言，实例教学是在字词和事实之间建立联系。但这种联系并不等于理解了这个词，虽然它是一个重要步骤。对这些相同的字词

① 维特根斯坦. 哲学研究. 韩林合译. 北京：商务印书馆，2015：12（§7）.

进行不同的实例训练，会得到完全不同的理解。

因此，在学习语言的实例教学过程中，学习者需要进行不断的实践训练，通过亲身的实践过程来学习那些字词的用法。老师的行动是这种实践的代表，需要他们提供一种社会背景知识。老师最初教授给初学者的是语言共同体的规范标准，所需的训练过程包括让初学者使用其他人也在使用的字词，让初学者也明白字词错误使用的情况。因此，维特根斯坦对语言学习的解释包括对实指定义的批判，这表明语言学习具有重要的社会维度，语言教学是文化适应社会实践的过程。

第五节　语言习得的规范性

后期的维特根斯坦更加关注的是孩子（儿童）如何被同化到受规则（规范）支配的社会实践之中。首先，维特根斯坦对“教学”和“训练”进行了鲜明的区分。例如，新生儿被训练得以特定的方式对外在刺激做出反应，然后他们获得概念，从而知道如何遵守规则或规范。其次，维特根斯坦对文化适应进行了评论，他认为通过对孩子进行训练，能够使他们成为共同体的成员。维特根斯坦强调，人类的规范行为无法用因果关系来解释，而只能由外在的社会实践来解释，他主张人类的规范行为就是从本能的模式支配行为（条件反射行为）向自发的遵守规则行为（共同体行为）转换。

一、语言习得的不同方式

维特根斯坦认为，我们用语言规则来正确处理我们实践中的事物，这种实践构成了我们在这个世界与其他人共同的存在方式，人们在实践中正确地使用规则技巧。对于维特根斯坦来说，孩子是在实践过程中习得了语言规则，也学会了如何根据语言共同体行事的方式来遵守规则，孩子正是通过观察和反思共同体的行为来习得这些规则或规范的。后期的维特根斯坦使用了语言习得的事例来说明他的立场，但他并没有形成关于语言学习的系统性理论。有人主张维特根斯坦所用的这些例子只是启发性的，如梅迪斯所指出的，研究维特根斯坦思想的大部分二手文献只是把学习作为一种启发式的工具，因而往往忽略了在维特根斯坦后期哲学中学习所起的重要作用。此外，梅迪斯还指出，在后期维特根斯坦理论中，他把培训过程视为：“在创造逻辑空间时的关键区分是语法和经验，而学习所起的作用主要是阐明规范性的本质。”[①]维特根斯坦对语言习得的评论表明了我们是如何从模式支配行为转向了遵守规则行为的。

后期维特根斯坦认为，我们的哲学不是发展理论，而是为了解释规范领域是如何从原因领域发展而来的，并且他也承认理由和原因都是我们日常生活形式的一部分。由此可见，第一，我们使用语词的能力、我们对语法的把握、我们参与人类生活形式的能力，不能归结为我们拥有语法或生活形式的再现能力。而是说，我们习得语言的能力和参与人类生活的能力都是通过模仿而习惯化，通过训练和实践获得的。在《哲学研究》的第5节中维特根斯坦写道，当我们教孩子最初的、原始的语言形式时，教孩子说话靠的不是解释，而是训练。学生通过训练，学会在图表上查找图，训练的一部分是学生学着用手指在图表上自左至右水平移动。通过建立词与对象的关联，记忆训练以便产生事物形象，学会使用手指和协调手眼运动这类简单活动，我们掌握了语言使用的方法[②]。

当维特根斯坦强调语言教学过程是一种训练而不是一种解释时，他所坚持的是语言习得最初是通过建立刺激-反应模式来解释的；刺激-反应模式发生在模式支配行为的层次中，而非发生在遵守规则的行为中。维特根斯坦谈道，学习者建立刺激-反应模式过程时并不涉及任何一种智力活动。人们在建立刺激-反应模式时并不是基于语言教学的，而仅仅是基于行为的加强模式。在“训练”一词首次出现时他解释道，“虽然我是以一种严格类似的方式来使用‘训练’一词，类似于我们所说的动物被训练去做某些事情，但训练是通过各种实例来说明的，如奖励、惩罚，以及诸如此类的行为”[③]。

在语言游戏中，我们让孩子从成人的言说方式出发，而不是从孩子自身的观点出发，这包含着一种规范性因素。维特根斯坦主张，基于生活形式的语言用法会限制人们的言说行为。此外，“遵守规则的行为为我们的行为及语言提供标准。维特根斯坦诉求于原始语言的作法传达了一种关于语言使用的语境论观点，即，他要求一种标准的语境来说明语言的正确性，原始语言的实际使用是通过语境来提供的”[④]。

---

① Meredith W. The philosophical significance of learning in the later Wittgenstein//Meredith W. Wittgenstein, Mind, and Meaning: Towards a Social Conception of Mind. London: Routledge, 1999: 188-215.

② 汉斯·斯鲁格. 维特根斯坦. 张学广译. 北京：北京出版社，2015：180.

③ Wittgenstein L. The Blue and Brown Books: Preliminary Studies for the “Philosophical Investigations”. New York: Harper & Row, 1965: 77.

④ 樊岳红. 后期维特根斯坦语境论研究. 太原：山西大学，2012：25.

维特根斯坦提醒我们，只有当共同体中的其他成年人都以特定方式对路标做出回应时，那么他们才是在遵守规则。如果孩子都只是以这种方式来行事，那么他们是被训练得如此行事。因此，训练过程中的因果关系只能解释孩子的行为，而不能解释成人的行为，因为成人可能会做出不同的反应。然而，孩子也是由已经参与社会实践的成年人来训练的。

> 我被训练以特定的行为对这种信号做出反应，而现在我确实这样做出反应了。但这只是给出了一种因果联系，说出我们此时按路标行进是如何发生的，而不是这样按一块路标行进实际上在于什么。完全相反，我已进一步指明了仅当存在着路标的某种经常性用法、某种习惯，一个人才会按一块路标行进。[①]

维特根斯坦在《哲学研究》中详细讨论了如何把孩子的行为理解为在“遵守规则”，以区别于孩子的条件反射式的行为。“老师不能说：当学生在说这句话时，也许学生已经学会如何阅读。因为学生所说的话是确定的，但学生何时才开始真正地阅读，正如同说这是学生阅读的第一个字词一样，这样的表述是没有意义的。”[②]这也是我们判断孩子在遵守规则时的方式，但这并不能清楚地说明孩子最初是从哪一次开始真正地在遵守规则了。

在后期的哲学中，维特根斯坦突出强调了语言学习模式，尤其是批判了奥古斯丁式的语言习得图景。根据维特根斯坦的描述，奥古斯丁认为孩子通过倾听成年人说话的方式来习得语言。孩子通过观察成年人的肢体动作、面部表情或眼部表情，以及观察字词与对象之间的直接关系等来习得语言，因此，孩子通过这样的方式学会了如何来理解字词的意义。但维特根斯坦从三个方面对奥古斯丁的这种观点进行了批判。

首先，他对奥古斯丁式的意义原子论进行了批判。意义原子论认为，意义可以基于单个字词与单个对象之间的指称关系来加以解释。例如，我们可以孤立地学习诸如“红色”“黑暗”“甜蜜”这样的字词，这些字词是独立于其他语言的。事实上，后期维特根斯坦用意义整体论取代了这种意义原子论。意义整体论是说

---

① Wittgenstein L. Philosophical Investigations. 4th ed. Anscombe G E M, Hacker P M S, Joachim S trans. Oxford: Basil Blackwell Publisher, 2009: §198.

② Wittgenstein L. Philosophical Investigations. 4th ed. Anscombe G E M, Hacker P M S, Joachim S trans. Oxford: Basil Blackwell Publisher, 2009: §157.

一个词的意义取决于语言使用者在生活形式中如何具体地来使用该词。

其次，维特根斯坦不仅批判了意义原子论，而且也反对奥古斯丁式的语言习得图景。在《哲学研究》中，维特根斯坦批评奥古斯丁根本没有解释清楚孩子是如何习得母语的，而只是解释了孩子如何习得母语之外的第二种语言。换句话说，孩子必须在已经掌握了母语的情况下，他们才能独立思考外在对象。也就是说，他们必须拥有学习能力，掌握了一些概念，才能来学习母语之外的第二种语言。“现在，我想我们可以说：奥古斯丁以这样的方式来描述人类学习语言的过程，语言学习就好像一个孩子来到了一个陌生的国度，他不懂这个国家的语言，但好像他已经掌握了另一门语言，但却不是这个国家的语言。或者，又如孩子已经学会思考但只是还不会讲话一样。并且在这里‘思考’意指‘自己与自己说话’。”[①]

最后，维特根斯坦认为，奥古斯丁没有区分孩子的行为是由模式支配的还是在遵守规则。例如，一个刚出生的孩子会大哭，从而向他的父母发出饥饿的信号。成年人可以对这个信号做出不同的回应，因为孩子父母不清楚孩子哭的原因，他们只能通过试图满足孩子的需求来进行猜测。生物学机制在新生儿的这些行为中发挥了重要作用，这些机制保证了孩子的生存。但这种生物学机制并不包含一种规范因素，例如，一个 10 岁大的孩子与新生儿表示“他饿了”的方式是不同的，而且 10 岁大的孩子在被社会同化的过程中对这种推理方式是开放的，孩子可以渴求想要吃饭，从而表明孩子的行为是遵守了规范的，而这种遵守规范的行为同时也构成了我们社会实践的生活形式。

在奥古斯丁的理论中，孩子在习得一门语言之前似乎就已经完全掌握了一门语言。如果孩子在学习一门语言之前还没有掌握任何这方面的内容，那么我们就无法通过解释字词意义的方式来教给他们语言，我们也无法通过非口语的实指定义方式来教会他们语言，我们的语文老师也不能用中文中的“痛”来意指英文中的 pain 进行解释。因此，奥古斯丁认为孩子要掌握一定的概念，他们至少已经掌握了非语言解释的能力。但奥古斯丁所阐述的孩子的这种解释能力，孩子们无法通过训练的方式来获得。

维特根斯坦认为，当奥古斯丁主张孩子是在成人话语和环境对象之间建立一种直接联系时，他预设了太多的事情：

---

① Wittgenstein L. Philosophical Investigations. 4th ed. Anscombe G E M, Hacker P M S, Joachim S trans. Oxford: Basil Blackwell Publisher, 2009: §32.

（1）他必须坚持孩子已经明白一个词的指示定义是什么，也已经知道该词在我们的语言游戏中起什么作用。

（2）在孩子成为一种语言游戏的玩家之前，他们必须已经了解了语言的指称功能。

（3）他们已经处于某种立场中来感知对象，例如感知椅子是椅子。

维特根斯坦认为，从第三点来看，奥古斯丁把孩子看成是好像能够思考似的，"'思考'在这里意味着像是'自己与自己在交谈'"[①]。为了分清物体，孩子必须能够将对象划归为某一范畴，为了辨认面前的事物是绿苹果，孩子必须能够在苹果的概念下对它进行分类。

维特根斯坦的"训练"概念表明了孩子是如何按照成人共同体所提出的规则来行事的。然而，这并没有解释孩子自己是如何进入规则领域的。换句话说，这并没有解释孩子自己是如何应用概念和遵守规则的。根据维特根斯坦的思路，为了理解如何从模式支配的行为转化为遵守规则的行为，我们必须首先阐明概念和能力之间的关系。在《论确定性》中，维特根斯坦主张学习一门语言并不是要求孩子事先具有一定的知识，而是要求孩子拥有一定的能力。

二、语言习得的先天能力

为了掌握一门语言游戏，一个孩子必须拥有什么样的能力呢？很明显，这会涉及各种不同的能力。第一，掌握一门语言需要孩子有天赋的能力或与生俱来的能力。如果孩子不能对刺激做出类似于成人的反应或不能模仿成人行为的话，那么我们就无法训练他们。维特根斯坦也注意到了这一点，他指出，试想警犬饲养员做出一些手势和动作来让警犬执行搜救任务，但不是所有的动物对这些手势都能做出如警犬般的反应，如猫就不会做出如此反应，甚至猫会错解这些手势。正如孩子如果不会对我们的鼓励做出正面回应的话，那就如同人们想教一只猫来执行搜救任务一样，孩子也无法对成人的话语做出正确的回应。

这说明训练预设了受训者必须具有先天的能力。也就是说，由于受训者的生物结构而先天地拥有这些能力。除了这些与生俱来的能力，孩子也必须拥有从社

---

① Wittgenstein L. Philosophical Investigations. 4th ed. Anscombe G E M, Hacker P M S, Joachim S trans. Oxford: Basil Blackwell Publisher, 2009: §32.

会共同体其他成员学习的能力。孩子在成长过程中通过模仿成人的言语、动作，甚至行为来进行学习，通过模仿成人的行为，孩子学会如何行事。正如维特根斯坦所指出的，这是我们的行动，它位于语言游戏的底部。[①]在《论数学的基础》（*Remarks on the Foundations of Mathematics*）一书中维特根斯坦指出，在“概念”（concept）和“领会”（grasping）之间有一种相似性，概念帮助我们领会事物，它们以一种特定的方式来处理不同的情况。[②]

孩子通过学习如何在世界中行动，并且通过学习如何操控世界中的一些对象来习得一门语言，他们通过这样的方式也学会了如何认识世界中的某些结构。维特根斯坦给出了一些启发性的事例：“孩子不知道书的存在、扶手椅的存在等，但他们学会了如何去取书、如何坐在扶手椅上等。”[③]因此，孩子在习得诸如“扶手椅”“杯子”等词汇之前，他们已经学会了如何坐在椅子上、喝着杯子中的牛奶。基于这些能力，孩子习得了诸如椅子和杯子等的概念，而这些概念又成为他们习得其他单词的前提。

由于概念和能力之间的密切联系，维特根斯坦勾画出了一幅世界和语言之间的图景。我们只能通过控制世界中的对象来习得语言。此外，如果世界是不同的，或者说从根本上它会改变，那么我们不会甚至不能使用相同的概念来描述它。“某些事件会把我们置于某一立场，因此，我不能继续进行旧的语言游戏，如此我们就失去了游戏的确定性。事实上，难道语言游戏的可能性不是由一定的事实来制约的吗？”[④]因此，维特根斯坦反对这样一种观点，即语言和世界之间存在着一种鸿沟，而这种鸿沟又只能由意义或意向性以某种神秘方式来弥合。由此，后期的维特根斯坦主张，语言或语言游戏是生活形式的一部分。在某种程度上，可以说世界中的相关事实是我们语言的一部分，如“水在零度以下时会结冰”这是一种

---

① 参见 Wittgenstein L. On Certainty. Anscombe G E M, von Wright G H eds. Paul D, Anscombe G E M trans. Oxford: Basil Blackwell Publisher, 1969: §204.

② 参见 Wittgenstein L. Remarks on the Foundations of Mathematics. 2nd ed. Oxford: Basil Blackwell Publisher, 1967: VII, §16. 需要说明的是，在翻译维特根斯坦的 *Remarks on the Foundations of Mathematics* 这本书时，不同的学者对书名有不同的译法，例如，韩林合教授将其译为《数学基础研究》，而涂纪亮教授译成《论数学的基础》，还有学者译为《关于数学基础的评论》。在本书中，中文引用一般多采用韩林合教授的译本；但当引用内容为英文版本时，为了以示区别，一般将书名译为《论数学的基础》。

③ Wittgenstein L. On Certainty. Anscombe G E M, von Wright G H eds. Paul D, Anscombe G E M trans. Oxford: Basil Blackwell Publisher, 1969: §476.

④ Wittgenstein L. On Certainty. Anscombe G E M, von Wright G H eds. Paul D, Anscombe G E M trans. Oxford: Basil Blackwell Publisher, 1969: §617.

事实就是我们日常语言的一部分。维特根斯坦明确指出，最后这一事实融合为我们语言游戏的基础。[①]

但是，到目前为止，维特根斯坦并没将概念等同于能力。因为这正是维特根斯坦所告诫的一种方式。其后期哲学的特点是研究语法，并反对还原论者的理论。维特根斯坦指出，“概念”是一个模糊的概念。当孩子第一次受训从事某种行为时，他还没有完全拥有这个概念。在《哲学研究》§2 中，维特根斯坦介绍了所谓的语言游戏，但在语言游戏中所发生的每一种事情不能都称为一种概念，那在§2 的语言游戏中有概念吗？例如“板”“砖”“柱”等概念？当然，在参与语言游戏的这些概念与其他概念之间没有明显的分界线。“更为重要的是，‘概念’只是语言游戏机制下的一种权宜之计。”[②]

事实上，在§2 的语言游戏中只涉及两个玩家和四个词——“砖”“柱”“板”“梁”。当玩家张三喊出其中一个词时，他的助手李四就会递给他相应的对象，这些对象是李四在对话过程中学会的。我们可以很容易想象，孩子也是被训练得做出此类行为。在§2 的语言游戏中，李四还没有说出一门语言或拥有一种概念。因为只有这四个字词可以使用，李四也只能按张三给出的命令行事，他没有办法来反思他们的语言游戏。只有当语言游戏得到扩展，达到了某种复杂程度时，才能使李四反思某种语词的用法，从而指出其错误，此时才能说李四拥有了该概念。

维特根斯坦并没有解释语言游戏是如何扩展或者由谁来扩展的，是由玩家张三和李四他们来扩展语言游戏的吗？或者是由掌握了更复杂、更丰富语言的言说者来扩展的吗？对维特根斯坦来说，这种语言游戏的扩展既不是由张三和李四，也不是由受过训练的孩子来完成的，而是由他们的教练、成人言说者来完成的。因为成人已经开始了解规范领域，并且他们也已经掌握了一门语言。维特根斯坦认为，孩子通过这种训练参与到社会实践之中，并且这种训练是由已经掌握了一门语言的成人来进行的。此外，维特根斯坦还认为像真理、知识这样的规范概念，从来不是由因果领域发展而来的，但它们已经深深地扎根于社会实践之中，在实践中孩子被训练来玩语言游戏。当他们第一次在语言游戏中学会某些概念时，他们还不能做出超越训练立场的行为。例如，孩子不会怀疑与语言游戏相关的对象。

---

① 参见 Wittgenstein L. On Certainty. Anscombe G E M, von Wright G H eds. Paul D, Anscombe G E M trans. Oxford: Basil Blackwell Publisher, 1969: §558.

② Wittgenstein L. Remarks on the Foundations of Mathematics. 2nd ed. Oxford: Basil Blackwell Publisher, 1967: VII, §71.

孩子学会相信成人，怀疑是在有了信念之后。怀疑意味着孩子在语言游戏中尚未习得相关立场。例如，在《哲学研究》§2 的语言游戏中，玩家张三只能给出命令，但不能提出疑问或做出讽刺性的评论等。维特根斯坦说：“我们教孩子说‘这是你的手’，而不是说‘这也许是或可能是你的手’。这就是孩子如何学习关于他自己手的语言游戏。”①

在《哲学研究》§2 的语言游戏中，只有当李四或孩子习得并掌握了语言游戏时才允许他们谈论命题的真值，或者说允许他们知道这个是那个时，他们才有能力在理性的逻辑空间里做出更复杂的行动。当成人言说者认为时机适当时，他们可以将知识归因给孩子。只有当“知道”“真理”“与现实一致”这些词属于语言游戏的一部分时，它们才是有意义的。在这里，“与现实一致”一词似乎并没有任何明确的应用。孩子习得像“知识”“真理”这样的概念，与他们习得其他语言的方式是一样的，他们是通过训练参与到复杂的社会实践之中的。只有达到这种复杂程度时，他们才有能力去反思。如果我们认为有必要的话，那就可以改变我们的语言游戏。维特根斯坦认为，基于人们的生活形式，我们不能用一种语言来代替另一种语言，当我们试图这样做时，我们就失去了最基本的实践工具。正如维特根斯坦所言，“如果我想把门打开，铰链必须不动”②。

总之，维特根斯坦认为，在解释语言习得的过程中，能力起到了至关重要的作用，孩子需要具备一定的先天能力来成为一名合格的受训者。然后他们开始模仿成年人的行为，通过这一过程来开始构建自己的世界形式，并开始应用相关概念。成人对孩子的持续培养不仅丰富了孩子的能力，使孩子拥有越来越多的词汇，而且使他们能在语言游戏中做出相应的回应，直到可以把他们称为合格的语言言说者。

三、语言习得的自主性

上述维特根斯坦对训练的言论已经表明了孩子是如何通过训练被成人同化，从而参与到受规则支配的复杂社会实践之中的。因此，在后期，维特根斯坦发展了一种以自主性为特征的语言图景。但维特根斯坦几乎没有讨论过这样

① Wittgenstein L. On Certainty. Anscombe G E M, von Wright G H eds. Paul D, Anscombe G E M trans. Oxford: Basil Blackwell Publisher, 1969: §374.

② Wittgenstein L. On Certainty. Anscombe G E M, von Wright G H eds. Paul D, Anscombe G E M trans. Oxford: Basil Blackwell Publisher, 1969: §374.

的社会实践是如何可能的，也就是说，他没有讨论人类最初是如何形成了一个社会群体，并且是如何参与社会实践的。他也没有讨论规范领域是如何从原因领域演变而来的，而仅仅说明了孩子最初是如何进入规范领域的。维特根斯坦设想在语言概念和能力之间有密切的联系，那二者究竟是一种怎样的关系呢？

通常在学习语言之前，孩子的行为是由自然神经脉冲导向的，但这并不包含外在规范的因素。当然，模式支配的行为和遵守规则的行为之间的界限并非那么严苛。因为有人会说，新生儿的行为也可以被描述为遵守规则的行为，正如新生儿用哭声发出饥饿信号来保证他们的生存一样，新生儿所遵循的规则可以表述如下："如果你觉得饿了，那么你应该大哭。"甚至规则也允许出现误差，我们可以想象孩子以这种哭的信号来表达饥饿，但是这种信号却失败了，这样一来所产生的直接后果是大大降低了婴儿的生存能力。这也表明新生儿的本能引导行为包含了一种规范性因素，它遵循我们进化生物学中的某些规范（新生儿刚开始并非因为饿了想吃东西才去哭，他们的哭没有目的性，只是可能感觉不舒服；大人的喂食与新生儿哭闹之间形成条件反射以后，他们才会以哭觅食）。

社会性标准和生物学特征是不同的，我们通常只是从科学机制中了解这些生物学特征，但生物学特征在许多方面是不同于社会性标准或规范的，因此需要有某种独立的标准来评判社会性标准与生物学特征的差异性。然而，这些标准在科学理论中所起的作用不同于在社会实践中所起的作用，我们可以看到这种"适合方向"（direction of fit）上的明显差异：一方面，物理论致力于真理这一理想，如果物理论不能满足这一理想，或者说如果世界不是按物理论预测的方式来运行的话，那么我们必须改变的是理论，而不是改变世界；另一方面，我们的社会实践致力于遵守共同体的规范，如果某个人不能满足这些社会规范的话，那么他必须改变自己的行为，而不是改变他所遵守的社会规范。

梅迪斯解释说："我们实践的规范性涉及非因果性的必然性，也就是说，我们实践的规范性涉及逻辑或语法上的必然性。"[①]梅迪斯主张，学习的方向（例证或遵守规则）预先假定了一个共同的背景，即对所有学习的参与者来说，"判断显然是一样的"。这种判断的共同背景是在训练过程中获得的，或者是在掌握技巧的过

① Meredith W. The etiology of the obvious. Wittgenstein and the elimination of indeterminacy//Meredith W. Wittgenstein, Mind and Meaning. Toward a social conception of mind. London: Routledge, 1999: 216.

程中，使得学习技巧的过程构成了学习的过程，使学习者能够认识到相同的事物，并以与他人相同的方式来行事。

学生相信他的老师和教科书，我们相信的事物依靠我们学到的知识，我们都相信到月球上面去是不可能的，但是也许有人相信这是可能的而且有朝一日真会发生。我们说：这些人不知道许多我们知道的东西。让他们不要这么确信自己的信念，他们错了，而我们知道这一点。①

人类的生物学特征起到了一种综合的作用。一方面，虽然生物学特征无法全面解释人们的行为，但另一方面，在描述层次上可以用生物学机制来规范人们的行为。因此，如果人们只是根据进化生物学来行事，那么就大大降低了其生存能力。规则对生存没有例外，我们需要认真考虑并重新制定规范理论。如果就我们自己物种的生存能力而言，则我们可以考虑改变我们的行为。例如，我们可以考虑停止建造原子核电站或避免燃烧产生二氧化碳等行为，以增加我们物种的生存能力。当我们这样做时，我们就将生物学标准转化为道德标准。但这种转换破坏了还原论者想把由社会实践支配的规范行为还原为由进化生物学支配的规范行为的观点。因此，进化生物学理论表明了新生儿由本能引导的行为，这种行为可能会提升他们的生存能力，但却不能被描述为拥有一种规范性。也就是说，无法说明他们的行为是在真正遵守规则。

因此，我们可以说科学理论在描述层次上是规范性的，它们遵循如真理般的认识论标准。而我们的社会规范包含了一种外在的规范性因素，当世界无法以理论预测的方式来运行时，我们不仅可以选择修正理论，而且也可以拒绝观察陈述。但即使在这种情况下，我们也只会改变或拒绝语言实体，而不会改变或拒绝所描述的事态。同样，当我们指出某人违反了规范时，他可以改正自己的行为，当然他也可以挑战规范或标准。②

当然，维特根斯坦是极其反对用还原论者的方法对规则进行解释的，即反对用物理世界的因果律来支配我们的语言游戏。无论是在个体发生还是整合到目标导向的人类实践中，语言对规则的构成都产生了影响。维特根斯坦在《论确定性》中指出，我们语言游戏的具体形式是没有理由的，“你必须记住的是，语言游戏就是在说不可预知的事物。我的意思是说，语言游戏是没有合理性可言的，就如我

① 维特根斯坦. 论确定性. 张金言译. 桂林：广西师范大学出版社，2001：42（§263），45（§286）.

② 参见 Huemer W. The transition from causes to norms: Wittgenstein on training//Michael K. Deeping Our Understanding of Wittgenstein. Amsterdam and New York: Rodopi B.V., 2006: 205-225.

们的生命”[①]。

语言自主性的论题绝不能被误解为是完全脱离物理世界和我们的生活形式的，我们的社会实践，包括我们的语言游戏是深深植根于物理世界的。此外，我们受规则支配的行为同时也基于本能的引导。据此，维特根斯坦发展了语言的独立性命题：

（1）它独立于心理事件和心理表征。

（2）词和对象之间具有指称关系。

（3）语言习得过程是自主的。

（4）实用的目的。

世界通过对实践的限制塑造了我们的生活形式，包括我们的语言，但这并不能证明它们都是合乎理性的。如果想解释为什么我们的祖先最初在发展一门语言时采用这种规则集而不是另一种规则集，我们只能引出原因，因为没有理由来说明这一过程。如果试图来解释语言的复杂实践，那么我们发现自己无法从因果律得出规则。而因果律是支配物理世界的规律，我们的语言规则是自主的，它属于规范领域，不属于因果领域。

维特根斯坦认为，孩子只有经过专门训练，才能成为某种语言游戏的参与者。在参与语言游戏的过程中，语言游戏本身又要受规则支配。当孩子的行为从自然神经脉冲过渡到遵守外在规范域时，他们就成为共同体成员所完全接受的成员了。孩子的行为不再只是靠自己的直觉来引导，而且也受到外在社会规范的指导。此时，孩子可以通过共同体中其他成员的行为来自觉地校正自己的行为。

四、语言习得是一种自然史

人们的日常行为表明了其言说行为的协同性及一致性。在日常生活中，协同性就存在于多种多样的语言游戏之中。那么关于日常语言的观点可否推而广之到其他语言形式之中呢？维特根斯坦认为，语言首先产生于日常话语之中，不同的语言形式是通过类比于日常语言才被称为语言的。因此可以说，任何其他的语言

① Wittgenstein L. On Certainty. Anscombe G E M, von Wright G H eds. Paul D, Anscombe G E M trans. Oxford: Basil Blackwell Publisher, 1969: §559.

都是日常语言的延伸形式，其他语言的意义最终也都取决于具体使用的情境。原始语言现象一般不是表征实在，而是来源于集体语言行为的协同性或一致性。例如，张三是一位建筑工人，他向他的助手李四索要一些砌墙用的砖瓦，张三可以向李四喊一些话，或是写上一些字符，或者打一个手势，这些话语、字符或手势就表现了原始语言的意义。因此，关于语言行为的意义不仅仅只是通过观察张三所表现的语言形式，如话语、字符及手势的意义，而且还必须考察李四是如何对张三的语言做出正确的回应来说明的。通过观察李四做出的相应行为，我们才能知道李四是否真正地理解了张三的话语。

因此，对他人话语意义的理解离不开特定的语言环境，因为话语总是与人们的行为联系在一起，脱离特定的语言环境来讨论抽象的语言是让人难以理解的。即使高度抽象的语言，如形式语言、科学语言等，也同样离不开人们的日常实践活动。换言之，科学语言或形式语言的意义是通过人们的特定行为来显现的。而脱离特定的语言环境或生活形式来理解语言，那么这种语言将是空洞的。正如维特根斯坦所说的，想象一门语言就意味着想象一种生活形式。[①]对一种实践能力的理解，是由外界某种标准，如人们所从事的活动和行为方式来确认与衡量的。

当然，维特根斯坦反对将真理和指称当成是语言图景的基本概念，即他反对语法规则镜像了实在的本质。然而，维特根斯坦对概念和能力之间关系的讨论表明，语言在某种程度上至少是由我们的生活形式来确定的，也就是由我们所参与的社会实践来确定的。维特根斯坦在《论确定性》中把规则支配的行为与原始本能引导的行为进行了类比，“我想把这里的人类当作一种动物，正如原始人类拥有的是本能，而不是推理能力。正如在原始状态下的生物，任何逻辑能力足够好的原始人都不需要类似于我们的沟通方式。语言并不是从某种推理中产生的”[②]。

因此，人类从事的第一种社会实践活动并不是来自推理的结果，它们只不过是被动地产生的。“这种游戏被证明是有价值的，这是人们玩游戏的原因，而不是推理驱动了人们玩游戏。”[③]这些评论表明，人类通过实践发展了语言是合乎理性

① 参见赵立凡. 科学语言与生活形式——维特根斯坦对科学哲学的启示. 科学技术与辩证法，1999，（4）：45-48.

② Wittgenstein L. On Certainty. Anscombe G E M, von Wright G H eds. Paul D, Anscombe G E M trans. Oxford: Basil Blackwell Publisher, 1969: §475.

③ Wittgenstein L. On Certainty. Anscombe G E M, von Wright G H eds. Paul D, Anscombe G E M trans. Oxford: Basil Blackwell Publisher, 1969: §474.

的，但还没有涉及因果规范。世界所施加的约束限制了我们能参与哪些实践，只有在证明这种实践是成功的情况下，才能培养孩子参与到实践之中。在其他文化中，他人所发展的实践不同于我们的实践是有可能的，但所有这些实践活动必须要适应这个世界。世界并没有强迫我们进入一种特定的实践，它排除了某些来自可能领域的实践。

斯鲁格（H. Sluga）主张，更有决定意义的是维特根斯坦主张我们的语言不是固定的系统，而是在实践中不断发展变化的。正如维特根斯坦在《哲学研究》开篇中的观点一样，孩子的学习首先需要的是教育和训练，一种规则的确定，既需要实践，也需要实例。“假定这一过程的每一时刻都有着精确支配那一时刻语言实践的精确规则，这是不合理的。特定事件不能说受到规则支配。我们的语言用法的某些部分当然由精确规则支配，这些涉及惯常的可预测的情况。但是语言并不限于那种用法。我们也在极端的新情况和为了全新地表达思想时使用语言。这样做时我们制造以前从未有过的句法和语义形式，认为语言的这些用法完全由固定的一套规则提前决定显然是不合理的。即使我们的语言实践完全规范时，我们也不应假定它们必然由规则指导着。维特根斯坦认为我们需要在行为和过程间做出区分，其中一条规则被遵守，那些行为和过程只是依据这条规则。参照规则并依据规则行动的行为者和我们可以按照规则描述的完全机械的过程之间当然有着明确区别。”[①]

维特根斯坦的自然主义理论图景正是基于这样一种假设，即我们可以清楚地区分原因和规范。他认为在两者之间可以画出一个不可逾越的界线，因为两个不同的领域是真实存在的。因此，他坚持认为两者都是我们天性中的一部分。“谈话、聊天、命令等行为就如同我们的开心、快乐、吃、喝、玩、乐一样，它们都是自然历史的某一部分。”[②]从上述意义来说，我们通常可以把维特根斯坦这种生物主义的立场称为自然主义。还原论者同样也持自然主义的立场，这一立场在当代心灵哲学中已经产生了广泛的影响。那么维特根斯坦的这种基于生物主义的自然主义与还原论者的自然主义有何不同呢？通常，一般概念或行为都可以由自然事实来解释，因此在概念或行为与自然事实之间似乎有某种对应关系。在此，维特根斯坦无意于讨论这些概念内容或无意于讨论概念形成的原因。因为我们既不是在

① 汉斯·斯鲁格. 维特根斯坦. 张学广译. 北京：北京出版社，2015：194.

② Wittgenstein L. Philosophical Investigations. 4th ed. Anscombe G E M, Hacker P M S, Joachim S trans. Oxford: Basil Blackwell Publisher, 2009: §25.

研究自然科学，也不是在研究自然史，在自然状态下，我们可以为自己的某种目的而去虚构或发明一种自然史。[①]

在后期哲学中，维特根斯坦还阐明了世界中的规范性问题。他认为，科学所描述的世界与根据规范来解释的心理现象及生活世界二者之间是有区别的。用塞拉斯（W. Sellars）的话来说，在科学和显象（manifest image）之间是有区别的。维特根斯坦告诫说，我们处在世界和共同体之中，我们在世界和共同体中是受理性和原因支配的。科学图景是从理性层面抽象出来的，目的是在这个世界上形成一个全面由因果律来规范的形式。如果没有这些科学图景，那么在过去的几个世纪里，科学就不会取得如此令人印象深刻的进步。然而，尽管科学取得了如此令人瞩目的成就，我们也绝不能忽视科学只能是基于抽象的显象而发展起来的。

塞拉斯清楚地表明，尽管显象是直接的，但更应优先考虑科学图景，并且我们不应该完全消除显象，而是应该把科学图景和显象都囊括在内。此外，塞拉斯还根据显象的不可还原特性发展出了一种人类的概念框架，但这种概念框架需要使用科学图景来解释，从而获得解释上的优势。科学图景通过科学理论来推断出不可观察的物体和事件，目的是解释可被感知事物之间的关联。根据塞拉斯的观点，“这种显象使人们开始意识到自己是世界中的人。这是一个所谓精细化或复杂化的‘原始形象’”[②]。

当代心灵哲学主要是采用塞拉斯的观点，即把显象与科学图景之间的区分作为其研究的出发点。也有一些还原论者追随塞拉斯的脚步，通过科学语言所提供的方法来解释规范性。但还原论者所设想的这个策略可能是行不通的，因为只有当科学理论的假设成为一个完整的世界图景时才是有效的，而还原论者的选择完全取消了显象。科学的运作不可能获得关于人及其在世界立场中的全部理解。科学图景忽视了人类自身的形式，当用科学图景来理解人类生活形式时，我们要退回到现象层次来解释相关现象。维特根斯坦不是要将人类的框架与科学图景进行调和，而是认为我们错误地将诸多事实看作一个原型现象。科学图景表明我们专注于特定的、明确定义的现象是卓有成效的，但当科学涉及建构一个更全面的抽象规范图景时，就会有太多的局限性。

---

① 参见 Wittgenstein L. Philosophical Investigations. 4th ed. Anscombe G E M, Hacker P M S, Joachim S trans. Oxford: Basil Blackwell Publisher, 2009: §230.

② Sellars W. Science, Perception and Reality. Atascadero: Humanities Press, 1991: 1-40.

维特根斯坦认为，我们处在一个人与物交织的因果关系网之中，我们生活在一个由各种原因和规范所支配的世界和共同体之中。世界对我们来说是开放的，用抽象的理论无法来把握世界的全貌，但是我们可以更详尽地分析和描述它。当然，维特根斯坦并不认为用科学理论可以证明规则的合理性，因为我们的实践活动包括语言游戏都是由规则所支配的，但通过科学理论无法来证明这些规则的合理性。虽然维特根斯坦把原因和规范设想为一个实体的两个方面，但他并没有讨论理论如何描述了不同层次的实在。他想要做的是把物理学和心理学问题都统一到一个包罗万象的通用理论中，即发展一个完整的、连贯的世界图景。这样，我们通过由规则支配的社会实践就可以获得对语言更全面的理解、获得一种生活形式，进而获得规范概念来指导我们的生活。

第六节 结 束 语

“语言游戏”作为后期维特根斯坦哲学思想的核心概念，是指由语言和行动，即与语言交织在一起的那些行动所组成的整体。维特根斯坦正是通过“语言游戏”纠正了前期语言观中的本质主义倾向，不再追求语言与世界的共同本质，使语言学走向了非本质主义。而语言与用法是与人们的具体生活形式相关的，因此生活形式也纳入了实践的范畴。在其研究的后期，维特根斯坦转而把语言游戏看作是意义的基本单位，他认为语言游戏是生活形式的基本单位，语言游戏与生活形式可以通过实践紧密地联系起来。孤立地研究名称的意义是毫无意义的，只有放到具体的语言游戏之中它们的意义才能显现出来。维特根斯坦反对私人语言，他认为这种语言或词汇通常是指说话者自己才能知道的事物，其他人无法理解这种语言。因此，维特根斯坦指出，说存在只有自己知道而别人只能猜测的私人的思想和感觉是错误或无意义的。

在《哲学研究》中，维特根斯坦主张字词和对象之间的关系依赖于语境，包括孩子的语言学习过程同样也依赖于语境。试考虑孩子的语言学习过程，其语言游戏活动是通过父母、老师的动作示范、口头鼓励、奖惩等方式而长期形成的自发行为。孩子的这些自发行为是语境依赖的，包括父母与学校，乃至社会的长期教养与训练过程，如不断地通过激励、惩戒手段来使孩子做出预期的回应。因此，语言能够成为公共交流的工具，首先必须有一致而准确的字词定义，其次还必须有一致而清晰的语境判断。在后期，维特根斯坦强调，字词与对象之间的关系是基于语言使用而建立的，我们通过训练来获得语言及语言规则。我们日常进行语言交流就是在玩各种语言游戏。当然，这种日常交流的语言并不具有逻辑的严密性和精确性，语言使用的正确与否要依据实际实践过程来确定，人们的行为，包括人与人之间、人与对象之间的交往与互动，是理解语言的基本条件。

维特根斯坦的“语言游戏”概念表明，语言是人们日常生活形式的一部分，因此语言与人类的生活形式是密不可分的，语言游戏是我们各种日常语言活动的大杂烩。语言游戏作为一种语言应用活动是在具体的生活形式中展开的。语言游戏的语法规则并不是完全任意性的，因为它们的确要以各种各样的实用考虑为基础，要以方便、简单、易用为准绳，总之要以相关生活形式中的实践、习惯、习俗、制度等为基础。在现实生活中，语言游戏的形式是多样化的，与人们的生活形式相互交织，同一表达式在不同的使用情境中还可以有不同的意义。

生活形式构成了“语言游戏”的生成背景，只有在具体的语言使用情境中，我们才可以谈论语词的具体用法或意义。如果离开生活形式或语境单独谈论语词的用法，就会不可避免地产生一些形而上学的问题，如语言究竟是什么等。人们之所以能够正确地理解语词，也正是因为人们基于共有的生活形式才能参与到语言游戏之中，并从中学习新的用法、扩展新的事例。在使用的过程中逐步理解，在理解的过程中阐明新的用法。个体的理解、生活形式、新旧用法与使用过程错综复杂地交织在一起。

因此，后期维特根斯坦通过“语言游戏”来确定语言的使用与生活形式相关，人类的言说行为与日常交流正是基于现实的生活形式和生活世界而展开的。后期维特根斯坦正是通过“语言游戏”概念，把哲学的研究从形而上学的天堂拉回到粗糙的地面上，使哲学的研究回归到人们的日常生活，回归到对人们生活形式的探究之中。这正是维特根斯坦“语言游戏”概念所阐释的实践特征，这时的哲学研究不再是扶手椅哲学，而是回归到了人们的日常生活，回归到了人们共同的生活形式之中来展开研究和讨论，这样一种研究转向也影响了当代西方主流哲学的发展方向。

总之，维特根斯坦对生活形式和语言使用的考察，使得之后的哲学家放弃了宏大哲学问题的讨论，把哲学研究的注意力转向了对我们在语言活动中所面临的具体问题的考察，并试图通过考察这些问题的来龙去脉来提供解决这些问题的有效方案。或者可以说，正是维特根斯坦实践哲学思想提供的研究思路和方法，使得当代哲学研究逐渐走向了谋求为生活形式中的各种具体问题提供可靠的解决方案。

第三章 “生活形式”的实践特征

第二章已经阐明了维特根斯坦“语言游戏”的实践特征，但是“语言游戏”本身与“生活形式”是相辅相成的。“语言游戏”和“生活形式”在后期维特根斯坦实践哲学中占据着重要的地位和发挥着重要作用。例如，生活形式为语言游戏提供了理解的背景、场所和来源，而语言游戏又必须植根于生活形式之中，并为形成新的生活形式提供基础。事实上，维特根斯坦“语言游戏-生活形式”概念的实践特征主要阐明了语言、规则与意义是“三位一体”的，它们都需要植根于社会实践之中来理解。

第一节 “生活形式”是语言活动的保障

“生活形式”在维特根斯坦理论中占有重要地位是毋庸置疑的，因为有什么样的生活形式就决定了我们必然会有什么样的理论背景，我们日常生活的思想与行为方式是通过生活形式来凸显的，因此它们不能脱离或超越我们日常实践中的“生活形式”而独立存在。在日常生活中，生活形式本身的内涵是丰富多彩的。生活形式是人类共同体所共有的各种实践活动的总和，也是人类历史、生活方式赋予我们的思维方式和行为方式的整体，真正的实践哲学活动必须以现有的“生活形式”为基础，解决我们生活中的实际问题。

一、“生活形式”的概念释义

在日常交往中，我们始终运用各种各样的语言来进行交流，并通过语言来完成各种各样的社会交往活动，这样的交往方式就是所谓的“生活形式”。在维特根斯坦看来，事物之间的相似之处或相似性也正是人类生活形式的一部分。当然，

“生活形式”不是一个孤立的概念，它所包括的内容是多方面的。例如，包括人类从历史中所继承下来的共有的文化背景、自然主义历史的某一部分、人类在其生活中所拥有的共同行为方式、作为人们共有的某种习俗、惯例或制度①。

虽然维特根斯坦在他的多本著作中曾多次谈及“生活形式”这一概念，但他并没有对“生活形式”这一概念做出一个明确的定义。当然，“生活形式”这一概念本身在后期维特根斯坦哲学中也是重要担当，这个词在维特根斯坦后期的著作中出现了31次，不算重复的话也有8次之多。在维特根斯坦看来，“必须接受的东西、给予我们的东西，乃是——人们可以说——生活形式”②。例如，他把某些心理活动或过程当成是人们所共有的一种生活形式，把感觉、印象、观念等一些心理活动或过程也当作一种生活形式，因为上述这些心理活动也要基于人们所共有的习俗和惯例，也要基于语言才能成为日常生活的一部分③。

事实上，“生活形式”在《哲学研究》中出现了若干次，我们不妨摘录其中的一部分，并试图基于维特根斯坦的这些文本，进而探究其“生活形式”的全貌。

（1）想象一种语言就意味着想象一种生活形式。④

（2）在这里，“语言游戏”一词的用意在于突出下列这个事实，即语言的述说乃是一种活动，或是一种生活形式的一个部分。⑤

（3）“那么你就是在说，人们的一致决定了何者为真，何者为假？”——为真和为假的乃是人类所说的东西；而他们相互一致的则是他们所使用的语言。这不是意见上的一致而是生活形式的一致。⑥

（4）必须接受的东西、给予我们的东西，乃是——人们可以说——生活形式。⑦

（5）这就是说，构成希望的诸现象乃是这种复杂的生活形式的诸多变体罢了。⑧

---

① 参见陈嘉明. 维特根斯坦的“确定性”与“生活形式”. 哲学研究，1997，(1)：69.
② 维特根斯坦. 哲学研究. 李步楼译. 北京：商务印书馆，2009：346.
③ 参见樊岳红. 维特根斯坦与语境论. 北京：科学出版社，2016：31.
④ 维特根斯坦. 哲学研究. 李步楼译. 北京：商务印书馆，2009：12（§19）.
⑤ 维特根斯坦. 哲学研究. 李步楼译. 北京：商务印书馆，2009：17（§23）.
⑥ 维特根斯坦. 哲学研究. 李步楼译. 北京：商务印书馆，2009：132（§241）.
⑦ 维特根斯坦. 哲学研究. 李步楼译. 北京：商务印书馆，2009：346.
⑧ 维特根斯坦. 哲学研究. 李步楼译. 北京：商务印书馆，2009：265.

韩林合在《维特根斯坦〈哲学研究〉解读》一书中归纳地概括出了维特根斯坦“生活形式”概念的九个特征，具体阐述如下。[①]

（1）生活形式这一概念的核心要义是人们在生活中所形成的有规律性的活动或行动，即生活形式是人们的一种有规律性的生活方式。

（2）生活形式是由人们特有的概念框架或行为方式所构成的。例如，对于张三来说，构成其生活形式的最终基础是一些概念框架，而在这些概念框架中，有些概念或许是与生俱来的，有些概念是经由遗传方式获得的，但大部分概念是主体通过后天的学习而习得的。

（3）任何一种生活形式都来源于人们的日常生活，或者说人们的任何生活事实都不会处于真空之中，而是一定会处于特定的历史、文化和经济社会的背景之中，描述或构成这样的世界图像的命题并非总是明确地表述出来的。例如，张三从小就生活在他的那种“洞穴”之中，从他所处的“洞穴”之中他获得的是他的生活形式；在长大后与人交往的过程中，他把从小习得的生活形式运用在语言的使用中，从而产生了新的生活形式。因此，“生活形式”概念本身也是螺旋式发展的。

（4）生活形式本身也是多样化的，它包括各种习俗、惯例、传统、制度等，还包括遵守规则、询问天气、下达命令、玩游戏、猜谜语等。

（5）生活形式来源于人们日常所使用的共有概念，因此，生活在不同生活形式下的人们就会使用不同的概念。这点不仅适用于与共同体有关的概念，而且也适用于表示所谓内在事项的心理学概念。

（6）生活形式与语言游戏概念本身关系密切，生活形式构成了语言游戏的基础和来源，而语言游戏又促进了生活形式的形成。

（7）生活形式必须基于人们所共有的基础，因此在一些共同体的世界基本图景中，他们的生活形式具有一致性。比如在如下事项上，两个对象的颜色是否相同，两根棍子的长度是否相同，一条明确的规则是否得到了遵守，等等。

（8）生活形式会随着人们的日常生活发生变化，而促进其发展的语言游戏、世界图景也会随着其变化而改变。

（9）生活形式是多种多样的，我们可以对生活形式进行分类。例如，可以区分为简单的生活形式和复杂的生活形式、日常生活形式和理论生活形式等。

事实上，每当维特根斯坦要探讨更深层的或更基本的概念的基底时，他总是

① 参见韩林合. 维特根斯坦《哲学研究》解读（上册）. 北京：商务印书馆，2010：156-170.

求助于“生活形式”。维特根斯坦用“生活形式”所表达的意思是，语言的和非语言的行为、假定、实践、传统、天然爱好等方面的基本共识才是作为社会存在的人所共有的，因而也是在人们使用的语言中被预先假定的；语言被编织成人类活动和性格的方式，语言表达式的意义是其使用者共同的观点和天性赋予的。

因此一种生活形式就存在于社会群体协调一致的自然的和语言的反应之中，这些反应产生了界定、判断以及随之而来的行为上的一致。事实上，如何理解维特根斯坦的“生活形式”概念，不同的学者有不同的观点。有的学者认为“生活形式”是一种文化概念，这种文化概念又必须与人类实践活动紧密相关。也有学者认为“生活形式”是人们的价值观，这种价值观包括人们在世界上的生产和实践活动。韩林合教授认为，所谓的“生活形式”是指在某种特定的历史背景和条件之下，人们从历史中所继承下来的某些制度、传统、风俗与习惯等，这些所继承的风俗、习惯等构成了人们目前思维和行为方式的基础。①

因此，维特根斯坦“生活形式”概念所要着重强调的是实践活动在人们日常生活中所起的重要作用，实践活动是一切语言活动及一切交往活动的基础。维特根斯坦在这里所使用的生活概念，不是指生物学意义上的生活，也不是指一个特定的生物种群在历史或非历史意义上的生活。确切地说，生活形式的概念适用于由个体组成的历史群体，这些个体由一套复杂的、加入语言的共同实践而组合成为一个共同体。这些实践基于生物学意义上的需求和能力，但是，这些需求与能力需借助一套错综复杂而又具有历史特殊性的语言游戏才能满足和施展，也才能进一步改变其形态。我们人类的生活形式本性上乃是文化的（而非生物学的）。去分享或理解由单个人组成的某个群体的生活形式，就意味着掌握或理解对其独特实践必不可少的那些错综复杂的语言游戏。维特根斯坦以“生活形式”概念所强调的，正是语言和将一个共同体维系起来的那套复杂的实践与活动系统之间的这种至关重要的联系。

二、“生活形式”是“语言游戏”的基础

根据维特根斯坦的观点，“生活形式”与“语言游戏”本身就是密不可分的。因为“哲学不是对语言用法的描述，可是人们能够通过经常注意语言在生活中的

---

① 参见韩林合. 维特根斯坦哲学之路. 昆明：云南大学出版社，1996：143.

表现而学会语言的用法"[①]。学会我们的语言就意味着要同化到我们的生活形式之中。正因为如此，"生活形式"是"语言游戏"进行的基础，而"语言游戏"又进一步促进了"生活形式"的形成，这正是后期维特根斯坦所要显示给我们的人类学图景。语言游戏需要的是公众参与，否则就是一种无意义的私人语言。但语言游戏的参与者不能生活在真空之中，他们进行游戏的基础是有共同的生活形式，这样的语言交流活动才是真正的实践活动。

正是由于语言游戏与生活形式有着如此紧密的关联，所以我们无法脱离生活形式来单独谈论语言游戏，或脱离语言游戏来单独讨论生活形式。如果非要将二者割裂开来理解，就会产生理解的偏差或误解。因为在维特根斯坦看来，语言游戏包括各类语言活动或语言的运用，它们都是日常生活中最重要的生活形式。因此，有多少种语言活动就会表现出多少种生活形式，生活形式的多样性决定了语言游戏的多样性，同时也决定了语言在使用中所具有的意义。试想如果我们来到一个陌生的国家，对那里的生活形式一无所知，那么我们就无法进行正常的语言交往活动，更不用提所谓的语言游戏了。因此，语词和语句的交流，或语言游戏没有单独的、恒久的意义，它们的意义是因生活形式而确定的，并且在日常的"生活形式"之中才能被具体体现。

从根本上来讲，语言是嵌于条理化的活动中的，这些活动共同构成了一种生活形式。人类所有的活动几乎都同语言的使用有着某种固有的关联，或者说人类所有的活动都以某种方式奠基于其语言之中。如前所述，我们的生活形式处处都打满了语言用法的烙印，我们的生活形式根本上是文化的。"因此，学会我们的语言就意味着被同化，亦即参与进由交织着语言的条理化活动构成的一张巨大的网络。……我们这里看到的，是极为不同的实践或语言游戏，其中每一个都会唤起一种复杂的文化场景。维特根斯坦就是要把我们的注意力引向存在于这些复杂的文化现象之间的区分，因为人类语言现象的真实复杂性就是在这些区分中揭示出来的。"[②]

奥古斯丁认为，孩子习得语言，为的是表达自己内心已有的思想和愿望，孩子内在地拥有一种完整的或结构化的人类意识，这种意识在孩子习得语言之前就已经存在。相反，维特根斯坦主张语言概念内在地关联于生活形式概念，他向我们表明，成熟的人类主体是随着其生活在不断获得更复杂的新语言游戏的过程中

① 维特根斯坦. 维特根斯坦全集（10）：关于心理学哲学的最后著作. 涂纪亮，张金言译. 石家庄：河北教育出版社，2003：2（§121）.

② M. 麦金. 维特根斯坦与《哲学研究》. 李国山译. 桂林：广西师范大学出版社，2007：68-69.

被结构化的。在掌握一种语言的同时，孩子进入了一个社会的实践世界，这一世界的结构不只是基于一些概念，而且还必定会涉及语言用法的那些行动和反应方式。在这一过程中，人类主体获取愈发复杂的生活形式，构成其生活世界的现象也因此变得更为丰富、更加复杂。

对于维特根斯坦来说，讲一种语言就是参与一种生活形式，而共同参与一种生活形式就在于接受共同参与这种生活形式的训练。这种训练显然必定在公共的场合发生，否则它就不是一种共同参与赋予语言意义的生活形式的训练了。当然，维特根斯坦始终把语言游戏当作一种实践活动，语言沟通是基于生活形式的一种实践活动。一种语言游戏就对应于一种生活形式。动物由于缺少这种生活形式，因此即使动物能开口说话，我们也理解不了它。为什么会如此呢？因为动物缺少与人类一致的生活形式，而语言的使用必须基于共同的生活形式，不同的生活形式有着不同的语法规则，语境又进一步来规范规则和语言的用法。如果缺乏语言所依存的生活形式，那么即使动物能参与语言游戏，我们也必然不知其所云。因此，在维特根斯坦看来，所谓的语言游戏与生活形式、规则与传统都是结合在一块儿的。

事实上，我们是通过语言的训练来玩语言游戏的，如果从小所处的“洞穴”不同，或者所受的训练不同，那么对同一字词的理解也必然有所不同，共同的生活形式为理解语词的用法提供了固定的基础。当然，这样的语言游戏在维特根斯坦看来就是一种人类的实践活动，因而这样的语言游戏不再追求形而上的思想抽象物，语言通过生活形式也成为一种人类学现象。维特根斯坦在谈及语言游戏的多样性时进一步提出，想象一门语言就意味着想象一种共有的生活形式。当然，这里的“语言游戏”强调的是语言构成了人类日常生活的一部分，或者说语言构成了人们生活形式的一个重要部分。[①]一种语言游戏就是一种生活形式，就是一种生活实践或一组实践过程。因此，生活形式的多样性决定了语言游戏的多样性。

维特根斯坦通过各种事例说明“语言游戏”与“生活形式”之间的共存关系，我们是在特定的生活形式之中来理解和参与语言游戏的。那么“生活形式”以怎样的方式参与到“语言游戏”之中的呢？维特根斯坦认为，一个人若要能问及一个事物的名称，他必须已经知道了某种事情。只有当一个人了解棋类游戏中的一个棋子的具体作用时，我们才能跟他解释“王是什么”。也就是说，在参与这一语言游戏之前，语言游戏的参与者就已经有着某种一致性。当然，这种一致性不是

① 维特根斯坦. 哲学研究. 李步楼译. 北京：商务印书馆，2009：12（§19），17（§23）.

约定的，而是基于人们的习俗、惯例、传统和制度等所形成的生活形式。

后期维特根斯坦所使用的“生活形式”概念，并不是指独立于社会的生物学意义上的概念，而是说生活形式是由个体组成的某个特定群体或共同体，该共同体中的成员共享了一套复杂的习俗或惯例，并通过实践组合而成。“这些实践基于生物学意义上的需求和能力，但是，就这些需求和能力，需借助一套错综复杂而又具有历史特殊性的语言游戏，才能满足和施展，才能改变其形态而言，我们人类的生活形式，本性上乃是文化的。”①因此生活形式所强调的，正是通过复杂的实践活动才能将人们的语言活动与共同体维系起来。

语言游戏的基础不是说人们拥有共同的观念，而是说人们拥有共同的生活形式。因此，维特根斯坦才把这种生活形式的一致性描述为“真或假要基于人们所说出的内容。人们在所使用的语言上彼此一致，这并不是在意见上彼此相一致，而只是在生活形式上他们达成了一致性”②。正如维特根斯坦所说的，即使小狗能开口说话我们也听不懂，就如同我们来到一个从未接触过的陌生国家，我们完全听不懂他们所说的语言一样。情况之所以如此，原因就在于我们不了解那个陌生国家的语言游戏方式和日常生活形式，我们缺乏与他们生活形式的一致性。但是，当我们熟悉了那个陌生国家之后，我们与他们就有了共同的生活形式，从而逐渐懂得了他们国家所使用的语言。生活在不同环境中的人对于同一语句可能会给出不同的解释或理解，换言之，对于相同的生活现象，他们会用不同的表达方式来说明，那么如何来理解这些说明或者如何来正确地理解他们的语言，这就需要一定的媒介，这种媒介就是维特根斯坦所说的生活形式。

由于语言活动与生活形式二者所具有的相辅相成的密切关系，如果把语言活动与生活形式独立开来理解，那么就无法对语言活动做出正确的描述。因为人类共同的行为方式是我们借以解释陌生语言的一个参照系。因此，维特根斯坦才说：当我们是否要对一个与世隔绝的原始部落中的语言或话语作出适当解释或翻译时，关键因素取决于那个原始部落的生活形式，即我们是否正确地理解了那个词在这个部落生活中所起的全部作用，或者说是否正确地理解了这个词被使用的正确时机；也取决于一般情况下人们与这个词同时相伴随而出现的某种情绪或情感

① M. 麦金. 维特根斯坦与《哲学研究》. 李国山译. 桂林：广西师范大学出版社，2007：59.

② Wittgenstein L. Philosophical Investigations. 4th ed. Anscombe G E M, Hacker P M S, Joachim S trans. Oxford: Basil Blackwell Publisher, 2009: §241.

的表达，取决于这个词所引发的印象，如此等等。[①]

这里表明，语言或字词没有固定的意义，在不同的语言游戏中，基于具体的情况才能确定字词的意义。因此，字词的意义必须基于生活形式和语言游戏才能确定。正如不同的语言游戏，如对苹果、电脑、桌子等概念的命名活动，这种活动与我们的日常生活是息息相关的，因此语言游戏与生活形式在主体的实践活动中得以体现。“人们很容易想象一种仅仅由战斗中的命令和报名组成的语言。——或者想象一种仅仅由问题和是或否的答复表述所组成的语言。以及无数其他的语言。——想象一种语言就意味着想象一种生活形式。”[②]语言不仅仅是一种表达思想和意义的工具，它本身也是一种实践活动。语言的交流离不开人们的行为，而行为的产生必须要有生活形式，否则就是私人感觉或私人语言，是无意义的。因此，语言不仅是描述人类行为的工具，而且也是生活形式得以形成的基础。[③]

维特根斯坦认为，就语言游戏与生活形式而言，当人们对一门陌生语言进行理解时，关键是要参与到掌握这门语言的人的生活实践中去，从而使自己也成为这种共同生活形式中的一员。那么“生活形式”又是在什么意义上影响“语言游戏”的进行的呢？可以说生活形式的一致性为“语言游戏”的进行提供了保障。在我们开始进行语言游戏之前，生活形式是我们所必须接受的，因为生活形式是我们从历史中继承下来的风俗、习惯、制度、传统等，通过这种方式塑造了我们的思考方式和行为习惯，慢慢地这些方式形成了一种生活形式并嵌入我们的各种“语言游戏”之中。正是生活形式的一致性使得游戏的参与者能够确定地说出“现在我能继续下去”，并按照他所理解的规则进行下去。因此，众多语言游戏的规则必须来源于生活形式，最终又回到了日常生活实践之中。

例如，在进行一种语言游戏时，这种游戏表达的是语词还是命题呢？如果它只是表达了语词的话，那么这种语词是连词、名词、形容词、数量词还是其他什么词？如果它表达的是命题的话，表达的又是什么样的命题呢？因此，对于语言游戏的理解并非只是内在的反思性，还要取决于语词或命题在该语言游戏中所起的作用。除了对语词或命题的外在使用有要求之外，还要对人们所处的风俗、习惯、制度和传统等加以理解。简言之，也就是对人们所处的某种生活形式加以理解。所以，语言游戏的语法规则最终是要植根于人们日常的生活形式之中的。在

---

① 参见维特根斯坦. 维特根斯坦全集（6）：蓝皮书一种哲学的考察（褐皮书）. 涂纪亮译. 石家庄：河北教育出版社，2003：136（§52）.

② 维特根斯坦. 哲学研究. 李步楼译. 北京：商务印书馆，2009：12（§19）.

③ 参见刘林. 维特根斯坦“语言游戏”的实践哲学转向. 外语学刊，2009，(4)：18-21.

语言游戏中，究竟如何来理解表达式的意义也是由它在语言游戏中所起的作用、由人们在特定的生活实践中对它的使用来决定的。因此，维特根斯坦才在其著作中多次提及“一个词的意义就是它在语言中的使用”[①]。

前期维特根斯坦认为语词的意义在于语词所指称的对象，语言和现实世界之间存在着共同的本质结构，因而哲学家的任务就是使得这一结构更加清晰。但是后期维特根斯坦发现在如此完美的逻辑世界之中是没有摩擦力的，因而在其中也是难以前行的。这也促使他从前期的意义图像论转变为后期的意义使用论，即他在后期认为语词的意义不在于它所指称的对象，而在于语词的日常使用。这就是维特根斯坦所说的，理解了一个语词的使用也就理解了它的意义。当然，语词或概念的意义是与使用它们的方式结合在一起的，因此，语词使用的方式又与人们的生活形式结合在一起。

后期维特根斯坦分析语词意义理论时，提出了“如果某人要学会我们的语言，就必须先参与进我们的生活形式之中”。因为生活形式是一切语言活动的前提条件，同时“生活形式”的不同也决定了“语言游戏”的不同，语言游戏必须在人们共同的生活形式中去理解。维特根斯坦主张，我们行动方式中的某种独特的秩序或结构，即“人类的共同行为”乃是语言所必需的。[②]正如想象一种语言就意味着想象一种生活形式。事实上，维特根斯坦的“生活形式”不仅与人类社会文化生活相关，而且更为重要的是，它与人类的实践活动更加密切相关。当然，真正的哲学以现有的“生活形式”为基础，解决我们生活中的实际问题。这样的哲学不再只是理论上的抽象思辨研究，而是一种基于人们生活形式的实践哲学研究。这种实践哲学的任务就是要通过消除哲学研究的形而上学特征而重新回到人们的日常生活之中。

当然，这里的语言游戏概念不是一个高度抽象的符号系统，而是在某种生活形式下形成的概念体系。此外，生活形式除了是语言游戏的场景之外，它也使人们遵守规则成为可能。首先，在我们的语言游戏概念体系中存在着某种固定的形式和结构，这些固定的形式和结构对语词的用法起到了限定的作用，也就是说，它确定了人们是不是在正确地应用这种语词。其次，语词使用的正确与否还需要语法规则，需要我们去遵守规则。因此维特根斯坦才说，我们的语言游戏概念必须符合特定的规则，这样才能形成一种特定的生活形式。维特根斯坦强调，“生活

① 维特根斯坦. 哲学研究. 李步楼译. 北京：商务印书馆，2009：31（§43）.

② 参见 M. 麦金. 维特根斯坦与《哲学研究》. 李国山译. 桂林：广西师范大学出版社，2007：131.

形式”来源于语言游戏，但高于语言游戏概念；语言游戏是生活形式的一部分，但不是全部。因此，“生活形式”是一个比语言游戏内涵和外延都更为宽泛的概念。

第二节 “生活形式”是日常实践的基础

在维特根斯坦后期的理论中，生活形式代表了一种生活实践，这种实践是由人们一系列的日常交流和活动所构成的。生活形式最终强调的还是主体、环境与实践，因为人们是在特定的环境中参与各种实践活动的。因此，真正的哲学是以人们现有的“生活形式”为基础，来解决我们在日常生活中所面临的各种实际问题的。维特根斯坦正是用“生活形式”这一概念消解了对世界本质的追求，从而将我们的语言游戏回归到了人们的日常实践活动之中。

一、生活形式是语言习得的保障

维特根斯坦“生活形式”的概念强调了人们在相互交往的实践过程中所形成的一种重要背景。任何时期人们的生活形式都是在当时特定的历史背景下所形成的，这种历史背景离不开人们长久以来所形成的特定的风俗、习惯、制度和传统。所以人们的实践活动不仅需要特定的历史背景，还需要一定的实例与规则。“我们的规则留下了不确定的漏洞，所以实践必须为本身辩护。”[①]

从“语言游戏”中，维特根斯坦揭示了不存在语言的共同本质形式，语词的使用具有多样性，语词与语词之间只具有一种家族相似性。在不同的语言游戏之中，语词的用法也有所区别。要从语词所引起的不安中解脱出来，我们就必须回到语词的日常使用之中，回到理解它的语言游戏之中，而不是寻求并不存在的终极本质。

因此，人类的生活形式在本质上是文化的。当然，正如维特根斯坦强调私人语言之不可能一样，他在生活形式概念中强调了这种生活形式必须是共享的概念，而不是某个人所拥有的私人概念。生活形式要基于语言共同体才能维系，从简单的语言游戏到复杂的语言游戏都需要有共同的生活形式。维特根斯坦主张语言概念内在地关联于生活形式概念，这就向我们表明，成熟的人类主体的生活形式是在不断进行更为复杂的新语言游戏过程中被结构化和同化的。

① 维特根斯坦. 论确定性. 张金言译. 桂林：广西师范大学出版社，2001：25（§139）.

维特根斯坦接着解释说，传统哲学的目的是要找到哲学表达式背后那种有确切性的本质的东西。在这种传统的影响下，一些哲学家试图去追求语言本质的东西，因为人们总是不满足于语言的现象，总想找到潜藏在语言现象背后的那种本质的东西。在这一想法的影响下，命题被认为是一种很不一般的东西，哲学家试图去探讨语言符号和现实世界之间的纯粹中介物，甚至将命题本身纯化（前期维特根斯坦的逻辑图像说就是将命题纯化的一种尝试）。但事实上，“在这里要使我们的头脑保持清醒是不容易的，——我们不容易看到：我们必须只考虑日常思维的对象而不走上歧路，幻想我们应当去描述极端微妙的东西——这种东西根本是不可能通过我们所掌握的手段来描述的。我们感到似乎我们必须用手指去修补一个撕破了的蜘蛛网”[①]，哲学家因而也就陷入了寸步难行的困惑之中。

维特根斯坦认为，当我们试图进行心理学语言游戏时，我们并不是被训练去参与到某个人的主观或私密的心理状态中去，而是要参与到我们复杂的行为模式中去，通过这种行为模式才能形成我们共同的生活形式。“要理解这种语言是如何使用的，不必预设心像（mental image）的存在；无论有没有那种像，所有的游戏都能玩。此处他未言明的目的是，他想松开这一观念的束缚：心像是任何有意义的语言使用的固有伴随物。”[②]我们对概念的理解以某种复杂的方式与另一名说话者联系在一起。如果我们说理解的标准纯粹是行为上的，那是对维特根斯坦思想的误解。事实上他并没有明确地说，理解概念的含义在于判定其应用的行为标准。

确切地说，获取这一概念含义（亦即它的用法）的领域，乃是一种复杂的生活形式。这种生活形式是在说话者生活和行动的方式中展现出来的，既体现在他们过去的生活史中，也体现在他们当下与未来的行动及反应方式中。理解概念是一种对内在机制状态的描述，这正是维特根斯坦所反对的观点。我们只要回到社会生活本身、回到日常语言之中就可以发现这种不可知性并没有某种确定无疑的根基。人类学家对于日常语词不可知性的探讨，揭示了这种不可知性的社会性来源。

维特根斯坦把日常使用语言的活动比作棋类或球类游戏。我们的言语行为就像在棋盘上走一步棋或者在球场上传一次球，我们用言语和动作所完成的交流活动就是“语言游戏”。因此，维特根斯坦主张，我们不要将“语言游戏”看成是一种片面的理论概念，而要看成一种动态的实践活动，在人们实际使用的过程中来

---

① 维特根斯坦. 哲学研究. 李步楼译. 北京：商务印书馆，2009：69（§106）.

② 瑞·蒙克. 维特根斯坦传：天才之为责任. 王宇光译. 杭州：浙江大学出版社，2014：349-350.

考察语言的用法和意义。当我们在生活中要进行任何一种游戏时都必须遵守一定的游戏规则，“语言游戏”也是如此。因为语言游戏也有语法规则，语言通过规则来保证其使用的正确性，所有规则都有内在的强制规定性。

教孩子说话的过程往往也是在教孩子做事情。在学习过程中，指物识字或指物定义类似于某种意义上的符合论或基础主义，符合论将语词与对象分成两半对照起来或对立起来，基础主义总是不断地为某些解释寻求进一步的基础，基础主义者想让我们可以并且有必要提供一个终极的解释基础。对语词的解释或使用只有在语言和由生活编织而成的语言游戏中、只有在拿语言做事的实践中才会有意义。离开生活形式这个整体背景，一个语词就可能什么都不是，而只是一个孤零零的单词。

由此，维特根斯坦指出，内在过程是需要外在标准的。孩子在习得复杂生活形式的特定模式中，被训练了以一种独特的方式去使用语言。只要孩子之前受过类似的训练，那么他就会自发地遵守特定的规则。正如我们来到一个我们一无所知的陌生国度，发现那里的人对我们来说是一个谜。即使我们掌握了该国的语言也是如此，除非我们熟悉了说话者的生活形式。训练靠的不是想象，而是模仿他人的言行，这是生活形式的一部分。

二、遵守规则是一种社会传统

在日常交往中，不同的语言游戏会有不同的游戏规则，而规则也源自不同的生活形式。如果缺乏生活形式的一致性，那么即使人们参与了语言游戏也会不知所云。因此，语言游戏及游戏所遵守的规则都必须植根于生活形式之中。如果要判定张三是否正确地参与了某种语言游戏或是否正确地遵守了该语言游戏的规则，可以从植根于风俗、习惯、制度和传统的共有生活形式来判定。正如维特根斯坦所说的那样，遵守一种规则就是遵守一种风俗、习惯、制度和传统，它们都植根于人们的生活形式之中。

人们参与进社会活动之中必须先要有标准一致性和确定性。当然，维特根斯坦认为，在遵守规则的过程中排除了内在意识过程的影响，因为人们是在盲目地遵守规则。对于维特根斯坦来说，规范性的活动需要行动的一致性。生活形式与规则也是密切相关的，一方面，规则对人们的生活形式起到规范性的作用；另一方面，生活形式又是遵守规则的基础和背景。由于遵守规则不是一种内在的心智活动，而是一种外在的实践活动，因此这种实践活动必须在一定的生活形式和语言游戏中展开，它也必须与训练和教育结合在一起。正是通过教育和训练，人们才形成了遵守规则的共同形式或规范，因为这些形式和规范已经深深融入了我们的日常生活和日常习俗之中。在这里，我们可以看到“遵守规则”也被看作是“生活形式”的一部分，共同体遵守规则的实践以训练等方式被共同体的成员所继承，共同体的成员又在遵守规则的实践中形成了遵守规则的习惯。

在这个意义上，我们是在盲目地、不加质疑地遵守规则。简单地说，当通过培训把风俗、习惯、制度和传统内化为人的自然本性时，遵守规则就是一种实践。举例来说明，孩子在成年人的实践训练中理解了一个词的使用，而在这一语境中，词的用法便被这个孩子所接受，并且在日后的生活中成为一种日常的行为习惯，从而在下次再碰到相同语境中的这个词的时候，这个孩子便能自发地、不加怀疑地按照他所学到的知识来理解和使用这个词。

在《哲学研究》中，维特根斯坦除了说明遵守规则之外，还阐明了人们在遵守规则时是盲目的。那么在什么情况下人们会盲目地遵守一种规则呢？遵守规则是否与语言游戏一样也需要一定的“生活形式”呢？在《哲学研究》中，维特根斯坦在多处将“遵守规则”表述为一种实践或一种技术。例如，韩林合教授将维特根斯坦的这种“遵守规则”理论理解为人们的特定实践要基于特定的技术、传统、习俗或制度等，这往往就是一种生活形式。在人们的生活形式之中，如果有了某种特定的规则，如语法规则、交通规则、游戏规则等，人们便知道如何去遵守它们，这种被遵守的规则是依据人们特定的风俗、习惯、制度和传统而形成的，因此，遵守规则的活动是基于人们生活的一种形式，从而一再进行的有规律性的实践活动。事实上，遵守规则就是一种实践活动。[①]

当然，需要说明的是，遵守规则所依据的是人们长期以来历史继承的风俗、习惯、制度和传统，这种历史地继承下来的风俗、习惯、制度和传统既可以说是张三、李四的风俗、习惯、制度和传统，同时也可以说是某个语言共同体所拥有的风俗、习惯、制度和传统等。通过对维特根斯坦文本的理解，个体从历史上继承下来的风俗、习惯、制度和传统，是要以语言共同体所拥有的风俗、习惯、制度和传统为基础和前提的，如果没有语言共同体的风俗、习惯、制度和传统，那么个体所继承的风俗、习惯、制度和传统也无从谈起。[②]

在这里，“遵守规则”这一行为在训练之中也就成了一种习惯和传统。因而，

---

① 韩林合. 维特根斯坦《哲学研究》解读（下册）. 北京：商务印书馆，2010：1172.

② 韩林合. 维特根斯坦《哲学研究》解读（下册）. 北京：商务印书馆，2010：1172.

在通常情况下，或者说在特定的生活形式之中，人们根本不会追问一个人之所以如此这般地按照一条规则行动的根据，从而也不会要求他为其行为提供适当的辩护理由。因为在这样的情况下，在他根据什么理由来以如此这般的方式遵守规则这个问题上，人们不会有任何疑问。在另一种意义上，规则只有在正常情况下才能使用，在特定语言游戏中能够被共同体所理解，规则就不存在问题，使用规则的人们也不会意识到他是在规则指导下实施的行为。也就是说，人们在共同的生活形式中来使用和理解某种规则时，是不需要去解释他们是如何按规则行事的，因为这已经内化为他们自发遵守规则的行为。因此，作为“生活形式”的一部分，遵守规则的实践是在实践参与者在共有生活形式的引导下自主进行的。“生活形式”中本身就包含有遵守规则的实践。因此哲学研究不需要在“生活形式”之外探求一种不存在的解释规则的中介物。

之前已经做过讨论，语言游戏和遵守规则都需要一定的场所与背景。事实上，无论是语言游戏还是遵守规则，都必然是要以人们一定的生活形式为基础的。“生活形式”除了以上所说的社会性之外，还带有某种自然性，这种自然性也影响着语言游戏的规则。其影响表现在两方面：一方面，维特根斯坦指出，动物或普通的事物没有像我们一样有复杂的生活形式，因此痛苦的标准并不适用于没有生活形式标志的事物，我们不会去问一个可以发出痛苦声音的电脑是否感受到了痛苦；另一方面，这也是一个深层次的道德问题，即拒绝用语词来代表人类身体的不适遭遇，因为这些遭遇被看作是违反自然的，并且违反了所定义的生活的界限。生活的界限是在它所存在的生活语境之中的，而不仅仅是在哲学家的反应之中。

在语言游戏中，规则是以一种非外在的方式贯穿于语言游戏的使用之中的，并决定了我们的语言游戏的玩法。当我们违背了语言游戏规则时，就会发现我们的日常交流、命令、服从等行为都不能正常进行。因此，在语言游戏中，规则本身就预设了这样一种前提，即“当我遵守规则时，我并不选择。我盲目地遵守规则”[①]。所谓盲目地遵守一种规则，这意味着当人们遵守规则时完全是自发的状态，无须外界去引导发生，是自然而然所发生的行为。在进行语言游戏时，当人们盲目遵守一种规则时，规则的作用总是不言而喻的。但是在某些确实尚未建立规则的新领域，这时又该怎么办呢？这时生活形式便起到了至关重要的作用。

前期的维特根斯坦想通过语言图像说来精确地描述形式语言，从而找出语句的意义所在。但是他发现语言的范围是有界限的，虽然通过形式语言可以部分地

① 维特根斯坦. 哲学研究. 李步楼译. 北京：商务印书馆，2009：128（§219）.

描述世界，但是却无法通过语言发现世界的本质。因此，后期的维特根斯坦不再坚持意义图像论，而是提倡基于生活形式的日常语言，并且语言的意义是通过人们的生活形式来体现的，在不同的“语言游戏”中，语言的用法与意义是不尽相同的。此外，语言的意义也并非如前期那样是静止的、形式化的和精确的，而是会在生活形式中发生变化的。虽然规则的使用是静态的，但语言游戏是动态的，在人们的日常语言实践中，规则才得到不断的补充和完善。这样，维特根斯坦就“把语言作为一种生活现象和生活实践来考察，使他的语言哲学摆脱了传统哲学的束缚，走进了实践哲学的领域之中”[①]。

第三节 结 束 语

第二章和本章的分析已经表明维特根斯坦是如何借助“语言游戏”和“生活形式”这两个概念来阐明语言、生活与世界之间的关系的。这两个概念是相辅相成的，一方面，“生活形式”是开展“语言游戏”的基础，而另一方面，“语言游戏”在一定的情况下又是由“生活形式”所构成的。维特根斯坦借助“语言游戏”这一概念来说明语言的意义并非固定的、静止的，只有在动态的生活形式中才能描述人类与生活及人类与世界之间的关系。当然，所有的语言游戏包括语词的学习及使用、命题逻辑的确定及语词的意义等都是在日常生活形式中进行的。因此，语言游戏离不开生活形式，正是“生活形式”规定了“语言游戏”必须按照一定的语法规则来展开。这样，维特根斯坦通过对“语言游戏”和“生活形式”的阐述，使哲学从形而上学的思辨研究，转向了对日常语言的研究。为此哲学研究不再是高高在上的扶手椅哲学，而是转向了日常语言，转向了生活形式，转向了风俗、习惯、制度和传统，等等。

当然，维特根斯坦也认为生活形式与语言游戏构成了哲学研究的条件和基础，但是要建立一种包罗万象的语言及语言游戏是不可能的，因为语言及语言游戏要有共同的生活形式，但生活形式本身是生生不息、不断变化的。所以维特根斯坦主张，研究哲学的本质内容不是研究语言精确的“逻辑形式”，而是研究人们日常的“生活形式”，对语言的研究应该从形而上学的研究范式回到日常生活形式之中。进行语言游戏必然要求主体的参与，需要主体的内在思维活动，但维特根斯坦认为这种内在的思维活动并不是一种纯粹的主观意识，而是主体结合了风俗、习惯、

① 刘林. 维特根斯坦“语言游戏”的实践哲学转向. 外语学刊，2009，(4)：18-21.

制度和传统等许多因素来进行理解的。

维特根斯坦的这种解释观打破了西方哲学长期以来对于语言本质的确定性和普遍性的追求，从而将语言的确定性与环境、社会关联起来，将语言的精确性与语法规则结合起来进行理解。当然，语法规则与语词的用法必须是在人们的生活形式之中进行的，因此“生活形式”也就具有了实践的特征。维特根斯坦从前期研究语言的逻辑结构转到了对语言日常使用情况的研究，实现的是一种人类语言和生活实践的哲学研究。因而我们说，维特根斯坦通过实践转向为传统的哲学研究找到了一条人类学的回归之路，将哲学研究从思辨的理论化中解救了出来。

在前期，维特根斯坦的逻辑语言或理想语言为逻辑实证主义的发展奠定了坚实的基础。前期的维特根斯坦认为，传统哲学家所建立起来的形而上学体系事实上并未能解决他们声称能够解决的哲学问题，哲学总是裹足不前。在后期，维特根斯坦提出，所有哲学活动事实上都是在进行一种关于语言的研究，这种研究的目的在于通过语言来消除哲学上的混乱，并阐明我们的思想。一方面通过生活形式，人们可以把能够说清楚的思想都说清楚；另一方面通过语法规则，人们又可以把那些正确的语词用法与错误的语词用法严格地区分开来。

维特根斯坦强调语言游戏与生活形式是密不可分的。因此，如果人们想理解一种语言或理解一种语言游戏的话，那么势必要深入语言使用的日常实践或生活形式中去，用当事人自己的语言游戏来说明当事人自己对其语词的理解。这表明只有做到主观与客观的统一才能真正地理解语言游戏，主体对生活形式的外部观察和对语言游戏的内在理解一起构成了开展语言游戏的前提条件。

维特根斯坦在《哲学研究》中指出了传统哲学的困惑以及哲学家对哲学研究的不安，这些困惑和不安都源自对事物终极本质的追求。在维特根斯坦看来，哲学研究与科学研究是不同的，但许多哲学家混淆了这一点，从而导致了许多哲学误解和困惑的产生。韩林合教授也认为，这些误解和混淆的产生，正是对相关语言表达式使用的误解和混淆。[①]维特根斯坦用“生活形式”以及建立在“生活形式”基础上的“语言游戏”，更好地揭示了传统哲学的这一困惑。因为存在于实践之中的语言用法“基础”就是语言编织成的生活形式，所以维特根斯坦多年来一直在寻找概念解释的合理性问题，而我们语言用法的合理根据就是作为其基础的生活形式。生活形式是我们学会在其中工作的参照框架，是我们在社会群体的语言中接受训练时获得的。所以学会某种语言就是学会与该语言密不可分并且从中获得

① 参见韩林合．维特根斯坦《哲学研究》第 109 节的翻译及理解问题．世界哲学，2011，(3)：25-37.

其表达式意义的观点、假定和实践。[①]

首先，维特根斯坦将“生活形式”看作是和语言一样的人类社会实践活动，并将语言看作是“生活形式”的一部分。其次，维特根斯坦指出，人们在使用语言时所具有的一致性不是人们主观决定上的一致性，而是日常生活形式中所共有的一致性。对于维特根斯坦来说，“生活形式”是使语言及语言游戏得以顺利进行的背景和场所。“生活形式”是一个集体共同的社会实践方式，当然这一集体可以是指整个人类社会，也可能是指人类社会的一部分。因而生活形式就是由这些或大或小的生活实践构成的。再次，维特根斯坦提到，我们不能认为狗也具有希望，因为狗不具备我们这样复杂的生活形式。从这一点我们可以看出，维特根斯坦所理解的生活形式的概念应当包含了人类自然史的一部分。最后，“生活形式”所赋予的内容是人们所必须接受的，因为一种生活形式是我们在实践过程中通过学习、训练所继承下来的文化背景、习俗惯例、传统及行为方式等。当然，拥有不同生活形式的人们，他们的语言游戏和语法规则也有所差别，但在同一世界图景中的人们，他们的语言游戏、语法规则和生活形式是具有一致性的，虽然其中也会有各种因果关系的交织与混杂现象，彼此之间也会产生互相的影响和作用，但同一世界图景中的生活形式具有本质上的一致性。

总体上看来，维特根斯坦前期哲学的特征是肯定性的，而其后期哲学的特征是否定性的。在前期，维特根斯坦所肯定的是科学命题和逻辑命题，因为它们是符合科学规则和逻辑规律的，人们可以根据规则来得到确定的事例。在后期，他否定的是传统形而上学命题，主张语言不是一种逻辑或理想语言，而是一种基于生活形式的语言实践活动，具有人类学性质。后期维特根斯坦所肯定的是日常语言及生活形式，他否定了语词或语句的形而上学用法，因为它们是对日常语言的误用，并导致了哲学误解的产生。此外，维特根斯坦前期将哲学研究当作一种“方法”来研究逻辑语言，而在后期，他强调哲学研究是一种“语言实践活动”，哲学的目的是依靠人们共同的生活形式来分析语言游戏，而不是依靠形而上学理论来解释世界图景。在他看来，哲学在于改变人的思维方式，而不是提供任何新的真理，解决了哲学家的思想方式就可以解决一切哲学问题。

事实上，在今天科学主宰的大环境下，维特根斯坦哲学的实践特征对于哲学本身以及科学的发展都具有十分重要的启发意义。就科学而言，即使是具有真理性的科学语言也要依赖于生活形式，只有在共同的生活形式下，或具有一致的生

---

① 参见格雷林．维特根斯坦与哲学：英汉对照．张金言译．南京：译林出版社，2008：95.

活形式才能形成抽象的科学语言。离开了特定的生活形式，科学语言也是没有解释力、无法被人们所普遍理解的。

后期维特根斯坦认为，真正的哲学应该是指导人们生活得更好的一门学问，因此它必须勇于面对现实多样化的“生活形式”，并借此来解决我们生活中的各种实际问题。在后期，维特根斯坦生活形式的重要作用是强调语言的使用或语言游戏的进行要扎根于人们共同的风俗、习惯、制度和传统等，这些是形成人们生活形式的基础。当然，生活形式本身也处于不断的变化之中，不断地在与时俱进，从而使语言游戏呈现出新的面貌。

对于维特根斯坦来说，我们需要的是生活中的实用智慧。因此，维特根斯坦更多关注的是一个地区的风俗、习惯、制度、传统、实践行为、做事的方式等，并最终形成我们自己的生活形式。在《论确定性》中，维特根斯坦重新对行为进行了更加明确的定位。“然而为证据提出理由根据并为之辩解终会有个尽头，但是其尽头并非某些命题直接让我们感到其为真，即不是来自我们方面的一种看，而是我们的行动，因为行动才是语言游戏的根基。”①

事实上，行为是与语言交织在一起的，语言的习得也必须学习和被教导。实用的智慧也需要不断地解释人们是如何行动或使用一个字词的。我们的实践是不断变化的，是不断更新和改变的，当我们在环境、社会和经济中改变我们的习惯时，实践的边界会发生变化。因此，我们总是在学习，总是被教导，并且总是在不断地接受我们生活形式的改变。

① 维特根斯坦. 论确定性. 张金言译. 桂林：广西师范大学出版社，2001：34（§204）.

第四章

“遵守规则”的实践特征

规则对我们的生活有什么影响呢？事实上，如果没有规则的话，那么人类许多复杂的行为将不复存在，如数学、经济、文化事务等都必须用规则来规范，规则被用来使人们的行为标准化或一致化，从而使人们的行为是可重复的及可预测的。规则也能协调人类的行为方式，从而使我们更加从容地参与到日常生活的各种活动之中。

第一节　遵守规则与规则之张力

在后期维特根斯坦的理论中，“遵守规则”与“规则”是一对极其重要的概念，它们在维特根斯坦的后期理论中所起的支柱作用是不言而喻的。当然，遵守规则与规则本身也要植根于人们的生活形式之中来理解，遵守规则是一种社会的秩序或人类共同的行为标准。

一、规则是人类共同行为的参照系

维特根斯坦在《哲学研究》§202 和§206 中明确提出：

> 遵守一条规则，这类似于这种事情：服从一个命令。人们是被训练着做这事的，人们以特定的方式对命令做出反应。……共同的人类行动方式是我们借以向我们自己释义一种陌生的语言的参考系。……因此，“遵守规则”是一种实践。相信自己在遵守规则并不是：遵守规则。因此，人们不可能“私人地”遵守规则，因为，否则，相信遵守规则便同于遵守规则了。[①]

① 维特根斯坦. 哲学研究. 韩林合译. 北京：商务印书馆，2015：144（§202），145（§206）.

何谓规则呢？维特根斯坦认为，所谓规则就是一种"习惯"、一种"制度"、一种"传统"或一种"惯例"。那人们究竟怎样才能遵守规则呢？对于这个问题的回答，维特根斯坦认为，人们必须参与到具体的语言游戏和生活形式之中，通过亲自参与各种实践活动，才能真正了解怎样遵守规则。就像如果你想学会游泳，就绝不能只是在理论上空谈一番，而是必须要下水实践一般。因为遵守规则是一种一再地重复的实践操作，或者说是一种生活习惯。"如果我们在复杂的环境中称之为'遵守规则'的那种事情处于一种孤立的状态，我们就肯定不会如此称呼它。"①如果遵守规则的行为没有任何可重复性，或是没有任何规律性的话，那么我们就无从理解规则和遵守规则的行为。

> 不可能只有一个人、只有惟一的一次遵守规则这样的事情。不可能只有惟一的一次作报告、下命令或理解命令等等。——遵守规则、作报告、下命令、下一盘棋，都是一种惯例（习俗、制度）。②

维特根斯坦不仅强调遵守一种规则就是一种实践活动，而且他主张当我们遵守规则时，我们只是基于共同的生活形式在盲目地遵守规则，并没有思考怎样去遵守规则。但是语言游戏、生活形式与遵守规则之间究竟是一种什么关系呢？是不是一种实践的联系呢？

在维特根斯坦看来，任何表达式的使用规则均要植根于语言游戏和生活形式之中。规则是否得到正确的遵守，要依据在特定情况下人们如何使用规则。当然，遵守一种规则就是基于一种生活形式的实践活动，不管是语言游戏还是其他活动，都需要大家共同参与，即需要共同体的参与。如果没有共同体参与，那么也就不存在规则和遵守规则的行为。因此，规则是存在于某种共同体中的规范之一。想象鲁滨孙这样一个与世隔绝的人，他是否还能像我们正常人一样去遵守规则呢？鲁滨孙这样一个孤立的个体或这样一个与世隔绝的人是否还能遵守一种规则呢？

维特根斯坦认为，如果语言在逻辑上是公共性质的，那么就不可能有任何意义上的私人语言。不可能有一个一生下来就是鲁滨孙的人来发明并使用一种甚至

① 维特根斯坦. 维特根斯坦全集（7）：论数学的基础.徐友渔，涂纪亮译. 石家庄：河北教育出版社，2003：255（§33）.

② 维特根斯坦. 维特根斯坦全集（8）：哲学研究. 涂纪亮译. 石家庄：河北教育出版社，2003：112（§199）.

是偶然存在的私人语言。因为按照遵守规则的论证，他不是一个语言共同体的成员，不能区分遵守规则与只是自以为在遵守规则，从而也就根本不可能是在使用语言。语言学习要求有一个公共的背景，初学者能够在自己语言群体的实践中，主要是遵守规则的实践中得到训练。一个一生下就过着鲁滨孙式生活的人不可能有这样的开始，因而也就不会有语言。①

20 世纪 30 年代初，维特根斯坦认为规则及其应用之间具有一种内在的逻辑关系；而到 20 世纪 30 年代后期，维特根斯坦则强调规则与其应用之间具有一种标准关系，即规则预设了应用的规范性。规范性活动必须首先考虑实践的优先性，只有当规则有固定的用法时，人们才能够遵守规则。同时，规则与应用之间的内在关系也要依赖于实践来完成。这里所说的“内在关系”，是指我们在实践中的“不言而喻性”。由此，维特根斯坦认为：

> 遵守一条规则类似于听从一道命令。我们是被训练成这样行动的；我们以一种特别的方式对命令作出反应。但是，对于命令和训练，如果一个人以这种方式作出反应，而另一个人以另一种方式作出反应，那怎么办？哪一个人做得对？
>
> 设想你作为一个探险家来到一个陌生的国家，完全不懂它的语言。在什么情况下，你会说那里的人在下命令、理解命令、服从命令、抗拒命令等等？
>
> 人类共同的行为方式是我们借以解释陌生语言的一个参照系。②

人们通过训练，从而能对特定的命令做出回应。如果要问规则（如路标）与我们的实践活动有什么关系，那么对维特根斯坦来说，因为人们受过如此的训练，从而能以特定的方式对规则做出回应，规则的作用就如同路标的指路作用一样，按路标行驶就是一个遵守交通规则的事例。因为只存在着路标的一种固定用法、只有一种习惯时，一个人才能按照路标行走。③“我对这条规则拥有一个确定的概念。我知道，在每一种特殊的情况下我必须做什么。我知道，也即，我不怀疑：对我来说这是明显的事情。我说：‘这是不言而喻的。’”④

---

① 参见格雷林．维特根斯坦与哲学：英汉对照．张金言译．南京：译林出版社，2008：123.

② 维特根斯坦．维特根斯坦全集（8）：哲学研究．涂纪亮译．石家庄：河北教育出版社，2003：114（§206）.

③ 维特根斯坦．维特根斯坦全集（8）：哲学研究．涂纪亮译．石家庄：河北教育出版社，2003：112（§198）.

④ 维特根斯坦．数学基础研究．韩林合译．北京：商务印书馆，2013：339（§127）.

二、遵守规则悖论的消解

维特根斯坦认为，遵守规则最重要的作用是在实践中规范我们的行为。当我们进行语言游戏时，需要语法或游戏规则来规范行为，并且这种语法或规则本身必须是自明的，或者在进行语言游戏之前，已经有自明性的规则来规范语言游戏的行为。维特根斯坦在讨论遵守规则时强调，语言中所表达的内容不是由逻辑或特定语法命题一成不变地、一劳永逸地固定好了的，“每一种情况都取决于我们实践中可用的技术”①。实践作为一种指导原则，又出现在什么地方呢？一般来说是出现在“遵守规则”的过程中。“因此，‘遵守规则’也是一种实践。而认为自己在遵守规则并不就是在遵守规则。因而，人们不可能‘私人地’遵守规则。否则，认为自己在遵守规则就会同遵守规则是一回事了。”②

在《哲学研究》§202 中，实践概念被要求解决维特根斯坦所提出的悖论，即我们为什么要根据规则来行动，并且在理解悖论时也对遵守规则理论进行了解释。他以这样的方式概述出了遵守规则的悖论：

> 如果行动的过程没有规则来决定的话，那么是因为每一个行动的过程都可以假装是符合规则的。如果一切都能符合规则，那么也就可以与规则相冲突。这就不会存在与规则一致或矛盾的问题。③

因此，在日常生活中，我们也不可能私自地去遵守一种无意义的规则。克里普克在《维特根斯坦论规则与私人语言》（*Wittgenstein on Rules and Private Language*）一书中，引导我们去思考遵守规则与确定性的关系：“从一个规则到更多基础规则来回答怀疑论者是吸引人的。但是被怀疑的行动也可以在更基础的水平上被重复，最终这一进程一定会结束——证明在某个地方走向了终点——并且剩下了一个完全不会被别人削减的规则。当这个怀疑论者可以很轻易地解释某种规则来自另一种习俗时，我怎么才能证明我现在所运用的规则的正确性？我对这

---

① Wittgenstein L. Wittgenstein's Lectures on the Foundations of Mathematics. Chicago: Chicago University Press, 1989: 69.

② Wittgenstein L. Philosophical Investigations. 4th ed. Anscombe G E M, Hacker P M S, Joachim S trans. Oxford: Basil Blackwell Publisher, 2009: §202.

③ Wittgenstein L. Philosophical Investigations. 4th ed. Anscombe G E M, Hacker P M S, Joachim S trans. Oxford: Basil Blackwell Publisher, 2009: §201.

一规则的应用似乎是在黑暗中的一次不可被证明的尝试，我在盲目地运用规则。”①维特根斯坦所主张的观点是，我们只有在实践中才能停止怀疑，而怀疑是一种特殊的实践行为，实际上人们只有在学会停止怀疑的行为之后才能进行真正的实践活动。

克里普克提出了一种构想，我们说一个孩子已经学会了去遵守规则，是因为作为群体成员赞同这个孩子不迟疑但盲目的行动是在遵守规则。克里普克举了一个小孩子学习的例子。在特定的情况中，人们都知道，当老师断定这个孩子必然给出正确的答案时意味着什么，即老师会断定这个孩子将给出和老师答案相同的答案。或者说孩子将给出的解题过程与老师的解题过程是相同的。从这个例子我们可以看出，克里普克将规则的确定性和共同体的一致性认可联系了起来，共同体的一致性确实使规则具有了确定性。但是维特根斯坦在《哲学研究》中并没有坚持这一点，他认为当我们在遵守规则时，我们是在盲目而自发地遵守规则，此时不会去考虑我们的规则是否与共同体的观点相一致。我们只是盲目地遵守规则，因而我们也不需要去解释规则的规范性。在维特根斯坦看来，遵守规则的一致性事实上来自生活形式的一致性。

基于维特根斯坦的这种解释，我们所做的遵守规则的行为事实上都是符合某种规则的，但这种解释也可以是违反规则的。例如，等比数列“1，4，9，16”的下一个规律数字是什么呢？可能有人会说是“25”，因为规则为“1^2，2^2，3^2，4^2，5^2”，所以是25。事实上，“25”的得数可以说是符合规则的，但却不是在正确地遵守规则，因为正确的解答是27，规则是从第一个数开始加质数列，即1+3=4，4+5=9，9+7=16，16+11=27。当遇到这种情况时该怎么办呢？维特根斯坦的解决办法是，在实际的实践中来解释遵守规则与违反规则的情形。因为我们是在实践中遵守规则，而不是在理论上解释规则。事实上，在这里最重要的事情不是在理论上解释规则，因为理论上的解释可能与现实生活中的实践是对立的。理论上的解释涉及意向等方面的心智活动，解释最终的结果会形成一种假设。

当然，维特根斯坦也认为，理论上的解释或形成的假设并不能确定是不是在正确地遵守规则，遵守规则需要的是实践中的行动。因此，“实践的确离不开规则，因为我们的规则留下了不确定的漏洞，实践也必须为自身辩护”②。在遵守规则中，

① Kripke S A. Wittgenstein on Rules and Private Language. Oxford: Basil Blackwell Publisher, 1982: 93.

② Wittgenstein L. On Certainty. Anscombe G E M, von Wright G H eds. Paul D, Anscombe G E M trans. Oxford: Basil Blackwell Publisher, 1969: §139.

这种理论上的解释和实际实践之间的对立是很有可能的。因此，维特根斯坦试图寻求现实中有效的方法来解释遵守规则的行为，这种有效的方法是通过实践概念引出来的。用这种非解释性的方式来理解规则，被认为是所有概念形成或确定其意义的一种基底。因此，所遵守的规则必然与建构遵守它们的既定方法有关。

在遵守规则的实践中，规则与行为之间具有一种内在的语法关联。规则的作用就在于规定我们应当如此行事，如果我们忽略规则的规范性作用，那么在遵守规则的问题上就会犯错，就会产生上述所谓的“规则遵守的悖论”问题。一方面，一条规则应当规定了何种行动方式是在遵守规则、何种方式是在违反规则；但另一方面，人们又不能确定哪种行动方式是真正地在遵守规则。当然，维特根斯坦则认为，这样的规则遵守悖论问题是可以消解的，因为在特定的语言游戏和生活形式中，一条规则早已经规定好了哪种行为是与规则相符合的，或者说已经规定了我们应该如何行事。事实上，在实际的生活中，除非人们可以成功地参与到实践中，否则他们无法充分地理解这些规则。在对意义的判断中，似乎涉及一种技巧是要与现实世界中的现象相关联。因为如果不这样的话就无法参与实践。

因此，规则要先于我们的实践活动而存在。此外，遵守规则的实践活动还需要与人们所共有的生活形式具有一致性。如果没有与生活形式的一致性，那么人们就只是自认为在遵守规则了。因此遵守规则的实践活动与人们的日常生活经验或习惯等都是息息相关的。对于维特根斯坦来说，训练是遵守规则的一个重要部分，通过培训人们获得了规范性的结构，否则人们就无法理解实践活动。维特根斯坦问：“‘我是怎样才能遵守一条规则的？’——如果这不是一个有关原因的问题，那么就是一个有关对我这样地按照这个规则而行事所作的辩护的问题。如果我穷尽了这种根据，我就挖到了坚硬的基岩，而我的铲子就弯了回来。这时我就会说：‘我就是这样行事的。’”[①]

那么在人们的日常生活中，什么样的行为才叫作遵守一种规则呢？换句话来说，我怎么才能知道我自己已经在正确地遵守规则呢？维特根斯坦认为，在实践中，规则的每一次应用都不是提前确定的，并且对规则的应用也不是由过去对它的使用经验或由过去使用中所产生的意义来确定的。那么规则本身的意义又如何来确定呢？维特根斯坦认为，规则的意义是在实践中逐步地确定和建构的。首先，某种对规则如交通规则、游戏规则等的口头说明并不能确定或决定交通和游戏规则的下一次用法；其次，为了解释某种游戏或某个事例，如果一种规则解释不了

① 维特根斯坦. 哲学研究. 李步楼译. 北京：商务印书馆，2009：127（§217）.

的话，可以通过引用更多的特设规则来解释。维特根斯坦认为这种做法是毫无意义的，而且还会导致一种恶果即引用规则的无限后退，或对引用规则的无穷回归。

因此，围绕规则问题的讨论会产生两个相关的观点，一个是关于遵从规则的问题，另一个涉及文化扩展的开放性。当然，遵守规则只不过是文化扩展中的一个特例。[①]我们通常只是描述所发生的事情，并不会常常谈论我们如何行事的规则。那么，在现实中我们是怎样遵守规则的呢？

> （1）我们可以用科学家探讨化学或物理规律那样的方法发现游戏的规则。我们可以观察游戏是如何进行的。
>
> （2）我们可以向游戏者们发问，于是，我们所发现的东西是十分不同的。游戏者们给了我们各种理由和规则。……
>
> 如果我们因而说游戏是“根据规则”来进行的我们的意思是，要么，（1）与规则相容，要么，（2）我们把规则认作动机，而当我们给出规则时，我们就给出了理由。[②]

在日常遵守规则的行为中，通常会遇到两种情况：遵守一种规则（following a rule）和符合一种规则（conform to rule）。在遵守一种规则时，人们的实践行为通常会受到规则外在的强制性要求；而在符合一种规则时，人们的实践行为只是偶然地受到规则的指导。但是，在日常实践行为中，什么情况是在遵守规则，什么情况又是在符合规则呢？张三由于某种偶然因素恰巧做出了与我们遵守规则相同的行为时，我们通常认为张三的行动只是碰巧地符合规则，而非真正地在遵守规则，因为只有基于生活形式及训练做出的行为才是真正遵守规则的行为。当然，遵守规则与符合规则的重要区别是，在做出遵守规则的行为之前，我们已经进行了相关的训练，并且在真正遵守规则的过程中，我们能够援引相关的规则表达式，或者我们说“相关的教学和训练出现在相关的行动之做出之前并且相关的规则的表达式出现在这样的教学和训练之中（在这种意义上，我们说相关的规则在相关的教学和训练之中‘被涉及到了’[involved]），并且在相关的行动的做出过程中以某种方式被加以援引”[③]。

---

① 参见安德鲁·皮克林. 作为实践和文化的科学. 柯文，伊梅译. 北京：中国人民大学出版社，2006：14.

② 维特根斯坦. 维特根斯坦全集（5）：维特根斯坦剑桥讲演集. 周晓亮，江怡译. 石家庄：河北教育出版社，2003：90.

③ 韩林合. 维特根斯坦《哲学研究》解读(下册). 北京：商务印书馆，2010：1213.

事实上，在人们的日常生活中，似乎只有涉及伦理道德问题时才会谈论遵守规则与符合规则。例如，当张三在帮助一个流浪儿童时，他可能仅仅是出于道德上的同情而不是法律上的强制规定。当我们在遵守一种交通规则时，首先需要确认的是我们自认为在遵守规则是不是真正地在遵守规则，如果这种遵守交通规则的过程只是顺从别人的想法或随大流的话，那么我们可能只是在符合规则，甚至是违反规则。试想张三和李四在下棋时，张三的心思并不在下棋上，他冥思苦想该如何构思新书，并且把棋子中的“马”走到错误的地方，此时他也不是真正地在下棋了。

简言之，当我们在遵守一种规则时，这种实践过程既要有主体的内在意向过程，同时又要有外在规则的规范性要求。在遵守规则时，意向性与规范性二者缺一不可。一方面，意向性的行为要受规则的规范性制约和指导；另一方面，规则的规范性也要求意向性的加入，否则规范性也无法实施。因此，意向性与规范性的辩证统一是通过社会性的教育、对个体的教导、社会认同、社会互动、社会交往等这些反复实践来内化到个体行为之中的。[①]

> “那么我无论怎么做都能与规则相符合吗？”——让我这样问：一条规则的表达——例如一个路标牌——与我们的活动有什么关系？这里有着什么样的联系？——也许是这样的联系：我受过训练从而对这种记号以一种特定的方式做出反应，而现在我的确对它作出了这样的反应。
>
> ……
>
> 遵守规则类似于服从命令。人们是被训练成这样做的；人们是以特定的方式对命令做出反应的。
>
> 但是如果对于这种命令和这种训练，这个人以这种方式做出反应，而另一个人则以不同的方式做出反应，情况会怎么样呢？在这种情况下究竟谁做对了呢？
>
> 假如你作为一个考察者到一个陌生的国度去，那里的语言你完全不懂。在什么情况下你会说那里的人下了命令，理解了命令，服从了命令，抗拒了命令等等？
>
> 人类共同的行为方式乃是我们据以解释陌生语言的参考系。[②]

---

① 参见杨国荣. 人类行动与实践智慧. 北京：生活·读书·新知三联书店，2013：66.

② 维特根斯坦. 哲学研究. 李步楼译. 北京：商务印书馆，2009：120（§198），122（§206）.

因此，在某种特定的生活形式中要判定某个人的行动是否遵守规则，这是可能的。但是，如果我们的生活形式与其他人的生活形式是不同的，此时用我们所拥有的生活形式来判定其他人的生活形式，特别是判定陌生人的这种行动或生活形式是否在遵守规则，通常是很难做到的。在维特根斯坦看来，由于遵守规则是一种技术和实践，所以历史上某人只是一次地在遵守规则这是不可能的。他认为遵守规则必须基于人们共有的生活形式。例如在《哲学研究》中，他写道：人类相似的或共同的行动方式或生活形式是我们借以理解和解释陌生语言的参照系。当我遵守规则时我并不作选择，我盲目地遵守规则。一个人可以鼓励自己，可以对自己下命令、可以服从自己、责备自己、惩罚自己、对自己提问题和对之给出回答。我们甚至能够想象只能进行独白的人，他们的活动伴随着自言自语。一个观察他们并倾听他们语言的研究者可以成功地将他们的语言翻译成我们的语言。[①]

描述这幅世界图景的命题也许是一种神话的一部分，其功能类似于一种游戏的规则。这种游戏可以靠实践而不是靠任何明确的规则来学会。[②]

如果人们在玩语言游戏时并不存在生活形式的一致性，那么也就不存在规则的一致性。例如，张三与其他人的生活形式是不一致的，那么张三有一天独立地发明了一条独特的规则并多次地遵守它，这是不可能的。实际上我们每个人自己都可以这样做：自己独立地发明规则，然后自己去遵守，但这是没有意义的。在我们的日常生活中，一方面存在着规则和遵守规则这样的活动，另一方面我们还必须学会如何真正地去遵守这些规则，因此，基于生活形式的一致性，人们还需要遵守规则的一致性。

三、遵守规则是一种实践活动

遵守规则是一种实践活动，这表达了很重要的两点内容：首先，遵守规则并不是在个人的思想中就能完成的，它必须是在实践中可公共观察的；其次，我们不能私自地遵守规则，它必须是具社会性的。遵守规则的公共可观察性和社会性特征表明，我们行动的规范性主要依赖于我们实际共享的实践。

在日常实践中，人们不仅需要规则，而且需要实例来加强理解。但是由于规则本身的不确定性，在实践中我们并不是通过规则来学会如何做出经验判断的，

---

① 参见维特根斯坦. 哲学研究. 李步楼译. 北京：商务印书馆，2015：123（§206），150（§219），133（§243）.

② 参见维特根斯坦. 论确定性. 张金言译. 桂林：广西师范大学出版社，2001：17（§95）.

而是通过我们的家长、老师在教导我们判断的过程中来学会做判断的。因为我们的规则是开放式的，是在实践过程中形成和发展的，规则也必须基于人们的生活形式，否则自认为在遵守规则是没有实践意义的。

安斯康姆（E. Anscombe）认为，遵守规则本身就是一种实践活动，在遵守规则的情况中，当孩子被教导了一种规则时，如加法规则或乘法规则，那么他们就会被告知必须这样或那样做，即要按照老师和家长训练他们的方式，根据被教授的方式来进行。在教学的过程中，通过老师和家长的口头表扬与鼓励、肢体或手势引导等方式，孩子学会了老师或家长所要求的事情，这是教育和训练的结果。因此，遵守规则的活动必须基于人类的实践行为。贝克认为，实践概念需要有处理现象概念的技巧，因为现象概念最终还是要由我们的行为方式来决定。我们首先必须熟悉这些行为方式，然后在某个特定的场合，我们会在某种特定实践中来使用这些现象概念，这些因素都与已有的知识相关。

然而，当我们应用某些概念和其他规则时，这些实践概念就代表了我们所经历的事物。对实践概念的简要分析使我们能更好地理解如何来应用一种规则或如何来遵守规则。因为在维特根斯坦看来，遵循一种规则也就是人们所说的达到生活形式上的一致性，它本身就是一种实践活动。实践概念也使我们意识到，在何种意义上谈论概念的应用与遵守一般规则是合理的。

维特根斯坦在《论确定性》中进一步阐明了如何进行一种实践活动：“因为进行一种实践活动不仅需要规则来规范，而且也需要事例来说明规则的规范性。我们的游戏规则对漏洞是开放的，实践必须为自身的合理性进行辩护。”[①]并且维特根斯坦主张，“神学用文字进行探索，因为它想通过文字来表达些什么，但并不知道如何去表达。实践赋予了字词以意义”[②]。在这里，我们可以很容易地想象用“语言游戏”来取代“实践”。当然，当我们参与语言游戏等实践活动时，还需考虑游戏规则。正如维特根斯坦所主张的，遵守规则最重要的意义或作用在于，当人们参与到具体的语言游戏或其他游戏活动中时，要有规可依。因为只有亲身处于实践活动中时，我们才能切身地体会对规则和遵守规则的理解。

当然，在开展语言游戏或其他游戏之前，这些游戏规则必须是自明的，这种规则的自明性已经嵌入我们的日常生活之中，因此规则与遵守规则在实践之中才

---

① Wittgenstein L. On Certainty. Anscombe G E M, von Wright G H eds. Paul D, Anscombe G E M trans. Oxford: Basil Blackwell Publisher, 1969: §139.

② Wittgenstein L. Remarks on Colour. Anscombe G E M eds. Linda L M, Margarete S trans. Oxford: Basil Blackwell Publisher, 1977: §317.

能实现。在实践活动中，遵守规则的一致性来自生活形式的一致性。因此，维特根斯坦在《哲学研究》中主张，如果没有生活形式的一致性，张三只单独一次地遵守规则是不可能的。因为遵守规则、做报告、下命令、下棋等都是人们的一种习惯、习俗或制度。遵守规则也是一种实践，而认为自己在遵守规则并不就是在遵守规则。

在实践或游戏中，我们可以使用新的规则，新的规则如何才能被执行或如何才能有效，这需要在实际的实践或游戏中，把规则同化到应用技术或游戏之中。只有这样，人们才能理解并遵守这种新的规则。去遵守一种从来没有被遵守过的规则，这似乎是难以理解的，因为规则的可理解性必须嵌入实际的实践之中。维特根斯坦在《哲学研究》中也曾多次强调："我们可以发明一种新游戏，一种从来没有被任何人玩过的游戏，甚至是人类从来都没有玩过的游戏。但是，真的有人能发明一种从来没有被任何人玩过的游戏吗？"[①]规则和其他概念一样，它在实践上的重要性体现在它的有效性和实用性中，而不是理论上的精确性和清晰性。在游戏中，如果规则与具体运用之间只是一种理论上的解释关系，那么规则从一开始就必须是固定的，从一开始就必须是完善的，而不会存在一种从无到有或从此到彼的可能性。如果我们采用一种实践观的话，就会发现这里的规则实际上并不那么"精确"或"清晰"，它具有一定的模糊性。[②]

维特根斯坦把人视为一个共同体中的一员。因为根据他的"悖论"，"我"只能尝试在一个共同体中进行"实验"，而不能基于我头脑中的东西来确定我话语的意义。例如，假定我认为我知道"×2"的法则，当我自认为我在遵守这个法则的时候，我不能在我自身中找到某种证据来证明我是知道该法则的，但是我却可以断言一些算式，如 5×2=10，并期望共同体中的其他成员能够认同我的算法。因此，我参与了一种数学的语言游戏。对于那些游戏术语，共同体成员中的其他人也在使用并遵循着相同的算法。我也可以期望共同体成员来阻止或赞同我的用法，直至我能完全掌握它。也许有人会认为，这种方式事实上是以"训练""教育"等方式来达成的。一旦我的用法是对的，那么就可以证明我的使用与共同体中其他人的用法是一致的。我必须遵循一种文化习俗，这些习俗由我的宗祖文化在日常生活中灌输给我，从出生开始我就进入了这个传统之中。

---

① Wittgenstein L. Philosophical Investigations. 4th ed. Anscombe G E M, Hacker P M S, Joachim S trans. Oxford: Basil Blackwell Publisher, 2009: §204.

② 参见陈常燊. 语言与实践：维特根斯坦对"哲学病"的诊治. 上海：上海人民出版社，2016：116.

粗略地说，在这个语言游戏中，也就是我的生活中，共同体编排了我的程序，并且对我进行着调试。……在这个文化习俗的系统中，语词执行着一定的功能（“功用”）。我被训练来遵循这些习俗；我唯一逃离它们的方式是犯一个错误，愚蠢地作出一些犯规行为。这些犯规就是我错误地归因于我自己的“创造性”的那些东西。①

我们怎么才能知道自己是在遵守规则呢？例如，张三给我们下达了执行一个规则的指令，我们将按张三的这一指令来行动，但我们究竟是在执行张三的指令还是在自发地遵守规则呢？当张三给了我们一个规则的指令时，是不是就给我们传达了一种指令或传达了一种指令符号呢？当我们不遵守张三的指令，或不遵守张三所说明的规则时会产生什么样的后果呢？或者，当张三向我们解释了该如何遵守这一规则并且我们也能够正确地执行张三的指令时，那么我们就知道如何正确地遵守这一规则吗？在实践中，我们如何来把握遵守规则的行为呢？事实上，所有发生的事情都赋予了我们解释规则的权利，这在实践上是有帮助的，我们遵守规则的过程就是我们理解或用行动阐释规则的过程。这是因为我们一直被训练来自发地遵守规则。因此，遵守规则就是我们在通常行动过程中所做的事情，由此维特根斯坦才提出盲目地遵守规则的范畴。因为在遵守规则的过程中人们受到了一系列因素的影响，包括训练、技术、学习、共识、利益、习惯和习俗等，这些都对人们遵守规则的行为产生了深刻的影响。

维特根斯坦认为，在解释遵守规则行为时，最重要的因素是靠社会共有的实践模式来维系的。例如，李四要去协调某个共同体的活动，他首先需要考虑的是这个群体所有成员所拥有的共同利益，并且共同体中的新成员在实践中是如何被社会化的，通过获取共同体所拥有的某种共有能力，从而最终获得共同体其他成员的认可。最终，在转向日常的实践操作过程中，这种共同体所拥有的能力变成一种习惯和习俗，从而成为每一个个体自愿接受的实用倾向或行动习惯。②遵守规则的活动是一种一再地进行的有规则的活动，即一种实践。

在教学的交流过程中，实践与语言的限制有关，我们是通过语言直接了解这种实践知识的，这需要我们回到知识的理念中，把实践作为预知表达式的方式。显然，日常的实践行为意味着如果人们要参与共有的实践活动的话，那么需要进

① 弗拉第米尔·塔西奇. 后现代思想的数学根源. 蔡仲，戴建平译. 上海：复旦大学出版社，2005：195.

② 参见安德鲁·皮克林. 作为实践和文化的科学. 柯文，伊梅译. 北京：中国人民大学出版社，2006：275-277.

行相关的训练或培训，这是实践的原初意义。此外，在《论确定性》的§139 与《哲学研究》的§208 中，维特根斯坦表达了类似的实践和语言学习的观点。

> 我将比如引导他按照一个命令"有规律地"将装饰图案的序列继续下去……我将事情做给他看，他学着我的样子做；我通过同意、拒绝、期待、鼓励的表情来影响他。我听他自便，或者阻止他；等等。
>
> ……
>
> "等等"和"等等，以至无穷"这样的表达式在这个课程中也得到了解释。此外，一个手势在此也能派上用场。①

在 1972 年的《维特根斯坦的确定性》(*Wittgenstein on Certainty*)一书中，冯·赖特（G. H. von Wright）给出了关于《论确定性》一些主题的梗概，并对维特根斯坦的观点进行了评论。冯·赖特指出，根据维特根斯坦的观点，没有所谓的本质性的命题，因为命题只是"针对我能在正确与错误之间进行区分的背景"②的。他建议，在这里更适合谈论"知道"，即预先了解（pre-knowledge）或预知（foreknowledge）。从冯·赖特的观点来看，这些预知有一种最奇特的特征，即实践的特征。③他认为维特根斯坦所描述的每一种语言游戏都具有实践的特征。例如，维特根斯坦在《论确定性》中写道："这是我们的行为，它处于语言游戏的基底。"④

事实上，语言和行动之间存在着复杂关系这一观点可以追溯到 1936 年，维特根斯坦当时以不同的方式说明了相同的观点。在《哲学研究》的§208 中，维特根斯坦再次讨论了如何遵守游戏的规则，他反思了我们应该如何解释"规则""同一""相同"，人们还没有掌握那些词所表达的概念。"但是，如果某人在日常生活中还没有掌握这些概念的话，那么我们可以通过事例和训练的方式来教他使用这些字词。当我这样做的时候，我可能把我所知道的与他进行了沟通。"⑤

---

① 维特根斯坦. 哲学研究. 韩林合译. 北京：商务印书馆，2015：146（§208）.

② Wittgenstein L. On Certainty. Anscombe G E M, von Wright G H eds. Paul D, Anscombe G E M trans. Oxford: Basil Blackwell Publisher, 1969: §94.

③ 参见 von Wright G H. Problems in the Theory of Knowledge. The Hague: Martinus Nijhoff, 1972:57.

④ Wittgenstein L. On Certainty. Anscombe G E M, von Wright G H eds. Paul D, Anscombe G E M trans. Oxford: Basil Blackwell Publisher, 1969: §204.

⑤ Wittgenstein L. Philosophical Investigations. 4th ed. Anscombe G E M, Hacker P M S, Joachim S trans. Oxford: Basil Blackwell Publisher, 2009: §208.

贝克强调在判断的一致性与实践之间有着不可否认的重要联结。在后期维特根斯坦哲学的实际用法中，实践被理解为一种纯粹的行为规律，它支撑着我们的概念统一性。解释“实践”这一概念最明确的工作是解释“实践”一词的用法，这大概就是我们所获得的理解“判断的一致性”这种表达式。

> 但是人们能够从一种规则中看出什么情况使得在使用计算规则上不可能出错吗?
>
> 在这里一种规则对我们有什么用处？难道我们不会在使用它时（又一次）出错吗?
>
> 可是在这里如果人们想给出某种类似规则的东西，那么它就会包括“在正常情况下”这个表达式。我们认识正常情况，但却不能精确地描述这些情况，我们至多能够描述一系列的非正常情况。
>
> 什么是“学会一种规则”？——是这个。
>
> 什么是“在使用规则上出错”？——是这个。在这里被指出的是某种不确定的东西。
>
> 在练习使用规则的实践中也显示出应用规则时出现的错误是什么。①

事实上，除了莫拉维茨（T. Morawetz）之外，只有少数评论家考察了维特根斯坦20世纪30年代及之前的文本，并考察了维特根斯坦实践概念的作用。莫拉维茨首先对实践概念进行了泛化处理，他主张“维特根斯坦所讲的实践是一种语言游戏”②。当然，这是维特根斯坦后期哲学中的语言游戏和实践之间的紧密联系，但二者之间并不是一个等价或等同的关系。在维特根斯坦的理论中，实践与语言游戏二者并不执行相同的任务。实践概念关注的主要是概念的用法和活动，并且与概念构成密切关联。在解释“实践”一词时，维特根斯坦是通过人们日常遵守规则的行为来阐发该概念的。

贝克提供了关于实践概念的事例，即“测量的概念预设了判决的一致性。行为中的规律性巩固了实践概念的统一性，否则，广泛的独立标准会使正确的测量方法产生一种随机分散性，并经常使得所应用的测量方式产生冲突，最终用冲突的测量概念来取代了实际观察到的一致性。事实上，测量中的规律性也是维特根

---

① 维特根斯坦. 论确定性. 张金言译. 桂林：广西师范大学出版社，2001：6（§26-§29）.

② Morawetz T. Wittgenstein and Knowledge: The Importance of “On Certainty”. Brighton: Harvester, 1980: 5.

斯坦所经常强调的，因为测量的规律性通俗地来说也是遵守规则的实践”[①]。因为在行为中，规则规定了行为上的规律性，它的作用是用来支撑我们概念的统一性。人们试图通过实践来阐明作为工具的规则和遵守规则（应用规则）之间的区别。

维特根斯坦主张，许多不同的事物都可以用规则来表达，除了句子之外，交通信号灯、彩色图表、路标、测量杆等都可以被用来作为规则。但是如果我们过分执着于规则规定的诸方面，那就会忽视所涉及的实际行动，即会忽视遵守规则的实践方面。贝克认为，规则是固定的，如果说在语言的使用中有规则的位置的话，那么它就必须被言说者承认为一种规则，我们必须能够把它们作为一种规则。根据贝克的说法，实际上不可能没有语法规则及游戏法则等，因为这里没有隐藏的事物，或者说这里没有隐藏的操作规则。

维特根斯坦主张，通过分析我们的能力，我们谈论和说出的内容后来可能会成为人们的生活图景。如果这是一个可靠的描述事实，那么在新的语言游戏中规则是自发产生的吗？在参与学习的过程中，规则并不总是得到完全承认。“一个人能学到这些知识吗？是的，有些人是可以的……其他人能成为这个人的老师吗？当然可以。他不时地给他正确的提示。这就像是‘学习’和‘教学’。这里所获得的不是一门技术，而是学习正确地判断。正确地判断也有规则，但它们不构成制度，只有经验丰富的人才能正确地应用它们，这不同于计算规则。”[②]

在这里，我们发现维特根斯坦所说的情况涉及实践的不同方面，当我们去阐明这类知识时需要使用不同用法的字词。因此，我们学到的不是规则，而是如何正确地进行判断。只有在分散的情况下，人们才可以建立起卓有成效的关系。但这并不排除所谈论的规则是很难获得的，并且只能由经验丰富的人来使用。这是因为规则必须从我们对他人的自然反应中被提取出来，只有在这种情况下才有可能谈论规则。这应该是贝克所关注的遵守规则方面，因为他把维特根斯坦的语言图景当成是规则管理的复杂活动，这些活动涉及有意义符号的用法。

四、遵守规则是判断一致性的基础

如何来理解规则遵循的实践方面呢？维特根斯坦认为，在我们的行为中判断

---

① Baker G P. Following Wittgenstein: some signposts for philosophical investigations§§143-242//Holtzman S, Leich C. Wittgenstein: To Follow a Rule. London: Routledge & Kegan Paul, 1981:63.

② Wittgenstein L. Philosophical Investigations. 4th ed. Anscombe G E M, Hacker P M S, Joachim S trans. Oxford: Basil Blackwell Publisher, 2009: §197.

的一致性支持了规律的统一性和观念的一致性。维特根斯坦建议，可以把测量看作是遵守规则的一个模型。这种模型强调，人的行为方式会有正确和错误之分。麦金详细地考察了《哲学研究》的相关段落，并讨论了实践及习俗等概念在维特根斯坦后期哲学中的作用。麦金认为，维特根斯坦把遵守规则描述成一种实践之后，又提出了三种相互关联的观点①：

> （1）在实际遵守规则时，不是个体的意识或内在的心理机制出现在完全决定范围之列。当一个人按照路标来行进时，他的行为就是在遵守规则。这并不是个人的内在过程被转化为公开的行动。
>
> （2）只有当他们实际遵守规则时才可掌握规则。如果要掌握任何一种规则，就必须先遵守这些规则，这意味着规则的存在需要被重复地使用。
>
> （3）实践是在传统的基础上建立起来的。对符号的使用和反应完全被看成是习惯性的和未加反思性的，这不能作为推理的结果，也没有理由来推断出它们是合理的。

上述关于遵守规则的观点在维特根斯坦的后期哲学中起着非常重要的作用。它们与实践概念紧密相关，实践被认为起源于传统中公开和重复的行为。这种实践活动支撑了我们概念的统一性。与传统观点不同，维特根斯坦所指的实践与遵守规则是相关的。根据维特根斯坦的观点，实践的意义是可以确定的，“实践赋予了字词以意义”②。相反，贝克倾向于谈论判断中的一致性提供或确保了我们概念的统一性，从而表明在实践概念与维特根斯坦《哲学研究》的§242中所谓的判断上的一致性之间有一种内部关系，“属于经由语言而进行的交流的东西不仅有定义上的某种一致，而且有判断上的某种一致”③。这种判断的一致可以说是在语言中进行相互理解的可能条件，因此我们必须首先考察判断的一致性。

首先，这种对规则的理解表明，所有的事例都需要通过实践来建立，要在所嵌入的规则中正确地进行实践，实践本身不能通过语言来沟通。正如维特根斯坦在《论确定性》和《纸条集》中所表达的观点：“除了教会你，并训练你来使用规

---

① 参见 McGinn C. Wittgenstein on Meaning. Oxford: Basil Blackwell Publisher, 1984: 35-39.

② Wittgenstein L. Remarks on Colour. Anscombe G E M ed. Linda L M, Margarete S trans. Oxford: Basil Blackwell Publisher, 1977: §317.

③ 维特根斯坦. 哲学研究. 韩林合译. 北京：商务印书馆，2015：154（§242）.

则之外，我无法描述一般的使用规则。”①但这里存在的问题不是说学生能在某些事例中辨认出某些事物，关键的原因在于当老师教授学生时，老师自己也无法在口头上来表达这些事物。因此，维特根斯坦用家族相似性这一概念来充分说明表达式。他通过以下的方式来说明这一点，即人们通过特定的事例来理解事物，并通过所习得的特定方式来处理之后所碰到的事例。但是，维特根斯坦主张，“我不是说通过这些事例人们可以理解一些普遍的事物，而是说当因为一些特定的原因人们无法理解这些普遍的事物，或这些事物无法被准确地表述出来时，人们也能够知道在一些特殊的情况中如何来使用它们”②。

在《哲学研究》中，维特根斯坦再次强调语言训练方面，即规则遵循的实践方面，包括学习如何做事情。最重要的是他强调实践者必须接受实践的方式，因为实践有合乎逻辑的语法，至少部分地继承了之前的经验判断和行事方式。重点不仅在于我们如何在早期学会并采取了某些方式来对经验世界做判断，重要的是判断被认为是行动的方式。这一点维特根斯坦在《论确定性》中有更为明确的表达：

> 我们不是通过实践来做出经验判断的，而是通过学习规则，我们被教导如何来进行判断，并且熟悉该判断与其他判断之间的关系。从孩提时代开始，我们就学习做这样的判断。我们学习做判断的方式，并且我们也知道这就是在做判断。孩子学会相信很多事物，例如学会按照这些信念来行事。③

其次，在另一个意义上，我们的行为说明存在语言游戏的基底。这种行动是完全确定的。维特根斯坦把这种确定性看成是一种生活形式，这种确定性连接了遵守规则的实践方面与所给定的规则，因为必须接受的给定规则就是人们所说的生活形式。因此，维特根斯坦主张，“我必须从不可怀疑的地方开始，这就是判断的一部分”④。

---

① Wittgenstein L. Zettel. Anscombe G E M, von Wright G H eds. Anscombe G E M trans. Oxford: Basil Blackwell Publisher, 1967: §318.

② Wittgenstein L. Philosophical Investigations. 4th ed. Anscombe G E M, Hacker P M S, Joachim S trans. Oxford: Basil Blackwell Publisher, 2009: §71.

③ Wittgenstein L. On Certainty. Anscombe G E M, von Wright G H eds. Paul D, Anscombe G E M trans. Oxford: Basil Blackwell Publisher, 1969: §128-§129, §144.

④ Wittgenstein L. On Certainty. Anscombe G E M, von Wright G H eds. Paul D, Anscombe G E M trans. Oxford: Basil Blackwell Publisher, 1969: §150.

最后，我们的行动是语言游戏的基底，但是我们的行动在执行时可能会受到之前经验的限制。在《论数学的基础》中，维特根斯坦主张经验限制的是行动的方式。这里提到的方法大概有两种：一种是《哲学研究》§50 中提到的模式，这种模式是我们取消表征的一种方法；另一种是遵守规则的实践方面和语言限制之间的显著关系可以被视为一种内部关系，正如把判断一致性与实践的规则之间设想为一种内部关系。

> “一致”这个词和“规则”这个词彼此具有亲缘关系，它们是表兄弟。如果我教一个人其中一个词的用法，那么他因此也就学到了另一个词的用法。
>
> “规则”这个词的运用与“相同的”的这个词的运用交织在一起。①

正如我们所看到的，这种判断的一致性反过来可以被理解为行为中的规律性，这也是理解实践概念的关键所在。维特根斯坦最关注的仍然是我们对所接触到的教学和训练方式的共同反应，从而确保使用方式的公共特性。在实践中，人们确实会使用一些标准来衡量某些对象，当然，这些测量标准本身也是公共的和可废止的。这也解释了为什么维特根斯坦如此坚持实践的显著特征。如果说公共的标准就是他对判断一致性的理解，那么这可能区分了三种不同的方式：

> （1）我们对某些刺激有本能的一致性反应。例如，对友善与不友善面孔的本能反应，我们自发转向声音来源，等等。
>
> （2）一般情况下，在未加反思的行为中我们有着一致性反应。例如，当我们从椅子上起身时，我们理所当然地认为我们的脚仍然在，并且承载着我们的身体重量。
>
> （3）我们对“站在我们面前”这一命题有着一致性的反应。

这表明我们把一致性命题作为判断的原则。在所有这些领域，我们有理由来谈论判断的一致性问题，每一种判断中达成的一致性都可以被认为是建立有意义符号系统的可能条件。我们必须本能地回应友好和不友好的人。这种观点隐含在维特根斯坦的评论中，如果你使用手势来教孩童，那么他必须能理解手势。如果

---

① 维特根斯坦. 哲学研究. 韩林合译. 北京：商务印书馆，2015：151（§224，§225）.

他不理解手势，那么他什么也学不会。一般情况下我们未加反思性地自发遵守规则的行动被称为自发判断的一部分。我们必须把“站在我们面前”这样的命题看成是具有判断一致性的，因为这些判断在所有其他语言游戏中都会涉及，并且我们要学习如何玩这种语言游戏。

在日常生活中，当人们进行特定语言游戏的相关实践活动时，规则与遵守规则之间从本质上来说具有一种句法关系。规则的作用就在于告诉人们在何时何地该如何行动，或者告诉人们该怎样来遵守规则。如果人们对于规则理解不清，那么会产生如下问题：一方面，人们必须按规则来行动，因为规则规定了在语言游戏或其他游戏中，人们如何以特定的方式来行动，即规则决定了什么样的行为是在正确地遵守规则，同样也规定了什么样的行为是在违反游戏规则；而另一方面，遵守规则没有判定的标准，即没有客观的判定标准来说张三或李四的行为确实是在遵守规则。

维特根斯坦认为上述这两种情况事实上根本不存在问题，因为基于人们特定的生活形式，在他们进行语言游戏时，规则早已经提前规定好了他们的哪种行为方式是在正确地遵守规则、哪些行为方式是在违反规则，或者规则早已规定了人们应该怎样做才是对的。正如维特根斯坦所主张的那样，如果人们的每一种行为方式在生活中都可以解释成违反游戏规则的话，那么行为也就无所谓是符合还是违背规则了，因为怎样理解或解释都可以，也谈不上遵守规则的问题了。

当然，赞同存在着遵守规则悖论的人仍然认为，对于任何一种规则而言，总会存在着多种不同的解释方式；正是通过规则，我们才能确定人们的行为方式是与规则相符还是不相符合的。如果不考虑规则本身所处的生活形式，也不考虑作为生活形式基础的风俗、习惯、制度和传统的话，那么我们的确可以以多种方式来解释规则。但是，在特定的语言游戏和生活形式中，相对于特定的风俗、习惯、制度和传统，根本不存在对于一条规则的多种释义和解释的可能性。①我们说，在特定的语言游戏和生活形式中，对于任何一种规则，不同的主体有着不同的解释方式。人们可以用一种表达式来替换另一种表达式，因为表达式的规则有着多种不同的释义方式，正如我们日常遵守规则的行动就是一次对规则的释义。

但是这种对规则的释义必须考虑具体的行动意义，即行动必须符合规则。理解一个词的用法与理解一种规则联系在一起。当我们按照特定的规则写出一个数

① 参见韩林合. 维特根斯坦《哲学研究》第95节释疑. 世界哲学，2012，(3)：77-87，161.

列时，对于一个数列写法的解释有无数种，并且每一种解释都可能对应着一条规则。我们将不符合特定规则的写法称为无规律的错误，而将符合另一种规则的写法称为系统的错误。“系统的错误”乃是就其有自身的规则而言的。假设我们去了一个陌生的国家，我们对那个国家的人一无所知，那么即便我们通过自学掌握了该国的语言，我们也理解不了他们的语言游戏，除非我们能切实理解这个国家的人们所拥有的生活形式，因为语言的一致性终究还是来自生活形式的一致性。正如维特根斯坦所主张的，即便一只动物能开口说话，我们也理解不了它所表达的意思，因为我们不熟悉它们的语言背景，不熟悉它们的生活形式。维特根斯坦对反本质主义的理解也诉诸一种实践的观点，即掌握一条规则就意味着在特定背景中学会了如何使用一条规则。我们是在规则中学会行动、在行动中学会规则的，规则和行动统一于实践。

第二节 “遵守规则”是学习中的必然

后期维特根斯坦强调，人们是通过训练来学习遵守规则的，也正是训练使人们学会了如何遵守规则。正如维特根斯坦在其著作中所强调的，遵守一条规则就是一种人类活动。在描述规则的功能时，人们可以进行到多远？对于还没有掌握任何规则的人来说，我们只能训练他。我们不能描述如何（在一般情况下）使用一些规则，除非别人教你、训练你使用这些规则。[①]

一、对加法规则的遵守

维特根斯坦认为遵守规则本质上是实践上的，而不是理论上的。正如老师在课堂上通过各种教学方式来让学生理解加法规则，以便学生能正常地进行加法计算，或者能正确计算一个数列一样。但是老师在教学生的过程中并不是时时都把加法规则告诉学生，而是以各种方式鼓励学生在尝试计算的过程中把加法数列继续写下去。如果学生写对了，老师用点头或话语表示同意、鼓励；如果学生计算错了，老师则会以口头或肢体动作教学生加以改正。学生通过这个训练过程，便

① 参见维特根斯坦. 数学基础研究. 韩林合译. 北京：商务印书馆，2013：343（§150），345（§164）；维特根斯坦. 维特根斯坦全集（11）：杂评、纸条集、关于颜色的评论. 涂纪亮，吴晓红，李洁译. 石家庄：河北教育出版社，2003：196（§318）.

在实践过程中学会了加法或计算规则。

> 猜测这条规则的意义，直觉地理解这条规则，这只可能意味着猜测这条规则的用法。这不可能意味着：猜测用法的种类、用法的规则。
>
> ……他也许应当说"遵守'+1'这条规则，这有时可能意味着写1，1+1，1+1+1，以此类推"？可是，他用此意指什么呢？"以此类推"恰恰已经以掌握一种技巧为前提。
>
> 人们如何能够描述某个人在继续那条规则时做了什么呢？——如果某个人能够使用这条规则，我们便可以通过陈述这条规则而做到这一点。谁能够使用这条规则呢？是那个在1+1，1+1+1之后写出1+1+1+1的人。——是否我此时可以写出"以此类推"来结束呢？这肯定意味着："通常就是按照这条规则继续下去的。"①

正如维特根斯坦所言，算术中的训练并没有表明学生用以完成事物的方式，而是教他在算术实践中学会我们处理事物的那种方式。如果他参与这些活动，那么他必须经过这条路径，成功地完成了学习过程并掌握了一种技术。当学习者采用实践中所学的这种方式来做事情时，所学到的程序就成为他自发的做事情方式。在算术中，维特根斯坦强调，我们的计算结果是要纳入我们的计算程序之中的，即计算结果是要符合计算程序的。也就是说，结果不是被当成偶然的结果，而是作为我们技术的一个组成部分，作为正确应用的标准，我们不接受错误的替代结果。如果我们获得了不同的结果，我们说，我肯定做错了，因为相同的计算方式总是能得出相同的结果。维特根斯坦认为，这样的反应表明练习者已经掌握了技术，表明练习者已经将计算的结果纳入了这种转换方式之中。

但是，如何才能使人们在培训时产生一致的数学信念呢？因为我们是把数学解答程序强加给练习者的，而这一数学解答程序可以使结果重复实现，因此练习者才能正确地认识到这一点。我们的逻辑和数学信念是培训的产物，并且已经内化到我们的技术中。因为练习者通过之前的训练获得了这种逻辑和数学规则，并已经内化到我们的日常生活之中了。正是数学解答程序确定了在计算中所需要采取的步骤，即数学解答程序的标准方法意味着我们已经习惯了使用它的方式，或

---

① 维特根斯坦. 心理学哲学评论. 涂纪亮译. 北京：北京大学出版社，2012：378（§409-§413）.

者我们被教导以某种方式来使用它。究竟是什么决定了我们的计算步骤与我们在之前实践中所使用的技术是一致的呢？维特根斯坦认为，正是这种技术所进行训练的产物：“人是由他们的教育或培训来‘规范地’使用公式 $y=x^2$ 的，我们学习如何数数，正如我们目前所做的解释：不停地进行正确的实践。”①

维特根斯坦问道：“当一只画眉在它的歌声中总是不断地重复同样的几个曲调时，我们会说它那么做是因为它每次都给了自己一个规则，然后遵守这些规则吗？”在画眉的行为里存在某种规律性的东西：它唱出某种曲调，然后不断地重复。但它这样做显然并不是给自己定下了一个规则然后再去遵守，它只不过是以一种规则性的方式去行动而已。因此，在当我遵守一个规则时所做的事情与一只画眉唱歌时所做的事情之间存在什么样的区别呢？又是什么东西使得当我写下“2，4，6，8，…”这个数列时，我只不过是盲目地在行动，就像是一件不言自明的事情那样去遵守“+2”的规则，而不是像一只画眉那样仅仅是以一种规则性的方式行事呢？

对于维特根斯坦来说，人们进行日常训练的一个重要作用是，在实践中学习者必须是共同体中的成员，而且他还要符合实践中的某种规则，实际上学习者也确实在遵循某种规则。在进行加法运算时，学生如果正确地进行了加法运算，那么老师把学生的这种行为看成是他初步掌握了加法规则，而把学生不正确的回应方式看成是没有掌握加法规则。只有审视学生整个遵守规则的实践过程，学习者对于加法规则的回应才被赋予了规范性意义。但是老师究竟是通过何种方式向学生来解释加法规则的呢？除了通过语词和实例训练之外，还有没有其他方式来解释呢？如果学生以某种特定的方式对加法规则做出了正确的回应，那么说明学生已经掌握了加法规则。然而更为重要的是，学生之所以能对规则做出正确的反应，是因为这种回应是以一定的生活形式和语言结构作为前提条件的。②

> 遵守规则时采取的步骤包含在规则之中吗？假定某人得到了一个命令“写下一个基数”，他会执行这个命令，写下 127。难道他不是被要求写下这个数以及其他的数吗？假定他学会了用给某个数加上 1、给另一个数加上 1 如此等等，写下一个算术系列。教师是按照“加 1”这个规则用例子来训练他完成命令。现在假定要求他加 10，而在这个练习中所

① Wittgenstein L. Remarks on the Foundations of Mathematics. 3rd ed. Anscombe G E M trans. Oxford: Basil Blackwell Publisher, 1978: II, §1-§4.

② 参见 Wittgenstein L. Remarks on the Foundations of Mathematics. 3rd ed. Anscombe G E M trans. Oxford: Basil Blackwell Publisher, 1978: VII, §47.

能达到的最大数是100。他就会按照这个命令写下去10、20……100、120、140、160，而教师会批评说，他并没有执行命令。……

然而，“我并不是指你在100之后要写上120”，这个陈述实际上并不是对教师先前所做事情的解释，而是对他眼下所做事情的解释。他可能会表白说，“我应该告诉过你，如果要我回答的话，100之后应当是110”。这或者是个假设陈述，或者是个规则。但这个规则并不是给予的。

……学生得到了规则和例子，而教师可能会说，他是指这样一些东西，尽管没有说出来，但却是由这些东西间接地传达的。或许是，如果所指的东西得到了传达，而且不仅仅是笨拙的规则和例子，他就会被塑造成在100之后继续写110。但教师还是只有这条规则和例子。认为你正是在用间接的方式通过规则和例子在某人心中产生意义，这是一个错觉。①

考虑学习者在习得最初的计算过程时，是无法独立且正确地来完成这些加法计算的，因为他们尚缺乏这种计算能力，他们也没有自我纠错的能力，他们的所有行为最初只是在教师的指导之下进行的。正如维特根斯坦所强调的：

学生在按照加法规则训练的过程中，老师使用了“正确的”和“错误的”这两个概念。当老师说出“正确的”这个词时学生可以继续前进，当老师说出“错误的”这个词时学生就要停止前行，直到修正错误。那么是否可以用下述办法来向学生阐明这两个词呢？老师不是说“正确的”和“错误的”这两个词，而是说“正确的这个词与规则相一致”，“错误的那个词与规则不一致”。如果学生通过老师们的训练从而掌握了这个概念的话，那么他就可以这样做。②

只要规则提供了正确和不正确的应用所需要的逻辑空间，那么学习者就可以根据规则来行动。学习对于遵守规则来说是必不可少的，学习遵守规则是一种基于文化适应的实践过程。事实上，对于维特根斯坦来说，学习的本质特征是遵守规则的社会性特征。“假如有一天教学不再追求一致性，那么没有一致性的算术还

① 维特根斯坦. 维特根斯坦全集（5）：维特根斯坦剑桥讲演集. 周晓亮，江怡译. 石家庄：河北教育出版社，2003：275-276.

② Wittgenstein L. Remarks on the Foundations of Mathematics. 3rd ed. Anscombe G E M trans. Oxford: Basil Blackwell Publisher, 1978: VII, §39.

是计算的一部分吗？可能只有一个人是在‘正确’地计算吗？只有一个人是在遵守规则吗？正如，一个人能独立从事商业活动吗？”[①]因此，规则遵循的意义还在于存在一种外在的社会性维度。

正如维特根斯坦所言，算术中的训练并没有说明学生完成事件的某种方式，而是教他在算术实践中学习我们处理事务的那种方式，如果他参与了这些活动，那么他必须经过这条路径。当学习者成功地通过学习掌握了某一种解答技术时，学习者所学到的解答程序就成为做这些事情而应该有的方式。也就是说，通过应用正确的标准，学习者得出的计算结果也不是偶然的，而是技术的一部分。如果我们获得了不同的计算结果，那么我们会说“我一定是计算错了。因为按照常理，当我们在计算相同的式子时应该总能得出相同的计算结果”。

试想一下如下情形可能吗？人类历史上从来没有规则和遵守规则之事，有一天一个人突然发明了一种规则。维特根斯坦的回答是：这样的情形是不可能的。因为人之存在就预先假定了共同体这样的事情的存在。比如，在我们的语言游戏和生活形式中，作为一条规则的运算“+1”来说，如果你在 239 后写 240，那么你便遵守了它；否则，你便没有遵守它。这一点并不是一个经验事实，而是构成了这条规则的意义，可以说，这是我们用以表现和判断的经验范例。但是，正如人们通常把规则与遵守规则的行为之间的关系当作是一种外在的对应关系一样，这种关系通常被看成是一种经验性的、具有因果的关系。

实际的遵守规则行为类似于服从一种命令，因为人们在后天受到一系列专业与非专业的训练，从而能以特定的方式对命令做出回应。那么在日常活动中，我们究竟是如何来遵守具体规则的呢？通过训练，然后在实际的行动中就能对规则做出特定的反应。只有在生活中存在着对规则的固定用法或特定习惯时，这个人才能按照这些规则来做事。因此，维特根斯坦建议，可以把路标比作一种规则，或者把数数看作是一种最简单的规则。

例如，通过路标可以指明“禁止通行”与老师发出的指令“+2”是一样的。正如我们必须按加法规则做算术一样，我们也必须按路标的指示方向来前行。在一些交通规则中，虽然公路上已经不再有明确的路标牌来指引方向，但我们仍然按照心里旧有路标指引的方向行进。那么问题是，我们是怎样与规则如路标或加法规则始终保持一致的呢？或者规则最终规定了什么内容呢？例如，路标与我的

① Wittgenstein L. Philosophical Investigations. 4th ed. Anscombe G E M, Hacker P M S, Joachim S trans. Oxford: Basil Blackwell Publisher, 2009: VI, §45.

行动有什么确定的关系？维特根斯坦得出结论：“我被训练以特定的行为对这种信号做出反应，而现在我确实这样做出反应了。”[①]

事实上，这有两种不同的对应关系，一种是规则与遵守规则之间的关系；另一种是知觉到规则内容与规则所导致的某种特定行动之间的对应关系。因此，在特定语言游戏和生活形式的相关实践中，一条规则与其遵守之间的关系本质上来说是一种内在的语法关系，规则的意义在于告诉我们应该如此行事，但人们往往把规则与其遵守规则之间的关系看成是一种外在的因果关系[②]。当然，遵守规则活动本身可能会涉及因果关系，但它本质上并非一种因果关系，而是一种风俗、习惯、制度和传统。

二、遵守规则的技术训练

我们是如何通过训练获得了逻辑和数学原则这种技术的呢？维特根斯坦认为，我们是在盲目遵守逻辑和数学规律，因为我们在接受相关的训练时，已经在应用这些规律了。对于一个真正的规则遵守者来说，至少他应该知道自己正在遵守某种规则。但是真正地在“遵守规则”并不等同于自认为在遵守规则。正如日常生活中“妻子和丈夫”“主人和奴隶”等概念成双成对出现一样，在实际的遵守规则中，人们首先应该学会一起使用“遵守规则”和“自认为在遵守规则”两个词，而不只是在口头上或逻辑上解释这两个词。这正如下象棋一样，不是说人们在棋盘上随便走一步棋就是在下象棋，象棋有象棋的规则，下象棋不是凭某人的感觉来下，而是说我们正在下一盘象棋或在思考下一步棋如何走时的实际情境。因此，回到日常生活中，当人们参与各种实践活动时，我们说张三正在遵守规则，如遵守一种象棋规则，这样一种说法的前提条件是：①他必须在相关领域如在象棋领域受过了必要的训练或培训；②张三必须与其他参与者或下棋者有必要的互动过程；③张三与其他参与者或下棋者要有共同的话语权，并且他们也拥有共同的参照系。因此，规则或制度是通过张三与其他参与者的互动来显现的，自认为在遵守规则，并不是真正地在遵守规则，“要被社会化就是要被社会化到一个现有的习俗或制度”[③]。

① Wittgenstein L. Philosophical Investigations. 4th ed. Anscombe G E M, Hacker P M S, Joachim S trans. Oxford: Basil Blackwell Publisher, 2009: §198.

② 参见韩林合. 维特根斯坦《哲学研究》解读（下册）. 北京：商务印书馆，2010：1183.

③ 樊岳红. 维特根斯坦与语境论. 北京：科学出版社，2016：130.

当然，正如维特根斯坦认为私人语言没有意义一样，他同样认为私自的遵守规则并不就是在遵守规则。如果规则没有被不同的人在生活中去遵守的话，那么这种规则在生活中就没有实际意义。维特根斯坦认为，人们是在日常生活的实践过程中进行学习的，所谓的学习就是要在环境刺激和主体内在反应之间建立起某种因果关联，而不是建立关于对象的某种信念，学习者通过调节任务所获得的是一组自动反应。学习归纳模型的选择是行为主义作为调节作用和习惯形成的学习观。这种学习观强调了在技术形成过程中训练的盲目性，而这一点与维特根斯坦所强调的内容不谋而合。

因此，这种学习观是要在刺激和反应之间建立一种因果关系，学习者通过调节任务来获得一组自动反应，维特根斯坦也强调在技术形成过程中训练的盲目性。但刺激-反应学习及其行为倾向不是盲目选择的产物，它更类似于反射或因果机制的盲目性，这并不是维特根斯坦所强调的学习目的。维特根斯坦认为，我们的行为在因果上是不确定的，但通过培训过程获得了规范性的结构，即我们获得了调节自我行为的能力。[①]

我们在熟悉规则和生活形式之后确实能盲目而自发地遵守规则，但问题是在什么情况下我们的行为才成为一个遵守规则的案例呢？如何才能使人们在培训时产生一致的数学信念呢？我们把数学解题的程序强加给他们，而且该解题程序可以使计算结果重复出现时，人们才“正确”地认识到一致的数学信念吗？为什么那些盲目地遵守并且不需要理由去做的事情可以被看作是关于一个规则的正确或不正确的运用，而不是纯粹的本能反应呢？人们可以顺其自然地去做某些事物，但是它们并不能被评定为人们是否在正确地或不正确地遵守规则。

因此，维特根斯坦认为，我们通过培训而获得的技术不仅仅是一种感性过程或调节过程，而且是要使这一技术成为一种内在的自主行为过程。这种学习方式超越了行为倾向或经验过程，通过训练获得了新的概念或标准。维特根斯坦强调，一方面，遵守规则的前提是人们必须根据规则来理解事物，同时人们通过彼此做相同的事情才能进一步理解规则，并因此形成一致性的认识；但另一方面，人们也强调一致性的认识需要有能力参与到一致性的活动之中，只有通过技术才能掌握规律性。[②]那么我们是通过对技术的训练从而产生了行为的规律性吗？维特根斯坦认为，

---

① 参见 Pears D. The False Prison. vol. 2. Oxford: Clarendon, 1988: 371.

② 参见 Wittgenstein L. Remarks on the Foundations of Mathematics. 3rd ed. Anscombe G E M trans. Oxford: Basil Blackwell Publisher, 1978: VI, §2.

学习者行为的规律性只是形成概念的先决条件，而人们规范性的形成则需要经过长期的学习和训练。学习者认为“事情必须如此”是由于技术训练所产生的强制性要求：学习者被训练成盲目地遵守同一标准。学习过程的结束也是行为过程的开始，“所学到的方法变成了一种标准，然后标准又成为所遵守的程序。对规则的实际应用确定了相似的规范性标准，并且蕴含了怎样才算是在遵守规则”[①]。

通过把相似性标准和规则固化到命题之中，对技术的培训过程使得学习者重新按既定标准了解和掌握遵守规则的实践。这个最初的学习过程是如何启发并转化为受规则支配的行为的呢？根据维特根斯坦的想法，只有通过高度结构化和有约束性的培训过程，对学习者施以不同的要求和责任，才能转化为遵守规则的过程。所教的技术需要使学习者的生理和心理条件得到满足，因为只有学习者的生理和心理的事实得到了满足才使得遵守规则的技术成为可能。一方面，学习者最初的学习过程需要一个适宜的物理环境。例如，我们不能在不同的物理环境中用同一把尺子来测量事物，因为被测量的对象可能会随着环境的变化而随意地扩张和收缩。另一方面，一旦有适当的物理环境，学习者必须获得某种生理和心理事实，即学习者必须表现出一定的自然反应。这些自然反应包括基本分辨能力，如分辨基本的颜色、形状等，以及对某些刺激的自动反应，如尖叫、微笑等。

> 如果我掉到河里呼喊“救命”，我如何知道“救命”这个词意味着什么？因而在这种环境中我才做出了如此的反应。因此我也知道“绿色”意味着什么，正如我在这个特殊场合下遵守规则那样。[②]

学习者的自然反应构成了训练的必要出发点，这一过程的目标是拓宽学习者的“自然”反应，使新的、后天习得的反应成为第二天性。如果完成学习，即在学习结束后，学习者将与他人共享这一新的反应模式，共同拥有后天习得的第二天性。所以，对于维特根斯坦来说，遵守规则的成员在实践中共享了一种共同的生活形式，包括共享某些天然的反应和学习的程序，这些反应和程序可以在适当的环境中被反复练习。

① Goodman N. Papers and Projects. New York: Bobbs-Merrill, 1972: 441.

② Wittgenstein L. Remarks on the Foundations of Mathematics. 3rd ed. Anscombe G E M trans. Oxford: Basil Blackwell Publisher, 1978: VI, §35.

与学习者的自然反应密切相关的是他在训练过程中的态度。最初学习必不可少的一个条件是学习者有一种初始的接受态度，也就是说，他在开始学习时便盲目地接受了老师的权威性。如果没有这种被动接受过程，学习过程就不可能发生。因此，学习过程的关键不仅取决于一个适当的物理环境和学习者接受的态度及其自然反应，更为重要的是，还需要教师有能力对培训过程进行指导，老师的能力在实践中发挥了脚手架的作用。

维特根斯坦强调，最初语言游戏的学习需要“背景设置”，即正确使用规范性语词结构的语境。这种规范的语境不是由物理环境所独立提供的，也不是由学习者心灵所独立提供的，而是由一个有经验的成年人士来设计、选择的，并能反馈学习者所使用的字词。在解释语言学习的过程中，教师的关键作用往往被忽视，而把学习者看成是拥有一种自发的学习能力。相反，维特根斯坦认为，学习者之所以最初就获得了概念的意义，是由于老师提供了学习的必要背景。

维特根斯坦让我们考虑，老师是如何教授学生写下自然数系列的。在最开始写自然数系列时，学生只是需要按顺序或规则写下一些数字，结果的正确与否则需要教师来确定，即学习者是否以正确或不正确的顺序或根本没有按顺序在写序列。如果学生只是随机地写下某些数字，这些数字排列连他自已也不理解的话，那么学习者还需要进一步的训练。学习者最初学习的过程要依赖于遵守规则的规律性，这种遵守规则的规律性来自共享实践及其技术应用。在跟随老师的学习过程中，作为一个有能力的规则遵守者并且作为实践的代表者，学习者必须有能力来区分正常与不正常的学习过程。

> 现在，我们来考察这种语言游戏：B 应当遵从 A 的命令按照一条特定的构造规律写出符号序列。……我们可以设想比如如下情况：他现在虽然独立地复写出了数字，但是并不是按照顺序写出它们，而是无规则地一会儿复写出这个，一会复写出那个。于是，交流便就此终止了。——或者另一方面，他在顺序上犯了“错误”。……
>
> 但是，请注意：在一种无规则的错误和一种系统性的错误之间根本不存在任何清楚的界线。这也就是说，在你倾向于称为一种“无规则的错误”的东西和你倾向于称为一种“系统性的错误”的东西之间。[①]

① 维特根斯坦. 哲学研究. 韩林合译. 北京：商务印书馆，2015：104（§143）.

按照维特根斯坦的话，学生应当有能力来学习。如果学生在训练中没有表现出适当的反应，那么这个学生可能是没有能力来学习的。因此，学习者对理解的归因是必要的，当学习者如我们平常所做的那样，他已经习惯性地且正确地延续并写下该序列时，则表明他是有学习能力的，同时他也必然习得了延续该序列的方法。掌握和理解规则所需要的不是任何一种行为的规律性，而这类规律性是通过训练过程来建立的。要了解一个规则就要成为一个实践共同体的成员，参与到他们的一致性行动中，并维持共同体对规则的使用。只有有了共享实践的一致性，学习者的行为规律性才获得了规范性的意义，才可以被视为理解或没理解规则。

因此，我们在使用这条规则的实践中所受到的训练使得我们能毫不犹豫地在每一个新的起点上做出行动。因为规则的用法已经嵌入我们的语言实践之中。我对我所受训练的反应是这样的，在实践中我只是根据这条规则毫不迟疑地做出反应。

> 让我们想象这样一种规则，它提示我应如何遵循它，也就是说，当我的目光沿着那条线移动时，我的内心有一个声音说："往这边！"——这个遵循一种灵感的过程和那个遵循一条规则的过程之间的区别是什么？因为，它们确实是不同的。在灵感的情况下我等待指引。我将不可能将我追随这条线的"技能"教给其他任何人。的确，我可以教给他某种倾听法，某种接受性。但当然，那样的话我就不能要求他同我一样地追随这条线。
>
> ……
>
> 想象对某种算术进行这样的训练也是可能的。儿童会进行计算，每个儿童都有他自己的方式——只要他们只倾听内在的声音并追随它。这种方式的计算与作曲有些相似。[①]

在维特根斯坦看来，实践的规范性标准只适用于那些受过训练的人。这是规范性的内在主义观点，即实践者知道怎样或在什么情况下才算是在遵守规则。从实践者的角度来看，他们通过培训来学习怎样遵守规则，也被训练成自发地遵守规则。

因此，如果我们打破了学习和遵守规则之间的联结的话，就将会出现不确定性。学习提供了遵守规则的实践和行动之间的联系，个人的言论是在这些实践中

① 维特根斯坦. 哲学研究. 李步楼译. 北京：商务印书馆，2009：130（§376，§377）.

被训练出来的。当遵守规则的实践和行动之间的联系被切断时，实践的规范性背景将不再可用。因此，对于一个人是否在正确地遵守规则，甚或是否在遵守规则，都没有确切的标准。

维特根斯坦对学生和教师学习的讨论表明，在实践中支配我们行动的规则必须是明显的，支配我们实践的规则必须是可用的，并且更重要的是规则正在被人们所使用着。规则可以提供给我们实践的正确性标准。脱离实际的做法后，一种规则不可能有规定行事方式的权力，因为规则将没有可以支配的事实，否则任何事物都可以算作是在遵守规则，正如没有在遵守规则一样。因此，维特根斯坦认为，使用规则的标准表现是我们是以这种方式一直使用它，我们被教导一直这样使用它。我们当然可以将游戏的规范性蕴含在游戏规则的列表中，但是游戏规则必须适用于日常的教授过程和日常的实践过程之中。那么是什么在强迫人们遵守游戏规则呢？

是的，我曾经以这样的方式接受过教育。因此，我们可以理解并遵循预先存在、先前建立的游戏规则或实践规则。我们确实可以引入从来没有被应用过的新规则，但是只有在实际的实践中，规则被同化到应用技术之中时，它才是可以被理解和遵循的。从来没有被使用过的规则，现在却在使用和遵守，那么该规则只能是一种例外，事实上，在实践中还需要这一规则的可理解性嵌入人们实际的做法之中。维特根斯坦在其前后期著作《哲学语法》和《哲学研究》中都强调了这一观点。

在《哲学语法》中，维特根斯坦明确地拒绝在我们的实际实践中要依赖规则的规范性。他认为这样做将会使人们无法接受规则性（regularism），最终的结果是解除规范性。事实上，对规则的规定与实际的规律性或使用的模式将使得遵守规则成为完全不确定的，对于任何给定的规则集可以看作表现了无限多的规律性。这种不确定性强调单纯的规律不能提供正确性的标准，而所采取的任何行动都可能具有一些规律性或符合某些规律性。对于维特根斯坦来说，比起单纯的行为规律，遵守规则的规律性更多地是在实践中来体现的。

三、遵守规则的行为和态度

遵守规则的表现形式包括两个相互交织的元素：行为和态度。实践中体现的规则需要实践者的规律性行动，以及他们期望对方的行动和反应有一致性。在实践中，规律性体现在共同体的一致行为中，并且实践者知道如何来评估自己行为的正确性。因此，遵守规则涉及两方面的共识，即规则遵守者不仅共享一种特别的做事方式，而且也要共享做事的规范性态度。行为中的单纯规律性不足以体现一种规则，行为的规律必须伴随着批准和不批准的表达、接受和拒绝的表述。

在学习的过程中，学习者身上的规范性态度表现得越明显，学生的行为就越会不断地得到老师的反馈。因此，维特根斯坦式遵守规则的实践模式还要诉求于师生互动模式。我们是通过“规则”、“规律”和“相同性”来定义“秩序”和“规则”的。在遵守规则的特定实践中，我们通过文化适应来理解字词的意义。对这些文化的认同过程不仅体现了一种特别的方式，而且也体现了一种特别的态度。

> 因此，我经由“规则性”来解释“命令”意味着什么和“规则”意味着什么吗？——我如何向某个人解释“规则的”、“齐一的”、“相同的”的意义？——针对一个比如说只说法语的人，我将通过相应的法语词来解释这些语词。但是，对于还不拥有这些概念的人来说，我将通过例子和练习来教他使用这些语词。……
>
> 因此，在这个课程中，我将给他看相同的颜色，相同的长度，相同的图形，让他发现并制作出它们，等等。我将比如引导他按照一个命令“有规律地”将装饰图案的序列继续下去。——而且此外还将级数继续下去。因此，比如按照……这样继续下去：……。①

在维特根斯坦看来，遵守规则实践的活动者、实践者的行为规律和规范性态度是相互的支撑要素。正如上面所讨论的，只有当学习者掌握了如何使用规则时，他才能表现出一种规范的态度。另外，学习者经常使用的规则，最初是通过教师所提供的规范性指导而建立起来的，当学习者成为一个有能力的实践者时，则由学习者自己的态度来维持规范性的延续。因此，维特根斯坦对遵守规则的解释并不涉及对标准性的自然主义还原。因为在这种解释中，规范性无法还原为其他更原始的非标准性元素（如因果关系或单纯的行为规律）。相反，对于维特根斯坦来说，实践者的规范态度表明遵守规则是实践的基石，是行动的重要组成部分。遵守规则的实践要求来自共同体成员，他们的行为被当成是理所当然的，并拒绝任何其他路径，即它需要人们“盲目遵守”的态度。

人们对某条规则自发做出的回应，应当被视为是遵守规则的一部分，或被视

① 维特根斯坦. 哲学研究. 韩林合译. 北京：商务印书馆，2015：146（§208）.

为某个特定语言游戏的一部分。让遵守规则成为我们现实中某种特定的生活形式，我们要做的是去查明这一共同体的某种形式或模式，据此可以将他们的所作所为判定为发出命令、服从命令、违抗命令等。日常实践并不依赖于关于规则及其用法的神秘关联的错误观念，而只需注意到如下事实：我们日常关于语言规则的经验包含着关于规则必须如何被应用的感觉，这种感觉完全独立于上述观念。

我们发现，在对规则及其概念进行哲学反思时，如何来理解规则所构造出来的逻辑强制性呢？事实上，规则的逻辑强制性对我们遵守规则的实际实践基础并未造成任何松动。人们可能会认为规则的逻辑强制性是指，当人们去遵守一种规则时，就是服从该条规则的指示或服从这样的指示在人们心中所引发的关于如何遵守规则的直觉过程。但维特根斯坦恰恰反对的就是这种解释。因为规则总是一种可重复的事物，并且在遵守规则和我们的行动之间也不存在规律性的联系，应该说遵守规则是以人们之间的一致性为基础的，而不是去听从或服从人们内在的直觉。此外，遵守规则的活动是一种可以学会的实践活动，但直觉并非如此。[①]

人们对自己已经受到的训练或培训的反应是这样的，即人们能根据当前实践中使用的规则毫不迟疑地做出适当的回应。人们必须以这种方式对这种规则做出回应，而且绝不可能以其他可能的方式来回应。为什么会这样呢？因为这正是遵守规则的特定要求，或者说所具有的独特经验使人们必然以某种方式而不会以其他方式来回应，这也正是所谓的规则的强制性。因此，维特根斯坦在《哲学研究》中主张：

> “但是，一条规则如何能够教导我在这个位置我必须做什么？无论我做了什么，经由某一种释义，它可是都可以与这条规则一致起来。”……
>
> 但是，借此你仅仅是给出了一种因果的关联，仅仅解释了，事情如何到达了这样的地步：我们现在按照这个路标行走；而并没有解释这种遵从——这个——符号的活动真正说来在于什么。不是；我也还暗示了：一个人只有在这样的范围内才按照一个路标行走，即存在着一种惯常的用法，一种习惯。[②]

大家的这种约定俗成的遵守规则方式久而久之最终成为我们现实生活中共同

① 参见韩林合．维特根斯坦《哲学研究》解读(下册)．北京：商务印书馆，2010：1194.

② 维特根斯坦．哲学研究．韩林合译．北京：商务印书馆，2015：142（§198）.

体所拥有的具体生活形式。如果个体要遵守规则，所要求他们做的事情就是去弄清楚该共同体中的成员所拥有的具体生活形式、进行语言游戏的模式以及遵守规则的方式，据此该个体才可以判定其行为是在遵守规则还是在违反规则。所以，维特根斯坦在《哲学研究》中写道：我们据以解释一种未知语言的参照系乃是人类的共同行为。[①]麦金认为，维特根斯坦的这种解释是要求我们关注这一事实，即我们解释一种完全陌生的语言时所使用的语法规则和语用规则必须是其共同体成员所共有的，这种语法及语用规则嵌入在共同体成员的生活形式或使用符号的模式之中，而不是寻求言说者自己内心的意向或意图来解释完全陌生的语言。[②]

当我们对某条使用规则做出适当的回应时，这种方式正是在进行某个特定语言游戏或是在进行遵守规则的实践。在学习中，教师所使用的规范性背景承载了学习者的行为，学习者通过培训可以掌握这种规范性背景，直到学习者在没有老师的帮助下，其行为也不自觉地受到规范性的支配，从而成为一个自觉的实践者。因此，最初的学习过程是在实践中获得自主性和规范性的。这个过程的特点是责任和权威的逐渐转变，从他人监管发展为自我调节。最初的学习过程是一种文化适应或学徒的过程，我们通过学习规范掌握其技术，然后被同化成遵守规则的实践者。

正确应用规则的标准是通过培训来建立的。因此人们可能会认为，学习的规范意义在于确定对规则的理解，但这是一个错误的想法。正如维特根斯坦所说的那样，人们可能会问："那么，老师怎么来向学生解释这个规则呢？除了语词和训练之外，还有其他方式吗？"[③]维特根斯坦认为，老师并没有以任何方式向学生解释规则。老师所提供的不是解释，而是示范，他用事例向学生展示了如何遵守规则。培训过程不是特权解释，而是自始至终的示范和规训。所以维特根斯坦不是把培训过程当作救星来解决规则和解释的无限后退问题，而是表明遵守规则不包括自上而下的解释。当学习者自发地以某种特定方式来行动时，学习的过程就已经完成了。

四、遵守规则如同按路标行走

维特根斯坦询问，规则与我们的具体行为之间具有一种什么关系？这如同一

① 参见维特根斯坦. 维特根斯坦全集（8）：哲学研究. 涂纪亮译. 石家庄：河北教育出版社，2003：144（§206）.

② 参见 M. 麦金. 维特根斯坦与《哲学研究》. 李国山译. 桂林：广西师范大学出版社，2007：129.

③ Wittgenstein L. Remarks on the Foundations of Mathematics. 3rd ed. Anscombe G E M trans. Oxford: Basil Blackwell Publisher, 1978: VII, §47.

个人按路标行走。一个人沿着路标走路的实践活动将会涉及如下特征：人们将路标看作是以特定的方式走路的一个理由，他们会指着那块路标来解释他们为什么会走那条路，他们会指着那块路标纠正自己和其他人的路径选择，诸如此类。在遵守规则或按路标行走等情况中，这样的行为要成为一种实践或惯例。在《哲学研究》§198 中，维特根斯坦写道：

我要问：一条规则的表达方式——比如一块路标——同我的行动有何关系？这中间有什么样的关联？——哦，或许是这样的，我被训练以特定的行为对这种信号做出反应，而现在我确实这样做出反应了。但这只是给出了一种因果联系，说出我们此时按路标行进是如何发生的，而不是这样按一块路标行进实际上在于什么。完全相反，我已进一步指明了仅当存在着路标的某种经常性用法、某种习惯，一个人才会按一块路标行进。[①]

在维特根斯坦看来，实践的观点至少包含两方面的因素：“第一个方面的因素是，一个实践涉及规则性和重复性：行动的规则性的或者重复性的模式。第二个方面的因素是，一个实践涉及我们以特定的方式对规则、路标或其他任何东西的使用。”[②]从第一方面的因素来看，遵守规则必须要有规则性和可重复性，因此不可能存在一生之中只此一次的遵守规则的行为，或者说私自遵守规则是不可能的。从第二方面的因素来看，遵守规则的行为要与规则本身联系起来理解。维特根斯坦认为，一个人根据路标的指示走就是遵守规则的实践活动，因为我们已经在日常生活中把路标当成是一种规则和惯例来遵守了。对于维特根斯坦来说，我们是通过日常的训练被规训成规则的遵守者的。因为如果没有规则的强制性的话，那么人们便不会在行动中去遵守某种规则。

人们可以这么说：“规则迫使我们这么做”，因为，在我看来，那种与规则相一致的东西的确不以我们的随意专断为转移……“乘法规则一旦被接受下来，它将迫使我承认……×……等于……”。……

“但是，难道我不是被强制地在步步推理中行进吗？”——被强制？我大概还是可以如我所选择的那样进行！——“但是，如果你还

---

① Wittgenstein L. Philosophical Investigations. 4th ed. Anscombe G E M, Hacker P M S, Joachim S trans. Oxford: Basil Blackwell Publisher, 2009: §198.

② 恰尔德. 维特根斯坦. 陈常燊译. 北京：华夏出版社，2012：167，169.

想符合规则，你就必须这么做。”——根本不是，我把这叫做“符合”。[①]

如上所述，规则的强制性是如何体现的呢？我们应当如何来遵守一种规则呢？我们可以把自己的一切活动都解释为是在遵守一种规则，但那并不意味着真正地在遵守规则。正如上述老师是如何向学生解释规则的呢？除了进行遵守规则的训练之外，我们是否还有其他方式来学会遵守规则呢？

事实上，这种日常训练为我们遵守规则提供了一种行为方式的公认程序，这种公认程序的作用是用来作为判定一个人行为正确与否的标准。在日常的训练或学习过程中并没有某种逻辑的强制性把这种规范性强加于我们，我们通常都是以共同的生活形式为基础的，通过特定的生活形式形成规则的规范性，从而能在实践过程中做出正确和合理的回应。存在这样一种使用规则的经常性实践，其中每个人在同样的点上都会采取同样的步骤；或者存在着这样一些规则，它们为每一自变量确定下一个独一无二的值。[②]

规则就如同路标一样，路标已经事先竖立在了那里，我们能够做的事情就是按路标行进。但是难道我们对路标就没有任何怀疑吗？路标表明了我们行进的方向，即已经规定了我们是走大路还是走田间小道，或者横穿田野，我们必须跟随它指示的方向来行进。那么我们能不能按照相反的方向前进呢？我们是否可以说，路标已经为我们留下了一种怀疑的空间了呢？或者换种方式来说，它有时为一种怀疑留下了余地，有时却没有[③]。“我当时已经知道……”并不意味着我的所有反应都必定以某种神秘的方式已经呈现或被预示了。这些词并未同神秘预示未来的行动联系在一起，而是同我们使用一条规则的实践以及我们被训练出来对它做出的反应联系在一起。

我们关于“+2”规则的日常经验是我们必须说出1000、1002、1004、1006……可是，到底是什么使得“1000、1002、1004、1006……”成为正确的反应，这一点仍然还不是很清楚。我们难道不是已经同意那名反常学童的反应，在某种解释之下可以算作对“+2”这条规则的一种反应吗？要是这样的话，我们不是也得同意一名说话者所做的任何反应，在某种解释之下都是符合这条规则的吗？我的反应可能同那名反常学童的反应相冲突，可它怎么就成为正确的反应了呢？我们会

---

① 维特根斯坦. 维特根斯坦全集（7）：论数学的基础. 徐友渔，涂纪亮译. 石家庄：河北教育出版社，2003：42（§113），305-306（§27）.

② 参见M. 麦金. 维特根斯坦与《哲学研究》. 李国山译. 桂林：广西师范大学出版社，2007：119.

③ 参见维特根斯坦. 哲学研究. 韩林合译. 北京：商务印书馆，2015：72（§85）.

再次感到，要使正确反应与不正确反应之间的对比有什么意义，就得诉求于这种观念：用法已预先以某种特别的方式确定下来了。

维特根斯坦以下述方式来回应这种将意义概念当成神话的诱惑，他指出，正确与不正确的区分如何奠基于正常反应与不正常反应，基于联系周围实践的不同方式。我们并不是在我们倾向于去找寻它的地方——在规则本身中，或者在某种伴随着规则的说出而出现的东西中——找到这种区分的基础的，而是在环绕着这一指令被给出、对它的反应被做出的场景中找到它的。说规则本身存在着的某种强制性的东西，然后把这种强制性强加于所应用的观念，这是毫无意义的，而这只能表明我们遵守规则的实践并不依赖于这种全然神秘的强制性观念。我们学习和遵守规则的实践所揭示出来的东西存在着一种并非某种解释的、把握某条规则的方式，这种把握方式并不依赖于如何表述和选择关于这条规则之应用的假说，也不依赖于如何表述和选择关于这条规则的实践，只以我们受训练的方式对它做出反应。这种对规则非反思的把握，展现在我们称为实际的遵守规则和违背规则的情形之中，亦即展现在我们实践范围内对规则所做出的那些方式中。实践上的协调支持着一种规则的可理解性，当人们形成一条规则，或明显违反、忽视或遵从规则时，这种协调在这一过程中产生，行动的秩序也同时在这一过程中到位。一条规则或命令的陈述是这类行动的一个组成部分，而不是强加在行动之外的外部因果力量。当我们遵守一个熟悉的规则时，我们常常不会“解释”它，而是盲目地行动，并不需要冗余的理由。维特根斯坦认为在日常生活中人们遵守一条规则就是一种实践活动，这种实践活动所涉及的规则具有规律性和可重复性，从而人们才能去遵守规则。尽管我们是在“盲目地”遵守规则，但是我们是通过行动而不是通过我们的“解释”来表明我们在正确地遵守规则的。

构成一个人遵守或违背一条规则的行动基础并不是遵守它时的心理伴随物，而是环绕着这种行动的东西。缺了这些周遭背景，那么遵守或违背一条规则的概念就完全成为空洞的了。如果我们要正确地理解规则或要正确地遵守规则的话，那么不是通过诉求于遵守规则时的心理想法，而是要诉求于日常生活中的行为与实践，我们才能真正地区分自认为在遵守规则和实际在遵守规则，当然这一区分还基于人们的日常实践活动。一条处在纯私人领域、完全同实践领域隔离开的纯粹的规则概念是没有意义的，因为规则概念总归是关于某个特定实践形式的概念。[①]

① 参见 M. 麦金. 维特根斯坦与《哲学研究》. 李国山译. 桂林：广西师范大学出版社，2007：125-126.

> 人们一直在说，2+2=4 是个掌握记号的规则。但说某个东西是个语法规则，并不是说它总是被这样使用的。这个等式代表的是个命题，用于规则与其应用之间的关系。如果你观察到看上去是个陈述的用法，你可能会发现它并不是个陈述。一个看上去是关于心理状态的陈述，另一个是关于物理对象的陈述，这两个陈述从用法上看，完全相同，例如，心理学陈述“我相信地球在移动”和天文学陈述“地球在移动”。我们可以想象一种语言，在每个陈述之前都有“我相信”……要发现一个陈述究竟属于哪一种，我们就必须考察是怎样教它，怎样学它的，在日常生活中又是怎样使用它的。
>
> 假定我们把“2+2=4”叫做一种约定的表达式。虽然这个等式最初就是这种约定的结果，但这仍然是错误的。……2+2=4 就像桌子一样，只是个工具。我们学习它的方式，使它去掉了作为话语的一切特征：它变成了非个人的。[①]

维特根斯坦把规则比喻成我们在生活实践中要依赖它爬到高处的梯子。对于实践而言，规则就好比梯子。一方面，不能没有规则这架梯子，否则就无法依规则而行动，无法依规则而实践；另一方面，不能拘泥于规则这架梯子，否则就无法最终超越它而进入真正的实践领域——这种实践基于规则但最终又超越于规则。在日常生活中，维特根斯坦把规则、一致性以及正确性看成是实践的基本要素，在阐明遵守规则的行为时，他并不是想把内在规范性还原为外在的非规范性事实。

在维特根斯坦的《哲学研究》中，至少可以从两方面来解读其“遵守规则”理论。首先，人们必须在实践中一再地重复规则或重复地遵守一种规则，即规则的可重复性。其次，在遵守规则的实践中，人们能够以特定的方式对所遵守的规则或路标做出适当的回应或反应，即正确地遵守规则。[②]那么，有没有这种可能性，即张三或李四在其一生中只是偶然地遵守了一条规则呢？维特根斯坦的回答是，张三或李四只是那么一次偶然地去遵守一条使用规则这是绝对不可能的。因为在实践中人们所掌握的任何技术、方法、制度、手段、习俗等都必须具有上述特征，即规则的可重复性和遵守规则的正确性。也就是说，人们的行动或遵守规则的行为要以共同体的齐一性或人们的一致性为基础。韩林合教授也赞同后期

---

① 维特根斯坦. 维特根斯坦全集（5）：维特根斯坦剑桥讲演集. 周晓亮，江怡译. 石家庄：河北教育出版社，2003：307-308.

② 参见恰尔德. 维特根斯坦. 陈常燊译. 北京：华夏出版社，2012：167.

维特根斯坦的观点，认为历史上仅仅一个人仅仅一次性地给出了一条规则并仅仅遵守它一次，这样的说法是没有任何意义的，因为这时既不存在规则性，又不存在一致性[①]。

在谈到我们具体或日常的实践活动，如下象棋时，遵守象棋规则的可能性最终要取决于共同体的一致性，这与人们的周边环境、所建立的生活形式或人类的习俗惯例是密不可分的。“‘让我们下盘棋’这个表达的意思和棋类游戏的所有规则之间的联系是在哪里实现的？——在游戏的规则表中，在教人下棋的活动中，在日复一日的下棋的实践中。”[②]如果没有依照习俗或惯例建立起来的象棋技术或规则，那么就不可能谈及遵守象棋规则的意图，我们也就不可能拥有下象棋的想法。

因此，遵守规则必须基于人们的日常实践，遵守规则本身是离不开人们特定的生活形式的。只有在特定的语言游戏和生活形式之中，我们才可以说张三或李四是在遵守或违反象棋规则，或者在遵守或违反其他规则。例如，在我们上述的加法计算中，以“+2”为例，如果我们在 100 之后写下 102，那么便是正确地遵守了加法规则，否则便没有在遵守加法规则。因此遵守规则的实践活动不仅涉及人们遵守规则的内在意图，而且还与人们的技术、方法、制度、手段、习俗息息相关。规则与其遵守者之间既有一种内在关系，又有一种外在的因果关系，也就是说，规则与其遵守者之间是一种内、外关系的辩证统一。虽然遵守规则的活动必然会涉及内在意图与外在的因果关系，但它本质上还是一种社会实践活动，也是一种与技术、方法、制度、手段、习俗相结合的产物。

第三节 规则是一种规范性

维特根斯坦在遵守规则的讨论中明确强调了实践规范性的重要作用，也明确强调了规范和经验之间的鲜明区分，经验是基于语言实践形成的，并通过学习来进行传播。维特根斯坦主张，如果张三想知道怎样去遵守规则，那么他就必须参与到人们的生活形式之中去，先去学习其他人是怎样遵守规则的。此外，遵守规则的行为也取决于实践中的语境性，因为语境不同，规则也不同，遵守规则的行为也势必不同。

---

① 参见韩林合. 维特根斯坦《哲学研究》解读（下册）. 北京：商务印书馆，2010：1176.

② 维特根斯坦. 哲学研究. 李步楼译. 北京：商务印书馆，2009：119（§197）.

一、规则的语境依赖性

在后期，维特根斯坦认为在不同的语言环境或语境中，规则与遵守规则的行为大不相同。那么我们如何来确定人们是否在正确地遵守规则呢？维特根斯坦认为，规则的规范性来自实践中的一致性，或来自生活形式中的一致性，即在规则与规则遵守者之间要有一致性，这种一致性使得规则的规范性得以形式化和客观化，并且在实践中可以重复操作。用维特根斯坦的话来说，正是集体对规则的使用或共同体的一致性决定了哪些遵守规则的行为符合标准。

> “一致认识”这个词与“规则”这个词是相互紧密联系在一起的，它们是堂兄弟。一致认识和按照规则行动这些现象是连在一起的。
>
> ……
>
> 一个词只有在语言实践中才有意义。
>
> 可以肯定，我可以给与我自己一条规则，然后遵守这条规则。不过，是否它之所以是一条规则，并非仅仅因为它相似于人们在交往中称之为“规则”的那种东西？
>
> 如果一只画眉在它的歌唱中有几次总是重复一些相同的词组，是否我们说它也许每次给与它自己一条它当时遵守的规则？[①]

因此，我们必须把“用法”一词当成一个多样性的概念。只有在使用规则的具体实践行为中，我们才可以进一步说怎样遵守规则、我们为了什么目的来使用该规则，或在什么情况下使用这种规则，而不是哪种规则会更适合。甚至我们还可以说，要把规则用在什么具体事情上。[②]因此，在一些语言实践中，行为表现与一些断言或推理之间的主张是相一致的。掌握了这种语言的实践就学会了如何评价各种推理和计算过程。正确地理解一种言语的表现是能够用行为来进行正确的回应。在断言所言说内容的权威性时要充分允许其他人也采用相应的方式。

因此，这种实践做法的基础是人际交流的合理性。人们在理解知道如何（know-how）这样一种能力知识时就是一种实践过程，人们在这种实践过程中掌握游戏、进行推理、区分好坏等。人们所言说的命题内容必须与主体的信念及主

---

① 维特根斯坦. 维特根斯坦全集（7）：论数学的基础. 徐友渔，涂纪亮译. 石家庄：河北教育出版社，2003：262（VI，§41）.

② 参见樊岳红. 维特根斯坦与语境论. 北京：科学出版社，2016：197.

体的行为具有一致性，因为话语的意义会随着不同的行为语境而发生变化。人们的所言和所思是由社会实践来表征的，当我们从小通过训练或培训学会接受某些事物时，这种训练或培训模式更多地依靠的是老师与学生、家长与孩子等之间的一种信任。在长期的积累和发展过程中，我们通过训练逐渐掌握并继承了一套生活形式与信念系统，在这一过程中人们的认知水平同时要受到一定的外在环境的制约，例如，维特根斯坦就认为语词“用法”与“遵守规则”的实践会根据使用语境的不同而有很大变化。

当然，只有字词的具体用法才可以确定其最终意义，同时许多词，如人名、介词、连词可以用在具体的事例中，但它们未必会有意义，因为意义的凸显依靠的是规则、习俗、惯例、信任及训练等与实践相关的因素。我们经常会遇到的情况是，当我们在某个具体语境中来表达或表述某个词或句子时，可能这种表达方式被大家认为是理所当然的，但当我们把这个词或句子孤立地说出来时，可能在场的其他人就无法正常地来理解它的意义了。①

对我们来说，实践是可理解或不可理解的并不能一劳永逸地由逻辑状态来确定，我们只是在实践中对我们的关系进行评论，然后我们有能力在语境中去理解它。事实上，话语或行为的集合本身就是难以理解的，但同一个语言共同体在具体认知情境中的理解范围可以扩大或缩小，因为话语或行为可以随着认知情况而发生改变，正如在实践中语言共同体的可用技术范围会扩大或缩小一样。

因此，在维特根斯坦看来，我们对可理解性的评估不是绝对的和最终的，但可理解性要依赖于语境，并且行为或语言的可理解性在语境中是开放的。人们遵守规则的行为及语言游戏必须在特定的实践中才有意义，才是可理解的，因为对遵守规则的行为和语言游戏的解释必须取决于情境或语境。行为和语言的固定用法是虚幻的，我们不能对实践强加任何固定的限制。如果对实践进行人为的限制，那么我们必须能够审视整个实践的过去、现在和可能的未来。根据维特根斯坦的实践论观点，规范性原则与实践之间的关系是不断地动态变化的，因而不可能存在一种不可违背的原则来预先确定所思、所说或者计算的内容。因此，在语言游戏中，一个词只有在具体的语境之中才能被理解其意义。一个人是否在遵守规则，或者他遵守的是什么样的规则，这并不能在孤立的环境中来看哪些事物为真。因

① 参见 Wittgenstein L. Philosophical Investigations. 4th ed. Anscombe G E M, Hacker P M S, Joachim S trans. Oxford: Basil Blackwell Publisher, 2009: §595.

为在本质上，遵守规则的行为要依赖于环境或语境。[①]

额尔金指出，后期维特根斯坦的观点是不相信能够找到保证的基础或者“宇宙的架构”。因为维特根斯坦相信的是实践，实践的正误取决于它们与我们的标准是否符合。而我们的标准正确与否又取决于标准与实践是否匹配。这似乎存在着一种循环论证，但却是一种有利的循环。[②]因此，规则最终都可以还原为实践中可重复执行的心理强制性。在讨论具体观点之前，首先来看一下维特根斯坦讨论遵守规则的一个思想实验。

维特根斯坦讨论遵守规则的第一个也是最著名的思想实验是关于“木材销售商”的实验。他让我们想象某些木材销售商张三等，他们计算木材价格的做法是只测量木材堆放所占的面积，而不计算木材堆放的高度。我们不能说张三等人这种做法是随机的或无意义的，因为他们也遵循着一个非常明确的规则，即根据木材堆放的“长度×宽度”来计算它们的价格。“他们将木材堆放成任意不同高度的木材堆，然后通过计算诸如木材底面面积的方法来计算价钱并进行出售。对此，他们的解释是这样的：‘是的，买木材越多的人也就必须支付更多的钱。’”[③]

张三等人的做法似乎与我们的算法不一致，他们是基于一种不充分的算法，即根据测算木材的面积来计算价格的。但除非我们确定了木材的高度，否则这样的测量方法会导致一种不确切的结果。假设我们遇到了这样一些特殊的木材销售商该怎么办呢？我们当然会设法向他们表明，一堆木材所包含的数量不能简单地由木材所覆盖的面积来计算，而是应该由木材堆的体积或重量来决定。我们会尝试向他们说明当前方法的不足之处，并教给他们一种测量体积或重量的方法。我们会试图说服他们，根据他们的方法，如果把这堆木材分布成面积相同的若干堆木材的话，那么相同数量的木材将会获得更多的钱。我们不仅通过口头解释，而且也可通过演示来说明他们的方法与我们方法的不一致性。他们需要完善这种计算方法：“我买了某一堆木材，付给他们100块钱，然后让木材的底面变大，而高度降低。”[④]新分出来的若干堆木材的价值是300块，这样他们可能就会相信这一方法。如此，我们将得出这样的结论：木材销售商这种忽略木材高度的算法对我

① 参见樊岳红. 维特根斯坦与语境论. 北京：科学出版社，2016：133.

② 参见纳尔逊·古德曼. 事实，虚构和预测. 刘华杰译. 北京：商务印书馆，2010：3.

③ Wittgenstein L. Remarks on the Foundations of Mathematics. 3rd ed. Anscombe G E M trans. Oxford: Basil Blackwell Publisher, 1978: I, §149.

④ Wittgenstein L. Remarks on the Foundations of Mathematics. 3rd ed. Anscombe G E M trans. Oxford: Basil Blackwell Publisher, 1978: I, §150.

们来说可能并不陌生，只是会感到困惑。

面对张三等人的情况，我们应该如何评判呢？是否可以说在弗雷格意义上他们在逻辑上是无知的吗？或者也可以更简单地说，我们的方法和标准并不适用于他们？但是他们的做法并没有直接违反原始逻辑规律，他们只是通过计算面积来销售木材，而不是按体积或重量来计算价格，这在逻辑上并没有矛盾，仅是感觉没有那么完美。只有当木材的数量保持不变且堆积的方式不同时，他们与我们的方法才产生了一种有差异的结果。但他们所说的“一堆木材的量”只是一堆木材的长度与宽度的乘积。

如此看来，我们就会得出维特根斯坦式的结论：他们摆放的大量木材和我们摆放的一小堆木材所意指的内容是根本不相同的。我们可能仍然认为他们的做法是错误的，因为他们根据一种不充分的方法来计算并出售木材，这种计算方法允许一个人购买一堆尽可能多地堆积在一起的木材。因此，我们的规范标准和张三他们的标准是不相同的，在我们的做法和他们的做法之间存在着一种概念上的鸿沟。当然，两种做法之间的关键区别不是逻辑上的差异，而是涉及概念上的差异。张三方法的让人难以理解之处不是彼此逻辑上的不同，而是他们所采用的这些做法与我们的做法是不同的，不同的做法构成了不同的技术方式。“人们出售木材，然后用一把尺子来测量木材堆……他们也许不知道这样做的原因。相反，他们只是出于习惯而这样做，事情就是如此——那么这些人就没有在进行计算吗？”[①]针对木材销售商的这种情况，维特根斯坦在《论数学的基础》中写道：

> 但计算程序的建立和计算本身有什么样的关系？
>
> ……
>
> 假如我曾说过：这些人根据计算付木柴钱；他们把计算当成该付多少的证据。——嗯，那只是对于（他们的行为）过程的说明。
>
> 我们要说，这些人按体积卖木柴——但他们这样做对吗？难道这样做不是更正确：按重量卖——或按砍这些木头花的时间卖——或按砍木柴的劳动时间卖，这根据伐木者的年龄和力气来计算？为什么他们不应该卖出与这一切都无关的价钱：每个买主不管拿多少都付一样的钱。……如果只是把木柴送掉，对此会有什么说法吗？
>
> ……但是如果他们把柴堆成随意的、高低不等的柴堆，然后按每堆

① Wittgenstein L. Remarks on the Foundations of Mathematics. 3rd ed. Anscombe G E M trans. Oxford: Basil Blackwell Publisher, 1978: I, §143.

占地面积多少来卖，那又怎么样呢？

如果他们说出这样的道理又怎么样呢："当然啦，买的柴越多，付的钱也该越多"？

……

我怎样向他们说明——假如我要说的话——买占地面积更大的柴堆，买的柴并是更多？我会（例如说）挑出他们认为很小的一堆，把柴放开，把它变成一"大"堆。这或许会说服他们——但也许他们要说："是的，现在是许多柴了，值更多的钱。"——事情就会到此结束。——在这种情况下我们大概会说：他们不过是在说"许多木柴"和"一点儿木柴"时和我们的意思不一样罢了，他们付钱的整个方式和我们完全不同。①

维特根斯坦所谈论的木材销售商这种逻辑上的"反常"，严格来说并不属于一种逻辑疾病。因为它不是由逻辑定律的偏差所引起的，它只是偏离了我们做事的方式或结构，即偏离了维特根斯坦所说的"技术"。在维特根斯坦看来，逻辑定律确实是我们技术的一个重要组成部分，是我们实践中所秉持的原则。对逻辑定律的背离会使他人质疑我们所做事情的可理解性。在这一点上，逻辑定律与我们实践中的其他成分没有什么不同。在维特根斯坦看来，实践中技术或方式的根本差异在于是否遵守了规范性的原则。"一致性行动"正是我们与木材销售商之间所缺少的东西，我们找不到一个适当的语境可以使他们的行为更有意义。

维特根斯坦强调，遵守规则也是一种基于生活的实践活动，这种实践活动的基础是一种社会习俗、社会惯例或社会制度，因为遵守规则的行为离不开人们共同的生活形式，而共同生活形式的形成恰恰来源于人们特定的习俗、惯例和传统。事实上，在维特根斯坦看来，人们遵守规则的行为非常类似于服从上级的命令。因为人们在长期的生活中已经被训练成这样来行事了，人们遵守规则的行为就如同对特定命令会做出特定的回应一样。我们之所以能在实践中对特定的规则做出回应，是因为我们受过某种训练，从而能以特定的方式对这种规则来做出回应，而且在这种生活形式中的其他人也会以这种方式来对规则做出回应。

试想如果我们不能把张三等木材销售商的行为纳入我们的实践之中，那么我们就无法根据自己的特定语境来尝试理解他人的行为。当遇到陌生的行为时，我

① 维特根斯坦．维特根斯坦全集（7）：论数学的基础．徐友渔，涂纪亮译．石家庄：河北教育出版社，2003：55（I，§145-§150）．

们最初会感到困惑，只有通过参照特定的实践或环境才让行为具有了意义，这可以通过历史或人类学的描述来得到证明。正如维特根斯坦所说的：“如果你想给我以实践的观点，你可以告诉我它的历史。”[①]但是，我们可能无法通过了解它的历史来理解陌生人的实践。在这种情况下，我们需要“入乡随俗”，使得当地的习俗、惯例和传统内化为人们“天性”的一部分，成为人类文化的再适应过程。维特根斯坦进一步认为，我们需要的是训练，否则我们无法理解语言实践，通过训练可以使人们达成一种新的共识。同时，通过反复来做同样的事情，使新的行为模式成为我们的第二天性。

在实践中，我们可以训练陌生人，从而让他们来理解我们的做法。或在他们的实践中来训练我们，以使我们理解陌生人的行为。维特根斯坦的实践观表明，当我们遇到陌生人的行为极其偏离我们的概念和规范原则时，我们可能完全无法理解他们。实践中的可理解性取决于我们如何在学习中扩展我们所使用的技术，或者扩展我们的规范原则。因此，当我们成为规则的遵守者时，我们是被同化在遵守规则的实践中，从而获取规范性程序和共同体的态度的。维特根斯坦对规范性的解释表明，当规范性嵌入在特定的行为之中时，共同体决定了什么样的做法才算是正确的，不同做法之间也可能存在着不可通约性的风险。但是规范性可以以这种方式来理解吗？这里的关键在于需要共同体的一致性认可，对规范性的评估需要提供必要的语境，从而确定这些评估的结果。

二、规则的集体使用性

上文（第二章第四节）对于实指定义和遵守规则的讨论都强调技术背景与实践的重要性，并且这些技术是通过实践获得的。正如对实指定义的批评，规律本身并不能解决由回溯论证和解释悖论所带来的不确定性问题。

> 我将什么称为“那条他据以行事的规则”？——是那个令人满意地描述了我们所观察到的他对这些词所做的使用的假设？或者是那条在使用这些符号时他加以查询的规则？——但是，如果这种观察没有让我们清楚地认出任何规则，而且这个问题没有揭露出任何规则，情况

① Wittgenstein L. Wittgenstein's Lectures on the Foundations of Mathematics. Chicago: Chicago University Press, 1989: 204.

如何？——因为尽管他对于我的问题——他如何理解“N”——给予了一种解释，但是他愿意收回和改动这种解释。——因此，我应该如何来确定那条他据以玩游戏的规则？他自己也不知道它。或者，更为正确地说：“他所据以行事的规则”这个表达式在此还能说出什么？[①]

维特根斯坦在此所强调的是这一关键性事实，即构成规则的是我们对规则的集体使用，遵守规则就是一种由习俗、惯例和传统所建立的普遍实践。因此，尽管规则确实指导我们并向我们提供正确性的尺度，但规则并非独立于我们，也并非构成一种强制的标准，从外界将遵守规则的实践本身强加给我们。维特根斯坦曾举例说明，想一下我们在十字路口或某条小路上可能看到的路标。路标告诉人们要走的方向，路标的指导作用是全靠一种习惯、一种实践来确立我们通常对路标做出的反应，以及我们对路标这种指向功能的理解。这正是我们所理解的语言的“规则”。这里的核心概念是“习惯”，遵守规则要预先假定一种习惯的存在。遵守规则是一种习惯性实践，这种习惯的形成来自我们年少时在语言群体中所接受的某些训练。

那么当我们在理解或证明时，如何才能使规则的实际使用不会成为一个空洞的标准呢？实际的情况似乎是，当我们在孤立地使用规则时它确实是一个空洞的标准，并且只有当我们在孤立的情况下考虑规则时才会出现空洞的标准。在去语境化的行为中，我们无法区分遵守规则和随机性的行为，我们也无法以所有可能的方式去实例化一个正确规律或实例化一个正确的使用模式。我们需要有一个更为广泛的语境把孤立个体的行动串联起来。

这里构成规范性实践的实例来自我们各种遵守规则的活动和违反规则的活动。做相同事情的规范性标准是在一个共享的实践应用中被发现的，只有在一个共同的实践背景下，我们才能认识到相关的相似之处，并区分正确和不正确的方式。理解不只是孤立的个体在多个场合能重复他所做的事情，而是他与其他人共享的实践背景。正如维特根斯坦所言，理解需要掌握一门技术。“‘知道’这个词的语法显然与‘能够’、‘有能力’这些词的语法具有紧密的亲缘关系。但是，与‘理解’这个词的语法也具有紧密的亲缘关系。”[②]

马尔康姆认为，维特根斯坦的行动中共同的一致性是遵守规则的必要条件。

① 维特根斯坦. 哲学研究. 韩林合译. 北京：商务印书馆，2015：70（§82）.

② 维特根斯坦. 哲学研究. 韩林合译. 北京：商务印书馆，2015：109（§150）.

米纳尔认为，在《哲学研究》中，维特根斯坦的反思目标纯粹是治疗性的，即通过进入哲学思维的根基和阻塞理论建构的道路来实现哲学图景的分解。这些图景是通过形而上学或本质主义的冲动来迫使哲学家搜寻一致性作为基础的产物的。米萨克（C. Misak）强调实践的社会维度，主张人们通过诉诸实践来制止形而上学神话，同时来克服哲学难题。①

梅迪斯则把维特根斯坦的观点归因于这一论题：实际共同体的存在对于语言和遵守规则是必不可少的。米纳尔认为，维特根斯坦对意义和规范性的说明是依据用法的原始实践，而意义和规范性的本质是包含在普通语言之中的。一旦这种本质主义的图景适当的话，它就需要辩护的理由，并且基于日常实践去寻找行动一致性的基础。

正如在遵守规则中可以用无数种方式来解释规则，那么规则和行动之间的关系将纯粹是任意的，从而剥夺了规则的本质规定性。维特根斯坦为遵守规则的“共同观”而辩护，这是一种“社会学观点”，以区别于那些认为是还原主义的共同体观。这种还原主义的版本陈述了实践的规范性，即在正确的和错误的语言游戏之间的区别。事实上，共同体中的大多数人是用不同的方式来理解“多数人”的观点的。作为一个认识论命题它指出，判断的正确性是通过大多数人的实践来辩护的；而作为一种语义要求它指出，判断的意义是由大多数人的言说方式给出的。显然在原本的乘法算式“12×12=144”与大多数人所同意的乘法算式“12×12=144”之间存在着一种明显的区别，即一种是形式上的算术表达式，一种是约定俗成的算术表达式。

因此，维特根斯坦主张，判断的正确性必须与大多数人的实践做法或生活形式是相一致的，也就是说，在实践中大多数人会同意这一点。但我们如何去评估一个判断，不是以它是否符合大多数人的做法来进行的。符合不是一个理由，但在实践中，在辩护知识的语言游戏中，符合是必要的。“在遵守规则的共同体中，如果有一个反常个体出现，那么这个个体将会被共同体判定为他没有遵守规则。当共同体认为某人没有遵守共有的规则时，那么这个人将会被排除在集体之外。”②当然，遵守规则不是去描述或解释事物，并且规则与遵守者之间的关系也不是法则式的，因为二者之间的关系受到多重的约束。

---

① 参见 Misak C. The Oxford Handbook of American Philosophy. Oxford: Oxford University Press, 2008: 396-397.

② Kripke S A. Wittgenstein on Rules and Private Language. Oxford: Basil Blackwell Publisher, 1982: 93.

> 我们说，人们为了彼此交流彼此之间必须就诸语词的意义达成一致。但是，这种一致的标准不仅仅是一种定义（比如实指定义）上的一致，而且也是一种判断上的一致。对于交流的可能性来说具有本质意义的是如下事实：我们在极多的判断上是一致的。……一致现象和按照一条规则而行动现象关联在一起。①

如上所述，如果某个个体只是在孤立的环境中遵守规则，那么无论这个人在做什么，都可以将他的行为解释为符合某种规则或在遵守规则，但事实上这并非是真正地在遵守规则。因此，维特根斯坦认为遵守规则的方式不是去解释它，而是只有在实践中才能阐明它，在我们的行动中来展示它。我们经常会好奇，成人或孩子怎样才算是正确地遵守规则呢？维特根斯坦在《论确定性》中写道：

> 孩子学会相信许多事物。也就是说，孩子学会遵循这些规则去做事，然后逐步形成一个信念体系，而在这个体系中某些信念占有不可动摇的稳固地位，而某些信念则或多或少可以发生变化。某个信念之所以占有稳固的地位，与其说是由于其本身显而易见或令人信服，倒不如说是靠其周围的信念才使它不可动摇。②

对于维特根斯坦来说，规范性的活动需要行动的一致性。但这并不意味着实践者的规范性是建立在实践的一致性之上的。在实践中，什么算是正确的？这是由大多数人的共同行为来确定和辩护的。实践是靠利益来维系的，如在协调一个群体的活动中，群体所有成员具有的共同利益，还有诸如先前学科成就与公认的范式这样的特殊利益。新成员在这些实践中被社会化，如训练，通过获得相关的能力来获得充分的成员资格。最终，这种能力可能成为一种习惯而转向日常的操作，这很容易变成每一个体自愿接受的实用倾向。③这就解释了为什么维特根斯坦一方面要强调逻辑和数学一致性的关键是取决于我们生活形式的一致性，另一方面也要强调这些逻辑法则不是人类自然史命题，说人们以这样那样的方式互相同意来获得了生活形式的一致性。“逻辑命题说的是人们以这种或那种方式取得了一致认识（这是自然史命题的形式）。此时它的对立面则说：这里缺乏一致认识。不，

---

① 维特根斯坦. 数学基础研究. 韩林合译. 北京：商务印书馆，2013：354（§214），355（§218）.

② 维特根斯坦. 论确定性. 张金言译. 桂林：广西师范大学出版社，2001：25（§144）.

③ 参见樊岳红. 后期维特根斯坦语境论研究. 太原：山西大学，2012：127.

它是另一种一致的认识。”①

因此，共同体的一致性在维特根斯坦的观点中起到了积极的作用，但不能起到解释或辩护的作用。我们的行动和生活形式中的一致性是某种一般的自然事实，这些都是发生在我们实践中的关键元素，如果没有实践，那么这些元素也将不复存在。如果我们想了解实践中的规范性，那么我们就不能忽视这些元素。但这一实践主义的图景并没有蕴含基础主义，维特根斯坦并非想说这些自然事实构成了规范的来源，而是想说自然在某种程度上决定了我们正确性的标准。正如维特根斯坦诉求于自然事实却不蕴含自然主义一样，他诉求于共同体的一致性观点但并非用此来解决规范性争论，而是通过共同体的实践一致性提供评估规范性的一个可理解范围。这种可理解范围并非一种束缚，它能以某种不可预见的方式被扩展和转化。

三、个体-遵守与集体-遵守的关联性

为了理解规则与规则遵守者之间是如何在实践中相关联的，我们应该考察社会的实践性因素。当实践者在遵守规则时，他需要先理解规则的内容，然后清楚明白地知道规则的要求是什么，还必须把规则规定的内容与实际活动的领域结合起来。当我们在实际地遵守规则时，为什么会毫不犹豫地把这种规则应用到我们之前从未应用过的事例之中呢？维特根斯坦把遵从一种规则看成类似于服从一个命令。正确地执行一种规则同时还需要共同体的认可，人们通过训练、反复练习及口头与肢体语言等方式来达到目的。“当我们在执行某种加法规则时，会因为惧怕某人的命令而写得飞快；当我们在连续写某个数列时，我们不会因为缺少这样做的理由感到困惑而停止下来。”②

维特根斯坦的观点想表明的是，实践者的一致性不能被限制在话语之中，它必须指向行动，言语只能带来行为表面的变化。实践的过程将包括建立新的培训流程，通过在实践中同化新成员来掌握共同体的规范态度。例如，当我们在计算加法数列时，是根据加法规则来进行的，但这种加法规则不是数学本身的强制性要求，而是我们日常生活形式的内在要求。计算的规律性来源于我们在日常生活

---

① Wittgenstein L. Remarks on the Foundations of Mathematics. 3rd ed. Anscombe G E M trans. Oxford: Basil Blackwell Publisher, 1978: VI, §49.

② Wittgenstein L. Philosophical Investigations. 4th ed. Anscombe G E M, Hacker P M S, Joachim S trans. Oxford: Basil Blackwell Publisher, 2009: §212.

中通过反复练习计算题，最终掌握计算的规律性。同时，通过学习大家所共有的习俗、惯例和传统，我们不断地获得新规则，并在实践中进行反复的练习。

如果我们要成为规则的遵守者，那么就要被同化到遵守规则的规范性实践中去。例如，在何种意义上算术法则支配了人们的计算，并取决于他们的一致性？在某种意义上，这不是说所采用的作为规范的原则不是大多数人的提议，而是说规范性的原则是通过他们的一致性而建构的。这种依赖感更加间接，一致性是他们遵守计算规则的前提条件，“因为他们都同意自己所做的事情，我们把它作为一个规则，并把它放在档案之中”①。更为普遍的是，遵守规则的前提是实践者同意他们所做的事情。大多数情况下，他们自己也在做同样的事情，他们的行动表现出充分的一致性。

但是西蒙·布莱克本（Simon Blackburn）认为，这是对共同体的错误解释。据西蒙·布莱克本的观点，对遵守规则的论证采用共同体的回应是无法令人满意的。正如我们所看到的，在共同体的实践语境中，单个个体是无法真正地在遵守规则的，这是因为他无法分辨什么时候是在正确地遵守规则，什么时候是他自认为在正确地遵守规则；如果共同体认为什么是正确的与社会公认的正确性没有区别，那么共同体在实践中的作用也是毫无意义的。正如远离尘世的鲁滨孙就无法正确地遵守社会规则一样，因为他无法区分正确的规则和看似正确的规则。如果共同体也无法区分正确的规则和看似正确的规则，那么共同体也就无法提供正确地遵守规则的标准语境。因此，比起个体来说，共同体似乎也无法为遵守规则的规范性提供一种坚实的基础。②

赞同个体主义观点的学者认为，只有个人的遵守规则才是真正可靠的，因为集体性观点没有犯错的空间，在正确和错误之间没有真正的界限。西蒙·布莱克本对集体理解的挑战在于，共同体的解释也可能会出错。当规范性嵌入特定的行为之中时，可能所遵循的是不同的做法。但是遵守规则的共同体观并不蕴含相对论，也没有为集体犯错留下可能性的空间。

对于维特根斯坦来说，学习是我们规范性活动所看不见的基础。这一基础之所以不可见，是因为一旦把习得的规则当成我们的“第二天性”，那么培训所形成的规则就会被遗忘。维特根斯坦提醒我们，这种遗忘容易形成对哲学的误解，因

---

① Wittgenstein L. Wittgenstein's Lectures on the Foundations of Mathematics. Chicago: Chicago University Press, 1989:107.

② 参见樊岳红，魏屹东．鲁滨逊能遵守规则吗？——关于个体论与集体论之争的解决．自然辩证法通讯，2011，（2）：66-70，128.

为它创造了一个更深的虚幻形象。维特根斯坦开始揭露这些哲学幻象，将我们遵守规则的实践来作为我们行动的基础。

伯纳德（W. Bernard）和乔纳森（L. Jonathan）把后期维特根斯坦的哲学描述为一种康德式的先验语言观。根据这种解释，维特根斯坦的原始语言观在他早期的逻辑形式观中也起到了重要作用。但事实上，一个术语或规则的可能应用是开放式的，这并不意味着它们有固定的意义可以随时供人们来理解，规则或术语的使用受到生活形式的限制。在实践中，生活形式为我们的日常语言游戏和行动提供了必要的保障，同时它又限制了我们的话语和行为的范围。因为我们只能在共有的生活形式中进行语言游戏，并遵守相关规则。

如上所述，这并不意味着普通语言的实践构成了我们的思想和言论的束缚，因为这些做法不是静态的结构，静态的结构是永久固定的，而动态活动的结构并非如此。可以看出，维特根斯坦在1939年的剑桥讲座中突出强调了我们的言语和规范性行为受到实践中可用的语言使用技巧与规则的约束。但他也指出，我们在实践中的可理解性取决于我们如何把技术扩展到实践的使用之中。而且在日常生活中可能有许多不同的技术，其中任何一种生活形式都会决定一种可能的技术。因此，在维特根斯坦看来，我们普通语言的实际做法受了我们训练的约束。

维特根斯坦通过对日常语言的描述，表达了一种关于语言使用的实践观，即他需要一种语境来表述规则的规范性和正确性，但语境只能由人们的生活形式或生活实践来提供。当语言与使用的原始语境相分离时，其规范性似乎是神秘的。因此米纳尔认为，维特根斯坦关于哲学共同体的解释为共同体分配了一种一致性的基础，在这个意义上，共同体观表明了我们使用中的一致性，是正确性标准的唯一来源。

如果米纳尔的观点是正确的，那么这种激进的共同体建构观建立在一个基础主义的图景之上。一些评论者已经解释了共同体的一致性作用，但这不是我们归因给维特根斯坦的实践论图景。从维特根斯坦的观点来看，共同体的一致性并不是规则最终的正确性或规范性，语言游戏和生活形式才能最终确定遵守规则的确定性。维特根斯坦是想表明，语言的使用以及遵守规则的行为不可能离开人们的日常生活，因为人们不可能生活在真空之中，而是处于相互交往的实践之中。当然，这种交往是与一定的语言环境和生活背景相关的。因此，语境要素的重要作用在于遵守规则者之间不仅有生活形式的一致性，还有实践行动的一致性。

例如，考虑我们普通测量的做法。我们测量的做法主要依赖于物理环境，如对象恒定不变的重量和长度。正如我们所看到的，维特根斯坦通过思想实验把这些背景条件都加进来。在这些思想实验中，他要我们想象一下，如果背景条件使得我们的实践无法获得物理环境，那么会发生什么情况？例如，我们用软橡胶做成的尺子来测量长度，我们会发现，尺子会由于不断地发生变化从而失去准确性。因此，就实践中的测量行为而言，至关重要的基础不仅在生活形式上要有一致性，而且测量行动也要有一致性。

在这些实践中，我们能够区分正确和不正确的结果，因为我们都以类似的方式来进行测量，大多数情况下我们都得到了同样的结果，“我们所说的‘测量’是由测量结果的恒定性所决定的”[①]。如果没有测量结果一致性的话，那么我们也无法在测量实践中获得结果，这些实践就会失去他们的要点。这种实践观取决于实践者行为的一致性，这种一致性使实践内容成为语境确定的，但由于其开放性特征，它允许一定量的不确定性，从而给变化留有了余地。应该注意到这种一致性有两个要点：首先，共同体限制了行动中的一致性，但并没有确定共同体成员的规范性行为，因为一致性可以被扩展、被转化，甚至被不同的观点所取代；其次，共同体实践中的一致性功能是评估成员规范性的背景，而不是正确性的最终标准。

根据维特根斯坦的实践观，实践中的成员可以质疑现有的一致性行动，但不能说为了维持实践活动的一致性，在活动的每方每面都没有人来质疑，那也是存在问题的。为了维持实践活动的可持续性，而没有任何质疑或批评的声音，那也是有问题的。因为从这种语境因素来看，完全有可能从另一种角度来挑战整个实践的正确性。所以共同体的实践观可以满足西蒙·布莱克本所提出的挑战，即如果我们规范性的评估取决于共同体的一致性的话，那么我们如何弄清楚遵守规则者是不是处于错误之中，或者整个实践活动是不是正确的呢？

在这里，需要证明的是，维特根斯坦的规范性解释观并不排除集体犯错或不正确做法的可能性，这种实践活动还可以从其他共同体的一些规范来进行评估。这种实践观也不排除评估我们行动和实践的可能性。维特根斯坦不认为单个正确的观点可以应用于所有实践和所有目的（作为形而上学实在论者的主张）。他的观点也没有蕴含相对论和标准规范的不可通约性。如上所述，无论是可通约还是不可通约的标准都不是可以先验建立的。事实上，没有一个先验的标准来判定是否有不同组合的规范性。这是一个历史问题，这取决于实践者之间是否一致的规范性，或者不同实践者之间是否有共同的生活形式，从而使得不同实践者能

① Wittgenstein L. Philosophical Investigations. 4th ed. Anscombe G E M, Hacker P M S, Joachim S trans. Oxford: Basil Blackwell Publisher, 2009: §242.

对实践的规范性进行评价。即使当我们遇到两种完全不同的做法时似乎两者是相互排斥的，我们也不能排除先验的可能性，但它们的实践者可能最终会形成行动的一致性。

当然，人们在日常生活中并不是根据大多数人是否把某种事物称为“红色”来决定这个事物是不是红色的。事实上，如果小明要和朋友玩语言游戏的话，这种可能性就取决于小明自己以及其他人的反应。进行游戏的可能性取决于小明和朋友反应之间的一致，即他们一定是把相同的东西描述为“红色”。[①]这是否表明，小明及朋友之间的一致性认识决定什么是红色的？是否这是求助于大多数人的认同呢？除了小明及朋友之外，我们是否是以这种方式学会确定颜色的呢？

> 一般说来，人们对颜色会作出一致的判断，这种说法是否有意义？如果不一致，那会怎么样？——一个人说这朵花是红的，另一个人说它是蓝的，如此等等。——但我们有什么权利称这些人的“红的”和“蓝的”等词是我们的“颜色词”呢？为什么我们应当说它们具有相同的意义？我们可以这么说，也可以那么说。
>
> ……
>
> 如果在对颜色的判断上没有一致意见，那么人们如何学习使用颜色词呢？我们有什么权利把我们所学习的那些词的用法称为“颜色词”的用法呢？[②]

对于上述问题，维特根斯坦强调，只有人们存在一致认识时，我们才能玩这种颜色的语言游戏，不过“一致认识”这个概念并不存在于这种语言游戏之中。当在某种语境下，小明及朋友不能确定某个东西究竟是蓝色的还是红色的时候，那么他们可能会向家长或老师来询问。不过在大多数场合下，小明及朋友并不需要进行这样的咨询，而是根据自己的生活习惯和语言习惯做出决定。正如维特根斯坦所强调的，人们所说的事情为真或为假，这不是意见上的一致性，而是行动上的一致性，以及生活形式上要具有一致性。[③]

---

① 参见维特根斯坦. 维特根斯坦全集（12）：关于伦理学的讲演以及其他. 江怡译. 石家庄：河北教育出版社，2003：95.

② 维特根斯坦. 维特根斯坦全集（10）：关于心理学哲学的最后著作. 涂纪亮，张金言译. 石家庄：河北教育出版社，2003：179（§930），180（§932）.

③ 参见涂纪亮. 维特根斯坦后期哲学思想研究. 南京：江苏人民出版社，2005：115.

我们的行动和生活形式的一致性作用是某种一般的自然事实，这些都是在我们的实践中发生的关键元素，如果没有实践，那么这些元素也将不存在。如果想了解我们实践的规范性，那么我们就不能忽视这些元素。但这一实践主义的图景没有蕴含基础主义。通过强调某种自然的一般事实，维特根斯坦并不是想表明这些自然事实构成了规范的来源，自然在某种程度上决定了我们的正确性标准。正如维特根斯坦诉求于自然事实并不蕴含自然主义一样，他诉求于共同体的一致性观点并不是用来解决规范性争论的，这正如没有争议的裁决。相反，共同体的实践一致性提供给了评估规范性一个理解的范围。但这种范围远远不是一个束缚，它总是可以以不可预见的方式被扩展和转化。

维特根斯坦认为，真正的活动不能被限制在话语之中，但它必须指向行动，言语只能带来表面的变化。如果我们想改变的不仅是实践的外观而且还有其规范性结构的话，那么我们需要改变实践者行动的一致性。这将包括建立培训新流程，通过同化实践中的成员来掌握对新规范的态度。

第四节　数学证明的非客观性

对于维特根斯坦来说，数学本身就是一种特定的生活形式或形式化的语言游戏。维特根斯坦认为，数学应该被描述为人类自然史的一个部分，是由各种各样的语言游戏构成的。在数学演算中，计算加法序列时如何才能确定这种加法序列是正确的呢？事实上，当你选择使用什么公式时就已经提前决定了之后计算加法序列中的每一个步骤。在选择公式时，维特根斯坦认为这需要根据实际的实践经验，或根据以往计算加法序列的过程所拥有的经验来确定公式。

一、数学证明不是一种必然

在日常生活中，我们会认为数学是绝对真实可靠的，因为数学的真理性基于我们生活形式的一致性。后期维特根斯坦是极其反对数学柏拉图主义的，他指出数学加法序列本身并不是在描述数的本质，也不是在揭示数学形式化的本质，数学的加法演算只是一种约定而已。例如，如果我们看到一个三角形，然后询问三角形的本质是什么，这是相当奇怪的。因为我们只要看到人们在日常生活中是如何来使用三角形的，知道它在我们日常生活中通常的用法是什么，就可以了。维特根斯坦在其后期著作中也论述了规则本身并不会强迫我们来接受，也不会强制让我们把特定的应用规则当成正确无疑的。原则上，对于相同事物我们可以采用不同的规则。

我们使用这样一个表达：“这些步骤是由公式……决定的。”这表达是怎样使用的呢？——也许我们会指出下列事实，即人们由于他们所受的教育（训练）而这样地来使用公式 $y=x^2$；当他们用相同的数代入 x，他们全都得到相同的 y 值。或者，我们也可以说：“这些人都经过了这样的训练因而当他们接到‘加 3’的命令时都会在同一点上采取相同的步骤。”我们也可以这样来表达这个意思：“对于这些人来说，‘加 3’这个命令完全决定了从一个数到下一个数的所有步骤。”……

另一方面，我们可以把不同种类的公式以及与这些公式相适合的不同种类的使用（不同种类的训练）加以对照。这样，我们把一种特定种类的公式（以及与之相适合的使用方法）称为“按给定的 x 值决定数 y 的公式”，把另一种种类的公式称为“给定 x 值不能决定数 y 的公式”。……

人们现在可以说：“公式如何被意指决定了所应采取的步骤。”什么是公式如何被意指的判据呢？例如，它可以是我们经常使用公式的那种种类和方式，可以是别人教给我们的使用公式的种类和方法。

……现在，问问你自己：人们是怎样用“x! 2”来意指这件或那件事的呢？

所以，意指就以这种方式能够事先决定各个步骤。①

在数学哲学中，维特根斯坦重点阐明了数学证明并没有强制性，从而消解了数学证明的客观性。事实上，维特根斯坦想要表明的观点是数学证明事实上也是一种基于生活形式的实践活动，像所有其他实践活动一样，数学实践活动的基础仍然是遵守规则的实践。那么在这种实践活动中，遵守规则的一致性仍然来源于生活形式。试想我们要计算一道之前从未计算过的算术题，我们暂且以“400+400=800”为例。虽然我们之前有过许多加法经验，但从未遇到过这种特定的计算式子“400+400”。我们用之前使用过的加法计算方法来处理这个算术式子，

① 维特根斯坦. 哲学研究. 李步楼译. 北京：商务印书馆，2009：114（§189，§190）.

然后得出了“800”的和数。但反思一下，我们是如何完成这个计算过程的呢？然后就说“800”是正确的答案而不是其他数字？现在是否可以说我们已经证明了“400+400=800”呢？如果是的话，那么我们是基于什么原则才得出了“800”就是正确的答案呢？维特根斯坦认为，在计算过程中人们总是通过加出总数来证明这样那样的得数是正确的结果，因此对于数学证明来说，似乎强制概念是必不可少的。“数学证明向我们表明，我们应该得出什么样的得数。并且因为这种证明的重复出现必须说明相同的事物。一方面证明必须自发地再现相同的结果，而另一方面它也必须再现得出这种数学结果的强制性。”①

数学证明的特征是人们可以用任意一个数来取代这个数，而总是保留着命题的完整意义，这就是命题的无限形式序列。现在我想问，如果借助某种符号系统的证明，我们是否能确信命题 7034174+6594321=13628495 是正确的呢？对此命题有某种证明吗？回答是没有。例如，当我们教学生进行加法运算时，培训过程要处理大量的算术式子，但不论是做算术的人还是教算术的人都不可避免地会遇到计算的无限性问题。

如果我们之前从未遇到过“400+400”的算术式子，那么虽然我们理解了一般的加法规则，但是一般的加法规则并没有提及该特定式子的计算方法。或者说我们做这种加法，是不是可以不用费力地思考其特定的算法过程，在这种情况下，我们应该如何来使用加法规则呢？答案似乎是我们需要进一步的加法规则，通过它来告诉我们在这种特定情况下应该怎么做。然而，即使我们理解了加法规则，也或许还会有多种不同的加法规则，每一种加法规则既不需要也不强迫我们来接受任何特定的推论或应用规则。

> “遵循规则”是一个模糊的表述。黑板上画的 100 道短线和 101 道短线在视觉空间中是十分相像的。计数是与我们在视觉空间中所做的不同的游戏，也与我们看到 3 道短线时所做的游戏不同。
>
> 计算中的不确定性并不意味着此外还有确定性。它只不过指示出另一个计算。凡是被规定为检验者的即为检验。
>
> 如果你将两个数相乘，你得到一个结果，然而你可以再作同样的乘法，得到不同的结果，即使两者的得数都可以根据同样的计算得到。你

① Wittgenstein L. Remarks on the Foundations of Mathematics. 3rd ed. Anscombe G E M trans. Oxford: Basil Blackwell Publisher, 1978: 187.

得到的结果事实上是一个假设。[①]

试想，有一位数学老师在黑板上写出了一个数列“1，4，9，16，⋯”，那么接下来该写什么呢？张三可能回答说是25，他运用的计算方法或规则是自然数的平方，即“1^2，2^2，3^2，4^2”，那么下一个数就应该是5^2，即25。可李四说25不对，是27。因为李四所运用的方法或规则是加奇质数数列：3，5，7，11，13，17，⋯

1
4=1+3
9=4+5
16=9+7
27=16+11
所以，……[②]

那么，这两种算法哪个正确呢？这是否意味着我们从来不会被迫地去接受某种推论或应用规则呢？我们可以一直“自由地做选择”吗？关于推论的问题就如同证明的问题一样，我们可以应用推论规则，或者我们可以计算总和。但问题在于进行推论和计算时，我们似乎是被迫地去接受某种推论结果及得数的。在这里，逻辑强制性“必须”对应于计算技巧和规则的必然性，我们在必然地应用这些技巧与规则。虽然在原则上我们可以以不同的方式来应用这些技巧与规则，但我们只能必然地接受某种不同的计算结果，而非其他结果。这种所谓的“必然性”可以归结为逻辑强制性。

维特根斯坦强调，逻辑和数学命题的一致性也要以人们的生活形式一致性为前提。例如，如果某个共同体中的所有人都认为“2+2+2=4”的话，那么我们之前所普遍认同的算术技巧“2+2+2=6”便被取代了，此时我们拥有了新的计算方式。人们为此可能会感到困惑，如此一来，数学和逻辑命题就成为人类自然史的一部分，或者成为经验命题了吗？数学的先天特征似乎被取消掉了。因此，逻辑

① 维特根斯坦. 维特根斯坦全集（5）：维特根斯坦剑桥讲演集. 周晓亮，江怡译. 石家庄：河北教育出版社，2003：97.

② 参见 Brown J R. Philosophy of Mathematics: A Contemporary Introduction to the World of Proofs and Pictures. 2nd ed. London: Routledge, 2008: 140.

和数学命题是要以人们之间的一致性为前提的，但逻辑和数学命题并非一种先天的命题形式，这也不是判断上的一致性，而是人们在日常生活中所形成的一种习惯或习俗，因为人们必须接受的就是自己的生活形式。人们共同的行为或行为方式才是我们解释和理解逻辑与数学命题的参考系，如果我们无法理解该逻辑或数学命题，也只是因为彼此拥有不同的参照系。

维特根斯坦在许多段落中都论证过强制性概念是个空概念。例如，在《论数学的基础》中，维特根斯坦采取了某种反实在论的论调，认为实在论是通过隐含地被迫接受某种数学证明直至结果才有某种意义的。

> 假设我们有两种测量长度的系统；一种长度在两个系统中都表达为数字符号，并跟随一个由这度量系统定出的语词。一个系统把一种长度表示为“*n* 英尺[①]”，英尺是日常意义中的长度单位；在另一个系统中，一种长度表示为“*n*W”并且 1 英尺=1W。但是：2W＝4 英尺，3W＝9 英尺，等等。——因此，说“这根竿长 1W”相当于说“这根竿长 1 英尺”。问题是：在这两句话中，“W”和“英尺”的意义相同吗？[②]
>
> ……
>
> 你所说的话似乎会得出这样的意思：逻辑属于人类的自然史。这与逻辑“必定”的坚定性是不一致的。
>
> 可是，逻辑“必定”是逻辑命题的一个组成部分，而不是人类自然史的命题。逻辑命题说的是：人们以这种或那种方式取得一致认识……此时它的对立面说：这里缺乏一致认识。不，它是另一种一致认识。
>
> 人们的一致认识，作为逻辑现象的前提条件，并不是意见的一致认识，更不用说是关于逻辑问题的意见的一致认识。[③]

为什么逻辑法则是必然的，甚至比自然法则更加必然呢？逻辑法则是与我们的日常经验事实相对应的，日常经验事实使得我们可以以一种简单的方式来说明一些法则，就如用尺子进行测量一样是方便且高效的。而逻辑法则则是要进行逻

---

① 笔者注：1 英尺≈0.3 米。

② 维特根斯坦. 维特根斯坦全集（7）：论数学的基础. 徐友渔，涂纪亮译. 石家庄：河北教育出版社，2003：65（§12）.

③ 维特根斯坦. 维特根斯坦全集（7）：论数学的基础. 徐友渔，涂纪亮译. 石家庄：河北教育出版社，2003：270（§49）.

辑推理的法则，可以确定其用法，我们也是在必然地应用这些逻辑推理法则。因为我们都在进行“测量”（计算），而且每个人都有相同的测量结果。[①]

维特根斯坦把数学证明的概念当作“决定”的概念。当然，维特根斯坦本人并不希望人们把“决定”概念误解为意义概念，“但如果这是我的决定的话，为什么我要说‘我必须’呢？好吧，可能不是我必须决定的，难道这不是一个自发的决定而仅仅意味着这是我行动的方式？如果这种真只是来自人们的赞同而不是其他人的认同，就不会得出任何理解。承认一致性是承认我们语言游戏的一致性，而不是确认它”[②]。人们对维特根斯坦的误解在于个人或集体决定了什么应该算作一个适当的证明，并在此基础上人们如何“决定”一个命题已经被证明。传统上，数学柏拉图主义认为当运用一个规则时需要一些像直觉般的事物，而维特根斯坦引入的“决定”概念似乎破坏了这一点。反之，如果说在运用数学或逻辑规则时只需要直觉之类的事物的话，那么维特根斯坦的“决定”概念也就没有了任何意义。

事实上，维特根斯坦认为这种“决定”是一种自发性的程序，或者是一种潜移默化的天性。经过这种过程之后，人们对数学证明规则的应用被看成是一种自发的本能行为。“我们怎样谈论没有自觉地遵循加法规则而完成演算的行为者呢？我们是按照从容地遵循规则的行为者还是按照无心的计算机？1930 年之后维特根斯坦的方法论立场倾向于反对隐藏的、‘无意识’过程的假设。……这一行为者现在‘无意识地’遵守那些规则吗？或者我们是否可以更合理地说，他的行为现在已变得如此‘习惯化’甚或‘机械化’，以至于他不再遵循一条规则，却学会以完全遵守规则的方式行动。事实上，维特根斯坦一直主张，行为的惯性比遵守规则更为根本。他认为我们如果先学会规则才去行动，我们便做不了任何事情。”[③]

事实上，这种遵守规则的自发行为是人们经过长期的训练和实践的结果。在这种训练和实践的过程中，人们拥有了共同的生活形式或实践倾向。因此，对于维特根斯坦来说，所谓数学或逻辑规则的强制性并不是客观的，而只是基于生活形式的一种自发反应。这种自发的反应来自语言共同体的习俗和惯例，或者来自

---

① 参见 Wittgenstein L. Remarks on the Foundations of Mathematics. 3rd ed. Anscombe G E M trans. Oxford: Basil Blackwell Publisher, 1978: 82.

② Wittgenstein L. Remarks on the Foundations of Mathematics. 3rd ed. Anscombe G E M trans. Oxford: Basil Blackwell Publisher, 1978: 365-366.

③ 汉斯 · 斯鲁格. 维特根斯坦. 张学广译. 北京：北京出版社，2015：194-195.

生物本性，所谓的强制性概念只不过是一种来自生活形式的规范性。“数学规则和逻辑规则就如机械式的程序一般，因为它们都是日复一日地重复出现的过程。但是事实上数学和逻辑规则的规律性是在具体的事例中建立起来的，既有主体的意向作用，又有环境的客观影响。人的意向是不受逻辑强制性干扰的。”①

当然，在具体遵守规则的训练过程中，老师和家长经常会运用手势或口头解释“正确”或“错误”等表达来规范训练的行为。例如，当老师或家长说“完美”时，表示这个学生或孩子是在正确地遵守规则，这种训练方式是有效的。当老师或家长面露不悦或者说“不对”时，可能这个训练过程不是有效的，学生或孩子没有正确地遵守规则。事实上，当说学生或孩子在正确地遵守规则时，我们需要的还是一种一致性，这种“一致性”不仅与我们日常使用的规则是一致的，而且还与我们的习俗、惯例、制度和传统也是一致的。如果学生的行为与上述“一致性”不一致，那么会产生什么后果将是不言而喻的。

因此在《哲学研究》中，维特根斯坦明确提出，“如果学生掌握了‘一致’这个概念，就可以这么做：可是，如果这个概念尚未形成，那又怎样呢？（这取决于他如何对‘一致’这个词作出反应。）……如果学生以某种方式对规则作出反应，那么学生已掌握了以如此方式解释的规则”②。“然而，重要的是，对我们已经就规则有些理解这一点作出证明的那些反应，是以一定的环境、一定的生活形式和语言形式作为环境前提的。”③

二、数学证明的有限性

维特根斯坦的数学哲学通常被人们看成是一种严格的有限论。严格有限论的观点与人类实际的局限性相关，它人为地限制了合理的数学实践范围，认为是我们有限的生命和精力等因素限制了数学计算或证明的无限性。为了便于理解，我们引入伯奈斯（P. Bernays）的“可能数字”概念来具体说明什么是严格有限论观点。设想有一个非常大的数字如 $88^{1234567}$，实践中经常会有一些事物来阻止我们写出数字 $88^{1234567}$。因此伯奈斯认为严格有限论也与直觉主义形式相关，不过两种观

① Frascolla P. Wittgenstein’s Philosophy of Mathematics. London: Routledge, 1994: 128-131.

② 维特根斯坦. 维特根斯坦全集（7）：论数学的基础. 徐友渔，涂纪亮译. 石家庄：河北教育出版社，2003：315（§39），324（§47）.

③ 樊岳红，魏屹东. 数学：一种人类学现象——后期维特根斯坦数学哲学思想探析. 自然辩证法通讯，2012，（5）：53-58，126.

点是彼此对立的。因为直觉主义允许如 $88^{1234567}$ 这样大的数字存在，而严格有限论则否认在计算中能运算或使用这样大的数。直觉主义在做出肯定性断言的同时向严格有限论提出了挑战:是什么主张存在上述如 $88^{1234567}$ 一样大的阿拉伯数字?而在实践中我们并不能获得这一数字，或者这样大的数字在实践中是无意义的。①

马里恩（M. Marion）认为，尽管 $88^{1234567}$ 几乎不可能用来进行计算，但可以假设这个数字在原则上是可能的。直觉主义认为，一个大的数字实际上存在的可能性与原则上存在的可能性之间是没有区别的，虽然在相应的十进制系统中这样的数字实际上可能永远也无法写出来，但这里只是强调在原则上有可能，所以这样的数字也有其合理性。当然，严格有限论者非常拒斥这一观点，并否认马里恩在实际上能计算和在原则上能计算之间所做的区分。从严格有限论的观点来看，$88^{1234567}$ 这样的数字没有什么具体内涵，因为在实践中几乎不可能获得这么大的数字，它也不是一个切实可计算的数字。此外，严格有限论者拒斥所有数字都可以通过下面的方式来定义。

假设 F 代表的是可能的数字，10^{12} 是可能数字的上限。②

（1）$F(0)$ （数字 0 是可能的）
（2）$F(n) \rightarrow n < 10^{12}$ （如果 n 是可能的，那么 n 小于 10^{12}）
（3）$F(n) \rightarrow F(S_n)$ （如果 n 是可能的，那么 S_n 也是可能的）

我们权且把这称为 F 系列。F 系列不同于自然数系列 N。因为 N 包含了数字 10^{12}，而 F 系列没有包含。因此，我们现在有两个自然数系列 F 和 N。

严格有限论认为，算法是唯一与数字定义或数字系统相关的，符号结构的大小或范围是有限制的。维特根斯坦似乎也赞同这一点，他把数学证明限制在可观察范围之内，从而导致了人们把他看成是严格有限论者。没有必要详细探究严格有限论的特征，关键在于为什么众人会认为维特根斯坦是严格有限论者。严格有限论的支持者并不多，并且严格有限论的观点也普遍不受人欢迎。原因或许是严格有限论挑战了基本的数学原理，如佩亚诺算术的归纳图式（佩亚诺公理）等。维特根斯坦在后期的数学哲学著作中频繁地阐述数学证明必须是可观察的。例如，

① 参见 Bernays P. On platonism in mathematics//Benacerrafand P, Putnam H. Philosophy of Mathematics: Selected Readings. 2nd ed. Cambridge: Cambridge University Press, 1983:265.

② 参见 McNally T. Wittgenstein, constructivism, and mathematical proof. Hermathena, 2011, (191):25-51.

他写道："可观察性是证明的一部分。如果我得出结果的过程不是一目了然的，那么我可能确实需要记下得数——但事实上是什么来支持我得出这样的得数呢？我不知道我是怎么得出来的。"①

那么维特根斯坦关于"数学必须是可观察的"的论述为什么就蕴含了严格有限论思想呢？首先，严格有限论不诉求于任何不可计算的数学实体，如不诉求于像 10^{12}、$88^{1234567}$ 这样大的数字。其次，关于可观察性的考虑必然会导致对于实际数字的限制。在可观察的证明中，为了确定 $88^{1234567}$ 这个数是否是素数，可以考虑埃拉托色尼筛法（the sieve of Eratosthenes）。虽然我们不能确定 $88^{1234567}$ 是素数还是复合数，但我们可以用一些算术谓词来定义这个数。然而对于严格的有限论者来说，算术谓词"素数"不能用来定义这些非常大或"不可能"的数。关于可观察性的考虑最终会导致严格有限论者否定一个非常大的自然数是素数或者是复合数的可能性，他们只允许陈述可计算的数，或者证明一个数的素数性，但需要我们对数的证明是可观察的。一般来说，正是对数学证明的可观察性的考虑才导致了对数学实践的限制，并以此来描述严格有限论的观点。

关于维特根斯坦是否是一个严格有限论者，马里恩反对达米特（M. Dummet）的解读，他为维特根斯坦的观点进行辩护。达米特认为维特根斯坦是一个激进的建构主义者，但马里恩通过讨论维特根斯坦对计算与经验的区分，特别是他引用了《维特根斯坦关于数学基础的讲演》（*Wittgenstein's Lectures on the Foundations of Mathematics*）中的一段话来为维特根斯坦的观点进行辩护：

> 假设我们让大数相乘，上千位数相乘，假设在某个点之后人们得出的结果彼此不一致，这就没有办法来阻止这种偏差的产生，即使我们通过检查发现他们的得数偏离了正确的结果[…]那正确的得数又是多少呢？有人会得出正确的结果吗？或者说这有正确的结果吗？②

这个例子说明，两个大数相乘与确定一个非常大的数是否是素数的情况是一样的。实际上许多人应用不同的规则或方法得到了不同的答案，因而关于正确的结果根本就没有一致性。在这种情况下，维特根斯坦所面对的难题是，从理论上

① Wittgenstein L. Remarks on the Foundations of Mathematics. 3rd ed. Anscombe G E M trans. Oxford: Basil Blackwell Publisher, 1978: 95.

② Wittgenstein L. Wittgenstein's Lectures on the Foundations of Mathematics. Chicago: Chicago University Press, 1989: 101.

来看，这似乎仍然有一个正确的得数或结果。马里恩指出，达米特倾向于把维特根斯坦的答案理解为“没有”，因为维特根斯坦认为通过“素数”这个谓词并不能确定一些大数是否是素数。而马里恩认为，在两个大数相乘的情况下维特根斯坦会倾向于认为这已经不再是一种计算。

马里恩认为，维特根斯坦只是在强调数学实践的一个不可否认的事实，即计算非常大的数会失去计算的确定性。马里恩接着指出，这并不是说在原则上不能获得正确的答案。然而马里恩同时也认为，通过维特根斯坦关于数学证明可观察性的言论而将其归类为严格有限论者可能还需要更多的证据。因为维特根斯坦关于数学证明可观察性的言论应该放在更宽泛的实践中来理解，例如，维特根斯坦反对的是逻辑学家把数学还原到逻辑语境中。[①]维特根斯坦认为，证明是一个范本，我们说这句话当然可以不必说出什么新东西。证明必定是这样的程序，我就此说：是的，它必定如此；如果我按照这种规则进行，其结果它必定会产生。有人会说，证明原先必定是一种实验，但后来只是被当成了图像。我想说的大致是这样的：即便那种得到证明的数学命题好像指称了自身之外的实在，但它也不过只是表达了对于一种新的（对于实在的）度量的认可。[②]

为了更好地理解维特根斯坦的观点，我们回顾一下之前的算术式子“400+400=800”，这个算式包含了某些算术术语。这个式子是用纯粹的算术符号来表述的，因此要求我们有足够多的变量。维特根斯坦的观点是，对于任何的数学证明题来说，数学解题过程的可观察性是必要的，如果写出的一个算术式子完全不是可观察的表达式，那么这个算术式子也就不是一目了然的，证明也就无的放矢了。在这种语境中，维特根斯坦虽然反对逻辑学家的还原论，但从认识论来看，我们也还需要数学知识，需要一种把计算方程式看成是罗素重言式一样有说服力的知识。[③]但维特根斯坦坚持认为，重言式只是一种应用，而不是算术的证明。

对维特根斯坦来说，他通过阐明严格有限论来反对数学和逻辑的强制性，同时他支持证明的可观察性。马里恩认为，把对算术概念的运算转化为逻辑的观点，刺激维特根斯坦产生了证明可观察性的言论。但是马里恩的回应并不是令人完全信服的，尽管他认为在辩护的实践中通过维特根斯坦关于可观察性的言论，不应

---

① 参见 Marion M. Wittgenstein, Finitism, and the Foundations of Mathematics. Oxford: Clarendon Press, 1998: 223-230.

② 参见维特根斯坦. 维特根斯坦全集（7）：论数学的基础. 徐友渔，涂纪亮译. 石家庄：河北教育出版社，2003：110（§23），112（§27）.

③ Marion M. Wittgenstein, Finitism, and the Foundations of Mathematics. Oxford: Clarendon Press, 1998: 229.

该把他看成是数学的严格有限论者。而在反对逻辑主义的实践中，马里恩又认为，我们无法查明算术证明是否可以用纯粹逻辑符号来表达，因为这仍然是一个悬而未决的问题。

为此，马里恩给出了一个更有说服力的辩护，他在其早期的著作中探讨了维特根斯坦对经验和语法的区分。他指出，维特根斯坦承认实践的局限性，但是这种局限性只是存在于经验范畴或不重要的领域中。他引用《哲学评论》（*Philosophical Remarks*）中的一段话："数字符号系统中的规则是无限的，例如在加法系统中，应用于数学等式左边和右边的规则集是没有限制的。虽然数学规则仍然要受限于具体使用的实践，可能受限于表达方式，如书写和其他因素，但这并不是说数学公式的最终用法全部都是由规则来确定的，而只是说数学公式的本质是用来表达内容的。"①

尽管《哲学评论》是维特根斯坦中期的思想，但上述评论回应了严格有限论的观点。严格有限论在埃拉托色尼筛法中没有做出实际的限制，但其应用存在局限性。然而，在维特根斯坦的后期著作中，他更强调实践的重要性。在这个意义上，应用规则或规则本身并不指示或强迫我们应该如何去做。只有在训练的实践中、在遵守规则者的共同体中才能谈论以某种方式来应用规则，我们才可以谈论规则的要求。如果把维特根斯坦强调实践观点的重要性理解为他引入了严格有限论的话，这似乎是言过其实的。

事实上，维特根斯坦对规则的回应类似于他对一致性的回应。一个逻辑命题陈述了某种一致性，但逻辑命题的内容不是由这种一致性来确定的，语言才是确定逻辑命题内容的先决条件。在当前实践中，维特根斯坦主张人类的某种局限性（例如关于生命的有限性或可观察性的局限）不是通过对数字使用的规则来表达的，即人类的局限性在我们实际应用数字中所起的作用是不重要的。这似乎意味着我们可以考虑人类的局限性和经验因素来扩展我们的数学系统。考虑人类的某些局限性，人们的实践行为不是无穷的，而是有界限的，不管是在现实的行为中还是在假设的可能行为中，这些都只能在一定的范围内实施。即使在数学计算中，我们能够连续不断地做加法或乘法，这也不可能没头没尾地继续下去。如果我们的实践行为有界限，并且我们对于自然数的范围也有不同的限制，那么人们会对计算模型进行不同的诠释。事实上，我们的实践模式或我们的心理意向模型并不

---

① Wittgenstein L. Philosophical Remarks. Rhees R ed. Hargreaves R, White R trans. Oxford: Basil Blackwell Publisher, 1975: §141.

能确定一个独一无二的标准计算模型，我们之所以在实际生活中常常认为有这种模型，是因为我们很容易把我们能够连续运算的数学模式转化为“一台能够连续进行数学运算的理想机器”（或是“一个能够连续计数的理智心灵”）。但是，谈论一台理想机器对于我们实际的数学计算是没有什么意义的，我们所能做的就是通过实际的使用，在数学之内来诠释数学。①

因此，维特根斯坦对于证明可观察性的评论不需要致力于严格有限论，实际上他所给出的评论源自哲学的力量，而不是来自他所给出的某些偶然因素，包括我们如何使用字词或使用字词的特定习惯。当然，我们话语的内容和这些偶然因素共同构成了我们对字词的实际用法，这是维特根斯坦后期的主要观点。让我们回到符号结构的范围是有限的情形中，我们可以研究相同的算术符号，例如，大家都一致同意以一种特定的方式来使用“+”这个符号。正是基于计算的实践，人们通过具体的加法事例来应用和遵守计算规则，但是没有什么计算事例能够最终确定规则的内容，或者能最终确定一种统一的标准，来规定什么时候是在正确地应用规则，或者什么时候没有在遵守规则。这一问题的不同解读方式最终导致了人们对后期维特根斯坦数学哲学观的误解。上述维特根斯坦对数学哲学思想阐述的合理之处在于，他仍然坚持数学证明和发明的人类学性质，并主张数学证明是人们日常遵守规则的一种实践活动。数学证明过程需要生活形式的诸多方面，所以从通常意义上来说，数学证明本质上就是一种社会活动（或是一种生活形式）。数学语言不能是一种私人语言，也不可能私自地去遵守某种数学计算或加法规则，因为数学证明的过程需要共同体的认可和接受。对于维特根斯坦来说，数学证明并不是一种内在的理解活动，而是一种基于生活形式所参与的数学游戏。当然，任何游戏都离不开规则，因此数学证明或计算就是基于生活形式的人们遵守规则的游戏活动。

第五节 结束语

在维特根斯坦的后期哲学中，他用“实践”概念部分地取代了他早期哲学的不可言传性。早期的维特根斯坦主要想用逻辑语言来表征世界的关系，语言被认为是通过图像来表征世界的，因为语言和世界之间具有一种普遍的逻辑形式，因此，逻辑是维特根斯坦解决问题最基本的要素，逻辑成了限制言说的方式。从20

① 参见普特南. 理性、历史与真理. 童世骏，李光成译. 上海：上海译文出版社，1997：74.

世纪30年代起，维特根斯坦不再相信在我们理解世界时逻辑有这种重要的作用，而是用语言本身来取代逻辑的位置。同样，维特根斯坦也认为，在人类生活中真正重要的事情不是由话语来表达的，而在于人们所采取的行动方式，例如，神学试图说出一些重要的事物，“但我们却不知道如何表达它”[①]。因为宗教语言是一类象征性的语言，而非认识性的，因此我们缺乏用正确的科学语言来陈述其内容，对于神学更多地是通过实践行为来表达的。这个时期，维特根斯坦重要的论题是“实践”。

“实践”一词有许多不同的用法与意义，其中一些用法与维特根斯坦通常所说的语言游戏的用法相当接近。维特根斯坦提醒我们：“如果想通过表达式本身来找到其表达式含义的话，这总是有危险的。相反，表达式含义首先要考虑实践因素。”[②]事实上，遵守规则理论是维特根斯坦后期哲学的中心主旨。这一术语源于《哲学研究》，维特根斯坦把遵守规则当作研究实践的核心内容，并且“实践”一词也反复地在《论确定性》和《关于颜色的评论》中出现。《哲学研究》§202中所说的一些重要术语的用法也与日常实践相关：“我们来玩象棋。但是，象棋游戏是经由其所有的规则而构成的。游戏规则体现在日常的教授过程中，体现在日常的实践中。”[③]

当小朋友被传授一个规则时，如数数规则或游戏规则，他们被告知如何做，并且被训练照此行事，随后他们学会了做所要求做的，这是口头教育的结果。在维特根斯坦看来，这种日常训练也就是一种实践活动。在后期，维特根斯坦想用一种基于人们日常生活的遵守规则实践来取代早期的意义决定论图景。

对于究竟在什么样的情况下一种实践活动才算是真正地在遵守规则这个问题，维特根斯坦主张首先要参与到人们的生活形式和语言游戏之中，通过各种训练或亲自经验的实践活动去理解什么才算是真正地在遵守规则。就像是我们想学游泳，理论知识掌握得再丰富也是不得要领的，只有通过自己跳下水反复练习游泳的姿势，才能理解游泳规则。当然，对于维特根斯坦来说，遵守规则不只是参加一次活动，而是要在实践中反复进行练习和训练，从而能形成自发地盲目地遵

---

① Wittgenstein L. Remarks on Colour. Anscombe G E M ed. Linda L M, Margarete S trans. Oxford: Basil Blackwell Publisher, 1977: §317.

② Wittgenstein L. On Certainty. Anscombe G E M, von Wright G H eds. Paul D, Anscombe G E M trans. Oxford: Basil Blackwell Publisher, 1969: §601.

③ Wittgenstein L. Philosophical Investigations. 4th ed. Anscombe G E M, Hacker P M S, Joachim S trans. Oxford: Basil Blackwell Publisher, 2009: §197.

守规则的本能，也可以说是形成一种心理习惯、一种人类自发的天性。如果没有在实践中反复和重复地进行练习，那么就不可能得出规则的规律性，从而进一步自发地去遵守规则。

如果张三从来没有应用过某种新规则，那么说他在实践中已经真正理解了新规则这是很难想象的。人们在日常生活中为什么会去遵守某种规则呢？维特根斯坦认为，遵守一种规则就类似于服从一种命令，人们在长期的生活过程中被训练成这样做，从而人们能以特定的方式对规则或命令做出适当的反应。如果要问某种规则与我们的实践活动有什么关联，那么维特根斯坦给出的可能的回答是：也许是我们受过某种训练，从而能以特定的方式对这种规则和活动做出特定的回应，而且我们现在就是这样回应的。

从维特根斯坦的立场出发，“遵守规则”所存在的问题有：首先，人们在实践活动中受到规则的指导，但这种方式无法保证人们是在正确地遵守规则，因为可能人们自认为在遵守规则，但实际上却是在错误地使用规则。其次，人们在实践活动中恰好在遵守规则，但这种遵守规则的行为却是偶然的，可能这个人根本不知道自己在正确地遵守规则，他甚至都不知道有这种规则的存在。为了规避这些问题，维特根斯坦认为人们在实践活动中所使用的规则必须植根于日常的语言游戏和生活形式之中，或者说实践活动必须植根于人们的习俗、惯例与传统中。人们在实践中是否正确地遵守了规则，或者说在实践活动中人们是否正确地使用了规则，这需要一定的判定标准。这种标准离不开共同体的生活形式和语境，如果没有生活形式和语境，也就无法对于遵守规则的行为做出准确的判定。人们在拥有了特定的规则之后，便知道如何去遵守规则，具有了遵守规则的能力和技术。

对于维特根斯坦来说，遵守规则理论的关键点有如下四方面。

（1）规则植根于人们日常的生活形式，来源于人们的习俗、惯例和传统，只有通过日常的生活实践才能形成规则的规范性，对于不同的活动才能进行规范性和合理性的解释。

（2）只有当把培训或训练的内容变成一种人们共有的习俗、惯例和社会传统，变成人们的天性时，这种对规则的理解才能成为一种习惯，在实践中才能做到盲目地遵守规则。

（3）遵守规则是一种人类的文化社会现象，遵守规则就如同语言游戏一般，是在社会交往过程中建立起来的。

（4）个体通过培训才能掌握一门技术，才能对现象做出如此这般的反应。

因此，规则的标准性是通过集体语境来保证的，对规则必要性的约束是通过后天形成的第二天性来促成的。第二天性的获得就是一种语境依赖——是一种文化同化及文化传播的过程。行动的逻辑性及对规则的遵守是以语境结构为前提的，要通过一群人实际上的一致性行为来保证。遵守规则的活动是一种一再地进行的有秩序的活动，是一种生活实践。规则是由其所属人们的语言游戏和生活形式中重要的习俗、惯例和传统所构成的。因此，规则与行动之间是一种实践关系而非理论关系。理论关系意味着以规则来解释行动，而实践关系意味着用实践描述行动。规则与它所描述的行动之间并没有解释所要求的那种强制性。描述行动的规则实际上扮演了一种完全不同于解释性规则所扮演的角色，它更加接近于主体在特定的生活形式中被训练出来的行为方式，以及一个共同体所共有的习俗、惯例、传统和建制等。

第五章

“意义在于使用”的实践特征

维特根斯坦的“意义即使用”更多地是主张人们通过具体的生活形式来考察或理解词语的实际用法。维特根斯坦主张语词本身并没有固定的意义，只有在实践的过程中、在具体的语境中才能理解语词的意义，当人们的生活形式和语境不同时，相同的命题会有不同的意义。维特根斯坦认为，在任何学科中，语言的意义都当然要考察它在具体情境中的使用，对语言意义的考察并不是单纯地来描述语言主体的内心状态，也不仅仅是对语言主体的外部世界进行澄清，而是既要结合主体的内在心理状态与外在实践行为，同时又要考虑语言主体所处的环境、风俗、习惯与传统等，最终在人们的生活形式和语言游戏之中来考察并解释语词的意义。

第一节　打开意义使用的黑箱

意义理论在维特根斯坦的后期哲学中所占的核心地位是不可否认的。无论是在《哲学评论》《哲学语法》中，还是在《维特根斯坦剑桥讲演集》《哲学研究》《纸条集》等中，维特根斯坦都多次讨论过语言意义的问题。在《哲学研究》等著作中，他把语词和语句比作工具，提出语词的“意义在于使用”这个重要观点，批驳了他在前期所持的语言图像论。他分析了意义与解释的密切关系，批驳了把意义与心理过程混为一谈或把意义与指称等同起来的错误观点，他强调意义对语境的依赖性，也强调意义的不确定性。①

① 参见涂纪亮. 维特根斯坦后期哲学思想研究. 南京：江苏人民出版社，2005：41.

一、语言意义体现于生活实践之中

脱离语言实践活动来谈论字词的意义是毫无益处的。正如维特根斯坦在其后期著作中所阐明的，“在大多数——尽管不是全部——使用‘意义’一词的情况下，我们可以这样解释‘意义’这个词：一个词的意义就是它在语言中的用法”①。“一个词的一种意义就是对于该词的一种使用。因为这就是我们在字词并入我们的语言时所学会的东西。”②“一个词的意义完全在于它的使用，它是在说明中给出的。词并不独自向你作说明：一个词只在命题中有意义。”③“只有在一个语言的实践中一个词才能具有意义。”④

维特根斯坦强调，在大多数情况中，我们可以以这样一种方式来解释字词的意义，即一个词的意义就是它在实际语境中的具体用法。当然，维特根斯坦的“意义即用法”所强调的要旨是，语言游戏实际上是基于生活形式来展开的。人们基于习惯和传统来使用语言，参与到具体的语言实践活动之中时话语才有确定的意义。因此，“意义在于使用”所强调的是意义最终要体现在实践活动之中，要在语境中来确定，脱离语境的话语便是无意义的。

维特根斯坦的“意义即使用”所反对的是人们脱离具体的生活形式来解释或理解字词的意义，也反对词语拥有恒久的和固定的意义。例如，在一种语境中，如果一个词D用来意指“狗”的话，那么它的用法应该具备哪些事实或因素呢？是否可以用纯粹的行为术语来描述D呢？再者，一个词的用法是否还需要语义概念呢？“我使用‘N’这个名称并没有固定的意义……能不能说我是在使用一个我不知道其意义的词，因而在说无意思的话呢？——只要不妨碍你看到事实，你说什么都随你的便。”⑤“一个词的一种意义就是对于该词的一种使用。”⑥因此，维特根斯坦认为，在“意义”这个词的使用中，最为重要的是在整个游戏中相同的字词其意义要有一致性。

维特根斯坦想打开意义概念的黑箱，包括衍生的意向概念，如信念和欲望，用相对没有歧义的字词来解释它们的意义，如必须用清楚明白的符号来解释“活

---

① 维特根斯坦. 维特根斯坦全集（8）：哲学研究. 涂纪亮译. 石家庄：河北教育出版社，2003：31（§43）.

② 维特根斯坦. 论确定性. 张金言译. 桂林：广西师范大学出版社，2001：11（§61）.

③ 维特根斯坦. 维特根斯坦全集（5）：维特根斯坦剑桥讲演集. 周晓亮，江怡译. 石家庄：河北教育出版社，2003：74.

④ 维特根斯坦. 数学基础研究. 韩林合译. 北京：商务印书馆：355（§221）.

⑤ 维特根斯坦. 哲学研究. 李步楼译. 北京：商务印书馆，2009：56（§79）.

⑥ 维特根斯坦. 论确定性. 张金言译. 桂林：广西师范大学出版社，2001：11（§61）.

的”这一意向概念。事实上，维特根斯坦的做法倾向于把关于意义的意向事实还原于字词的非意向用法。因此，就当前语境而言，字词的用法不应该包括“用于指称这样的概念”或“用于表达这样的概念”等，字词的使用必须被限制在非语义的用法方面，包括生理、行为和某些心理方面。在具体的实践中，语词的用法是多种多样的，只有在特定的生活形式和语境中才可以谈论语词的特定意义和指称问题。在不同的语境中，同一字词可以被用于指称不同的对象，正如不同的语句在相同的语境中可能拥有相同的真值和意义一样。

> 某物为真的标准是在日常语言中事先制定好了的。是在语言中（在规则、图表等等中）来制定的。“但我怎么会知道在这种特殊的情况中是如何运用它们的？因为它们是用日常语言制定的，它们也就介入了日常语言的其他规则；即它们在我的特殊情况中没有任何帮助。是否存在这样一种东西，它证明了我在这种具体情况中所做事情？而且是根据具体情况，而不是根据规则？我能否说我有理由去使用这个句子。”①

维特根斯坦在《哲学研究》中质疑了奥古斯丁的意义观，与之形成对比的是，后期维特根斯坦将语言游戏说归结于“语言-共同体”问题。我们不能单独地看一个语词的意义，而要在这个语词的使用中来考察它的意义。因此，我们通过训练及亲身经验来教孩子说话，这是一种实践过程，而不是仅仅依赖于解释和定义。

> 奥古斯丁在其《忏悔录》I/8 节中写道：假定大人们命名了某个对象并且与此同时转向它，我看到了这个事实并且领会到，这个对象被经由他们想要指向它时所发出的那些声音加以表示了。但是，我是从他们的身体活动——这个所有民族的自然的语言——中获知这点的。……以这样的方式，我逐渐地学习理解了我一再地听到人们在其在不同的命题中的诸特定的位置上说出的诸语词是表示哪些事物的。现在，当我的嘴巴已经习惯于这些符号时，我便借助于它们来表达我的愿望。……奥古斯丁没有说到词类之间的任何区别。②

① 维特根斯坦. 维特根斯坦论感觉材料与私人语言. 江怡译. 杭州：浙江大学出版社，2011：47.

② 维特根斯坦. 哲学研究. 韩林合译. 北京：商务印书馆，2015：7（§1），9（§3），10（§5，§6）.

奥古斯丁的意义观类似于维特根斯坦早期在《逻辑哲学论》中所做的解释，从传统来看，字词都与现实有关，并且我们通过观察言语者的行动来学习语言。如果在实践中我理解了一个命题，那我就知道了这个命题所表现的事态。而且无需其他人向我解释这个命题的意义我就可以理解它。因此，一个命题的意义就是该命题与基本事态存在与否的诸种可能情况的一致或不一致。①在维特根斯坦看来，当一个命题为真时，则世界中必须存在该命题所对应的基本事态；如果在世界中某个命题为假，那么至少表明该命题所表述的基本事态是不存在的。事实上，正如维特根斯坦所言，人们正是以这种方式来学习话语的。语言的运作依赖于话语与事物（或属性）之间的因果关联。

在《哲学研究》§43 中，维特根斯坦所要表达的意思是，如果一个给定的字词有意义的话，那么该词的潜在特性便描述了其所拥有的特定含义。因此，维特根斯坦所关注的是字词所具有的各种意义-属性，所讨论的是字词性质的问题。通常对“意义”这一词总是要有一个明确的定义，即“这样或那样的意义是什么”。例如，“单身汉”是指未婚男性。这种定义的方式是通过再次说明含义，即依靠一个更基本的同义词来进行表述的，这个同义词的成分应该比所要定义的词更加基本。

如果要定义的这个词本身已经是最基本的词了，如“红色”一词，那么我们将完全不知如何来进一步定义“红色”。如果只依据字典中对某个语词的归纳意义，并将其视为唯一的意义真理，而不看词语使用的情景，那就可能会误解说话者的本意。正如人们可能会问红色的事物是什么、什么是真实的事物等。同样，人们可能会问，“红色”意指什么？或者说，连词“和”是什么意思？“电子”是什么事物？事实上，这就是维特根斯坦想让我们回答的问题。最终，维特根斯坦建议每一个词的含义都是由它用法的某些事实构成的。

在许多情况下，表达式的使用和实用性可以得到充分的描述而不需要引入话语与事物之间的相关性。考验人们理解话语的关键因素是何时及如何使用这些话语。就字词的实际用法（actual use）而言，实际用法是指字词被说出的方式。这有一种吸引力，即当理论框架有问题时，人们把哲学中的主题看成是类似于自然科学“硬”的实验事实，或者类似于数学组合事实。②早期的维特根斯坦并不否认

① 参见维特根斯坦. 逻辑哲学论. 韩林合译. 北京：商务印书馆，2015：33（§4.021），49（§4.2）.

② Kreisel G. Wittgenstein's theory and practice of philosophy. The British Journal for the Philosophy of Science, 1960, 11(43): 238-251.

词语指示或指称了实在事物，人们甚至可以用字词来谈论数字、经验、价值观等。而后期维特根斯坦的观点是，事物“有意义”（signification）并不构成事物的意义（meaning），而事物的意义必须是有意义的。

在《哲学研究》§1 中，维特根斯坦要求我们考虑如下情况：试想人们如何使用“5”这个词。例如，在水果中数出“5”个苹果，然后他接着说，“字词是以类似的方式来操作的”。之后他在《哲学研究》的§2 和§8 中继续进行阐释，他举例说建筑工人在工作时需要“石板”、“砖块”或“横梁”，然后这名工人的助手就递给了他板、砖或梁。在所有这种原始语言游戏中，我们始终是以一种术语和非语义的方式来描述字词的用法的，并构成了字词的意义。

在这些话中我们得到了关于人类语言的本质的一幅特定的图像——我觉得事情是这样的。即这幅图像：这个语言的语词命名对象——命题是这些名称的结合。——在这幅关于语言的图像中，我们发现了如下观念的根源：每一个语词都有一个意义。这个意义被配置给这个词。它就是这个词所代表的那个对象。……我们可以说，奥古斯丁描述了一个交流系统；只不过，并非我们称为语言的所有东西都是这样的系统。……当小孩学习说话时，他们便运用这样的原始的语言形式。在此语言的教学绝不是解释，而是一种训练。……我将称其为“语词的实指教学”。——我说，它将构成训练的一个重要的部分。……这种语词的实指教学可以说在一个语词和一个事物之间建立起了一种联想性的结合。①

因此，在你理解了数字“5”之后，就知道如何使用数字“5”来计数和计算，你也可以指定数字“5”意味着什么。同样，在你学会如何使用颜色谓词“红色”之后，你可以理性地告诉他人，红色代表的是红色的属性。这样的引用规范预设了对字词的理解在于掌握它的用法。只有在一些特定的情况下，人们才需要掌握字词与对象的关系。

这门语言中的这些字词是什么意思呢？——如果它们不具有这类用法的话，那么应该表明这些字词是什么意思？对于大的分类来说，显然不

① 维特根斯坦. 哲学研究. 韩林合译. 北京：商务印书馆，2015：7（§1），9（§3），10（§5，§6）.

是所有的字词都可以使用“意义”来定义，因此字词的意义在于它在语言中的使用。一个名字的含义有时是通过指向名字的承载者来解释的。[①]

这种关于字词语义概念的还原论方法已经蕴含了我们应该如何来回答维特根斯坦的“意义在于使用”的问题。当我们说，在语言语境之外来谈论某一对象，如谈论一本书的用法时，我们可能会想到日常生活实践中关于书的用法。但人们可能会质疑，在理解字词的意义时，究竟哪种意义上的用法才是维特根斯坦的观点。在《哲学研究》§1 中，维特根斯坦倾向于表明的是“我们使用字词的方法”。他认为，除了能描述字词所拥有的语义属性之外，我们不能说字词可以用来做什么。例如，“红色”一词的功能是表达“红色”，以及用这一概念来挑选出红色的事物。这应该是一个字词的使用，才产生了它的意义。

二、意义理解的语境性

维特根斯坦强调，理解一个词的意义就要先了解其使用的规则，而要掌握相关的使用规则就要参与到相关的实践活动之中。例如，张三要理解中国象棋中“車”这个棋子的意义，那就离不开中国象棋的特定游戏规则。但张三是否实际理解“車”这枚棋子，这得看他在实际下棋过程中的用法是否正确。如果张三不是依据中国象棋规则来下棋，那么他就没有在正确地遵守规则。理解语词的意义不是通过解释文字来完成的，而是要把语言和具体的行动结合起来。换言之，是要在语言游戏的训练中来加以说明。因此，在理解语词意义时，需要根据一定的语境，并结合人们日常的生活形式，在相关的语言游戏中对语词的意义进行说明。解释意义不是在文字中兜圈子，而是结合语言在生活中的实际使用，是一种实践活动。

维特根斯坦在强调意义使用观的同时，也密切关注意义与语境之间的关系，因为语言表达式的具体用法要依赖于一定的语境。所谓语境，一般是指语词和语句被说出时的外在环境，或者是说语词及语句在上下文中的关系。当然，对语词或语句的理解离不开具体的语境，那么对语词和语句意义的理解也必须结合语境因素。正如当我们看到一把剪刀时，我们知道是用它来剪纸还是用它打开瓶瓶罐

① Wittgenstein L. Philosophical Investigations. 4th ed. Anscombe G E M, Hacker P M S, Joachim S trans. Oxford: Basil Blackwell Publisher, 2009: §10, §43.

罐，剪刀的用途必须依据特定场合才能来确定，人们才能理解它的价值。同理，对于一个语词或语句，也必须在它们被使用的特定语境下才能理解它们的用法，从而确定其意义。

在《哲学研究》和《论确定性》中，维特根斯坦也列举了很多的例子来阐明语境的重要性，尤其是在理解语词和语句意义时语境所起的重要作用。例如，“它在这里”这个语句的意义，独立地看起来似乎不知所云，但如果张三指着他面前的一件东西说“它在这里”，此时这个语句就有了意义，有了指称性。因为此时这个语句已经与特定的环境和对象关联在了一起，我们也很容易看出这个语句所表达的内容和目的。在后期，维特根斯坦主张，如果我们要理解语词和语句的具体意义，首先就必须弄清楚它们所在的语境或外在环境等，只有在具体的语境中才能厘清语句或语词的用法和意义。

在进行语言游戏时，维特根斯坦把生活形式当成语言游戏的背景，把语句当成语言游戏的基本单位。语句的具体意义必须是在使用的语境中来确定的，离开了基于生活形式的语境，单独谈论语句的意义便难以理解语词或语句的真实意义，因为语词或语句的意义是动态变化的。在日常生活中，有些用法已经深入人心，而有些用法对我们来说则是陌生的。因此，维特根斯坦主张只有在具体的使用过程中才能明确地谈论语词和语句的意义，当然，这种具体使用的语境又必须受到一定习俗、传统和惯例的制约。维特根斯坦反对脱离语词或语句的具体语境而孤立和抽象地谈论语词意义。因为语句的意义在于使用，在于使用的语境。

基于意义使用观，维特根斯坦对指物定义的方式进行了尖锐的批评。如果“意义”一词只是用来描述词与指称物之间的对应关系，那么“意义”一词的用法就是不恰当的。当词与指称物的关系不再对应时，那么是否这个词就不再有意义了呢？试想一个名称的拥有者如张三，当张三寿终正寝的时候，我们说“张三”这个名字的拥有者去世了，而不能说“张三”这个名字没有意义了。虽然名字与指称物不再有对应关系，但是它仍然是有意义的。在日常生活中，我们可能无法说明一个特定的词到底指称什么样的对象。

维特根斯坦在论证私人语言不可能时指出，人们在实践中并不是先有感觉然后再给感觉命名的，而是首先学会了感觉语词的意义。因而他指出，以“感觉-命名”的模式来说明感觉语词的意义这一做法是错误的。维特根斯坦在后期坚持意义的使用观，同时批评了实指定义的观点，他主张语词的意义要植根于实践之中，通过实践来阐明其用法和意义。也就是说，要想了解一个词的意义，就要知道它是如何被使用的，是如何在一定的环境中被使用的。这正如当我们下棋时，如果有人问“什么是王棋”，我们不能随便拿起一个棋子说“这就是王棋”一样，因为这样做无法使人知道“王棋”的意义。我们应该给他指出在下棋时如何使用“王”这个棋子，即其所依从的规则或用法。

事实上，后期维特根斯坦正是通过语言游戏、生活形式及家族相似性等概念来反对任何传统哲学对本质追寻的做法的。维特根斯坦主张，由于语言具有各种不同的用法，语词或命题的意义必须依据它在不同生活形式及语言游戏中的作用来理解，语词的意义就是语言在语境中的用法。因此，如果要确定语词或命题的意义，那就必须引入它所在的情境或语境因素，甚至包括言者和听众的心理状态等，这样才能表明语词或命题正确使用的条件，从而说明语词或命题的意义。在这里，维特根斯坦想要表达什么意思呢？他用字词的用法来意指什么呢？是意指用法的规则还是仅仅意指规则或倾向？

很多学者把维特根斯坦“意义即用法”的主张理解为字词在语言游戏中的用法，其实更为重要的方面是孩子在语言游戏中获得词义的过程和条件，即词义的获得不是通过解释而是通过训练。他由此提出意义即用法的观点，抛弃了早期词和对象相对应的图像论观点。意义用法论具有重要的认识论价值，因为真正的元语言的意义只能通过使用获得，这样的元语言就是自然语言，而自然语言内部无法区分对象语言和元语言，不可能被完全形式化。①

第二节　“意义在于使用”的普适性

虽然后期维特根斯坦提出了意义使用观，从而走进了实践哲学的视域，但是他的“意义在于使用”这一观点是否具有普适性？或者说在什么范围内我们可以运用该观点呢？抑或只有某些字词适用于意义使用观呢？通过对《哲学研究》§43的考察我们可以发现，事实上维特根斯坦只是赞同部分字词的意义等同于它们的用法。例如，维特根斯坦主张，名字的内涵通常是由名字所指向的对象或名字的承载者来解释的。②

---

① 参见陈保亚，陈樾．意义即用法，规则即类推——从维特根斯坦的语言观和数学观说起．北京大学学报（哲学社会科学版），2015（1）：116-124.

② 参见 Wittgenstein L. Philosophical Investigations. 4th ed. Anscombe G E M, Hacker P M S, Joachim S trans. Oxford: Basil Blackwell Publisher, 2009: §43.

一、对概念使用的解释

维特根斯坦在《哲学研究》中主张，在一种语言游戏或一种大的分类系统中，我们使用的字词或语句不是都能用“意义”来定义和说明的。在理解语词或语句时，我们通常采用“意义”这一词，是因为它被定义为语词的意义就在于其使用。

> 我要解释说：一个词在语法中的位置便是其意义。
>
> 但是，我也可以说：一个词的意义是意义的解释所解释的东西。
>
> ……
>
> 意义的解释解释了一个词的用法。
>
> 一个词在语言中的用法便是其意义。
>
> 语法描述语词在语言中的用法。
>
> ……
>
> 作为一个词的用法，一个词的意义虽然由制约着其的语法规则所决定，但是它并不等于语法规则的总和或清单。……严格说来，说一个词随身带有其意义也是没有意义的。我们只能说：如果在特定的语境中它得到了适当的使用，那么它便是有意义的，或者说一个语词活在其使用之中。①

在我们理解语词或语句的过程中，例如，当我们理解“电脑”“水杯”“立方体”等概念时，我们用这些概念意指什么呢？在《哲学研究》中维特根斯坦指出：

> 当某个人对我说出“立方体”这个词时，我知道它意指什么。但是，当我以这种方式理解它时，这个词的全部使用能够都在我的心中浮现吗？
>
> 可是，另一方面，这个词的意义不就是由它的全部使用来决定的吗？而决定意义的这些方式会不会互相冲突？我们在一刹那间抓住的东西能不能符合于一种使用，适合于或不适合于该使用？而且，在一瞬间在我面前呈现的东西，在一瞬间在我心中浮现的东西，怎么能够适合于一种

① 韩林合．维特根斯坦《哲学研究》解读(下册)．北京：商务印书馆，2010：1119-1120.

使用？……我完全可能以不同的方式来使用它。[①]

显然，维特根斯坦的这种解释只是针对某些字词的“意义”，而不是对于所有字词意义的子集而言的。但是意义观本身是有歧义性的，有时人们用它来指代指称物，有时却意指解释，有时还用来说明语用含义（implicature）——而这些都没有表明“意义等于用法”。还有一种“意义”，即语言文字在字面上的意义。例如，德语中的 wasser（水）与我们中文所说的“水”含义一样吗？并且“水”又不同于化学分子式 H_2O 的含义。正是在这个意义上，维特根斯坦坚持认为字词最根本的意义在于它的使用。

根据维特根斯坦的观点，在意义问题中字词的使用规范似乎并不是单一的，而是有多种可选择性。第一，一个字词的意义应该由它被使用的方式来构成。第二，我们采用一些判定标准，这些标准提供了字词的意义。在特定的情况中，人们通过什么方式来判定所理解的意义是适用字词的呢？第三，当进行字词游戏或语言游戏时必须有规则来规范，这种规则的规范性来自人们的生活形式。第四，所有使用的原则可能是规律、倾向，或整个法则的非标准性、非规范性的语言活动。

如果说我们必须四选一或多选一，那么实际上这是一个错误的假设，因为这些观点之间相互不是排斥或矛盾的。事实上，维特根斯坦的观点有多种，但最突出的也许是第三种观点。维特根斯坦经常讨论的是语言和游戏之间的类似性。同样，字词的使用也像国际象棋的棋子一样是受规则支配的。但是，在语言游戏或在理解字词时要遵守的是什么规则呢？更具体地说，如果有人在悄悄地遵守一种规则，或者在隐式地遵守规则，那该如何来理解这种行为呢？维特根斯坦通过举例来说明规则被隐式遵守的情况。“当人们在玩游戏时，某些人通过观察其他人在游戏中的玩法和互动，然后自己从这种过程中学会了如何玩一种游戏。但是，游戏必须有游戏的规则，不同的游戏是根据不同的规则来进行的，某些观察者可以通过这些游戏的实例来体验或理解这些游戏规则，就像自然法则支配自然界的游戏一般。”[②]

在《哲学研究》中，维特根斯坦主张，在遵守规则时规范一经导入，那么人

---

① 维特根斯坦. 哲学研究. 李步楼译. 北京：商务印书馆，2009：81（§139）.

② Wittgenstein L. Philosophical Investigations. 4th ed. Anscombe G E M, Hacker P M S, Joachim S trans. Oxford: Basil Blackwell Publisher, 2009: §54.

们应该做什么是相当清楚的。首先，人们去遵守一条规则是因为这包含了遵守规则的意愿，并且人们能提供如此行动的一种内在原因，即说明他的行为的原因。其次，为了沟通的顺畅，共同体中的所有成员应遵守一些相同的规则。如果一个词的含义是由许多专家建构的，那么不仅这些专家在遵守这种规则，而且共同体中的每个人都应遵守这种规则。最后，为了追求真理，应避免错误的信念。如果一个字词是指“狗”的话，那么应该把该词应用到狗身上，并且只能运用于狗。因此，对于某个概念而言，该词是要遵照用法规则来应用于特定的事物，而不是应用于其他事物。

> 假如我们用人或某种另外的生物作为阅读机器。为此对他们进行了训练。训练者谈到其中的一些时说，他们已经能读了，而谈到另一些时则说，他们还不能读。拿一个至今尚未参加过训练的学生为例：给他看一个书写的词，他有时会发出某种声音，这种声音有时碰巧会“偶然地”大致正确。刚好此时有个第三者听到这个学生的声音，于是说：“他在读。”但教师却说：“不，他不是在读，那只是一种巧合。”——但是，让我们假定这个学生对以后放到他面前的词继续做出正确的反应。过了一会儿，教师会说：“现在他会读了！”——但对前面的第一个词怎么说呢？教师是不是该说：“我错了，他是读了那个词。”——还是说：“他只是后来才开始真正地读”？他什么时候才开始读的？他读的第一个词是哪一个？这个问题在这里毫无意思。①

字词的使用功能是否构成了字词的意义呢？答案可能是多方面的，既有规范性的事实，也有规范性的承诺，还应该类似于遵守游戏规则，并且纯粹是规律性的。我们可以把维特根斯坦的观点重构如下：有一些倾向或方式来使用这些字词；这样的语言游戏必须要有规则；而遵守规则的活动是我们要赋予字词以意义，或给予一个字词以真值。人们应该有目的地将“狗”的概念用于狗，并且只适用于狗。

二、关于“意义在于使用”的不同观点

福多（J. Fodor）和莱波雷（E. Lepore）明确表示反对维特根斯坦的意义使用

① 维特根斯坦. 哲学研究. 李步楼译. 北京：商务印书馆，2009：94（§157）.

理论。他们认为维特根斯坦的观点会导致一个不可接受的整体论。如果一个字词的意义，如 W 等同于它的用法的话，那么字词的细微变化都会改变字词的用法。因此，人们就要不断地接受一个含有 W 的新句子。但是福多认为，字词的意义肯定是有稳定性的，并且字词的部分意义不构成整体的意义，字词的某些特殊用法才构成了字词使用的个例。从蒯因（W. V. O. Quine）对字词的分析/综合区分来看，许多哲学家也认为这是一个不可解的难题。但维特根斯坦认为，这并没有什么困难，在一般的实践规则和这些具体应用规则之间，直观上就有着明显的差异。这种差异是一种解释的顺序问题：人们可以说字词的意义是由使用构成的，通过确定这些字词的用法再来解释其他字词。

谈到意义理论，不得不提及的一位人物就是普特南（H. Putnam），他在后期倡导语义外在论，即语词的意义与所指对象是在经验中确定的。由于主体都处于外在的物理世界之中，所以主体的所思所想要受到物理世界的影响。例如，张三和李四可能具有相同的心理结构，但如果他们处于不同的生活形式之中，那么相同语词的意义就有可能不同。在此基础上，普特南明确主张，语词的意义不在人的头脑之中。为了证明这种意义观，普特南设想了孪生地球案例来辅助理解。假设现在有一个地球人张三 1 与孪生地球人张三 2，尽管他们两人有相同的大脑结构和心理状态，但他们在用“水”表示他们各自星球上相对应的物质时，所指的也许是相同的，只不过地球上水的化学分子式是 H_2O，而孪生地球上水的化学分子式则是 XYZ。尽管他们两人使用水，外在指称也完全是一样的，水可以用来喝、浇花、沏茶等，但是他们关于水的意义却是不同的，在张三 1 的大脑中水是指 H_2O，而在张三 2 的大脑中水却是指 XYZ。这充分说明意义不在头脑之中，语词的意义和使用依据语境的不同而不同。[①]“人们是在某种环境中学习‘思考’一词，也就是学习它的用法，可是人们不学习对这种环境的描述。”[②]

柏奇是当今英美意向性研究领域内最有成就和最有争议的人物之一。他认为，在具体说明意义的形成和本质时，必然会涉及两个问题：一是意义的因果性问题，即意义依赖于什么、由什么所决定。他的基本观点是：意义因果地依赖于环境。这里的环境既包括物理环境，又包括社会环境。二是意义的个体性问题。这是一个更为复杂的问题，它要回答的是：意义的个体差异性是由什么决定的。[③]因此柏

① 参见高新民. 意向性研究的心灵哲学进路. 学术月刊，2008，(10)：47-55.

② 维特根斯坦. 心理学哲学评论. 涂纪亮译. 北京：北京大学出版社，2012：326（II，§200）.

③ 参见高新民. 意向性研究的心灵哲学进路. 学术月刊，2008，（10）：47-55.

奇主张，如果在日常生活中人们不与经验世界产生互动的话，那么我们也无法拥有那些心理意向。

达米特认为，如果两个人对陈述的使用意见完全相同，则他们对其意义的理解也完全相同。理由是陈述的意义完全在于它作为个人交流的工具，正如象棋中棋子的威力完全在于它在棋局中按规则进行的作用一样。一个人不能交流那些不可能观察到的东西，如果某人把某个数学符号或公式与某种藏在他内心的含义相联系，而这种联系又与他对这个符号或公式的使用无关，那么他就无法凭借这个符号或公式来表达那种含义，因为他的读者意识不到这种联系，并且没有手段来知道它。[①]这个论证可以用于理解字词的意义，某个符号或词语的意义常常可以用言语来表达，并且该词语或符号要遵照一定的使用规则。

但是一般来说，如果假定意义就是可用言语表达的话，那么就会陷入无限回归，即如果对一个词语意义的掌握一般地表现为陈述其意义的能力，那么尚未掌握相当丰富语言的人便不能够学习语言。因此，大体上构成对语言理解的那种知识必定是内蕴知识。然而，把内蕴知识归于某个人是没有意义的，除非他有可能说出这种知识表现在什么地方，然后在具备这种知识的人和不具备这种知识的人之间进行行为或能力的区分。例如，张三掌握某个数学陈述或数学命题的意义，那么在实际的运用中，张三对于其他人表现出的这种能力能进行积极的回应或响应，或者张三与他人能以相同的方式来使用这个陈述或命题。[②]

达米特的另一条论证路线是从数学学习的思路出发的。当我们在学习数学算法、数学符号或进行数学语言游戏时，我们需要做的是学习语言陈述在数学证明中起什么作用，以及如何将它们用于数学之外的场合，我们还需学习哪些论证通常能赋予它们或然性。那就等于假定在教某人数学理论语言时，他学习了直接传授给他的全部内容，从而他的种种行为都表现得好像是他能理解这种语言，但实际上他并不是真正地理解它，或者只是不完全正确地理解它。不过这样的假定就等于使意义成为无法表达的东西，也就是说，原则上是无法交流的。对于意义的理解如此因人而异的这种情况与实际进行的数学活动是完全不相干的，实际进行的数学活动包括一整套理论，许多人共同从事于其中。进行数学活动也是一种探

① 参见保罗·贝纳塞拉夫，希拉里·普特南. 数学哲学. 朱水林，应制夷，凌康源等译. 北京：商务印书馆，2003：114-115.

② 参见保罗·贝纳塞拉夫，希拉里·普特南. 数学哲学. 朱水林，应制夷，凌康源等译. 北京：商务印书馆，2003：116.

索，在一定的范围内每个人都可以将他的数学研究成果与别人进行交流。①

因此，如果我们坚持维特根斯坦的“意义在于使用”的观点，那么我们似乎就无法在实践中来修正数学公式，即数学内容不能进行任何形式的修正。因为我们使用的数学形式或数学模型都是业已建立或业已证明了的模式。如果我们坚持维特根斯坦的意义使用观，那么导致的直接后果就是与业已建立的数学原则相冲突，最终导致维特斯坦的意义使用观不起作用，或者是抛弃那些已经得到充分证明的数学形式或符号。

事实上，后期维特根斯坦认为，基于我们生活形式的日常数学实践，连同那些已经被人们所普遍接受的其他数学形式一起构成了我们数学陈述或数学命题的意义。从而使我们既保留了意义使用观，同时又保留了数学命题的客观性。正确或不正确的推理，其标准不是由某种外部的柏拉图式真理的领域提供的，而是我们自己提供的，是由“一种习俗（convention）、一种使用或我们的实践需要”提供的。使用和不使用习俗并非哪一个更正确（true）；它只是哪一种更有用。②

根据普特南等人的观点，“我们去探究任何单个命题或陈述的含义，或者去探究任何单一的数学理论或物理理论的含义都是不合法的。因为每个陈述或命题都要与整体语言领域中的其他诸多陈述或命题之间有密切关系。因此要理解这些陈述或命题，就必须理解整体语言环境。在整体的语境中，这些陈述与命题才能得到正确的理解或修正。要理解陈述或命题的意义，就要充分理解它们在构成我们语言实践的整体网络中所起的作用”③。

根据上述观点，我们之所以能接受某种数学理论并承认它的定理为真，是因为在日常实践中，这种数学理论是整个复杂结构中的一个适用的子结构，由此不难给出这种数学理论的真值条件。根据这样的条件，这些陈述可以个别地被判断为可接受或不可接受，而不涉及语言的其余部分。

在数学领域中，“使用完全决定意义”这一论点的要旨是理解真理概念，是对数学语言或符号意义的掌握，其关键点就在于人们知道在什么时候该语句或符号为真。也就是说，我们必须在使用的过程中能判定该数学语言或符号的真值。从柏拉图主义的观点来看，柏拉图主义的意义理论指出，个体对这种数学语言或语

---

① 参见保罗·贝纳塞拉夫，希拉里·普特南. 数学哲学. 朱水林，应制夷，凌康源等译. 北京：商务印书馆，2003：115.

② 参见瑞·蒙克. 维特根斯坦传：天才之为责任. 王宇光译. 杭州：浙江大学出版社，2014：580.

③ 参见保罗·贝纳塞拉夫，希拉里·普特南. 数学哲学. 朱水林，应制夷，凌康源等译. 北京：商务印书馆，2003：116.

句意义的掌握就在于他知道使这个语句为真所必需的条件是什么。当然，在维特根斯坦看来，这种观点明显违背了使用完全决定意义的原则。当我们学习某一部分数学语言时，我们学习的实际上是数学陈述为真或为假的根据是什么。对于简单的数学陈述，我们要学习判定它们为真或为假的某种计算过程；对于较为复杂的数学陈述，我们要学习如何证明或反证它们。这就是我们要努力精通的数学实践，我们对于这些数学陈述意义的掌握正是表现为精通这样的数学实践过程。

第三节 “意义在于使用”的语境主义

后期的维特根斯坦十分重视语词意义与语境的关联，强调语词意义对于语境的依赖。维特根斯坦对早期形式化的语言进行了批评，他认为正是抽象的语法和意义使语言失去了生命力，也失去了与日常生活的联系。因此，他提出语言应该是动态变化的，与人们的日常生活是息息相关的，对语言用法的研究应该在它实际出现的场合来分析，这实际上传达的是一种语境论的思想。

一、维特根斯坦的语境原则

后期的维特根斯坦极其重视语境问题。他认为现实世界的存在物只有在社会关系中才能得到准确的理解。例如，在一定的语境下，钢笔可能是用来书写的工具，但在另一种语境下，它却可能只是一种装饰用的物品。在原始社会的生活形式中就不会存在“商品”“市场经济”等概念；离开中国象棋的语境，就不会存在象棋中的“象”“士”“帅”等概念；离开了篮球游戏的语境，也就不会有“打手犯规”“盖帽”“带球撞人”等术语了。随着语境论思想向哲学各领域的渗透，各种理论问题似乎都与语境相关。尤其是在认识论和语言哲学中，对语境敏感性和语境相对性的讨论更加突出。追本溯源，对语境问题的讨论从来离不开弗雷格的语境原则（context principle）和维特根斯坦的“意义在于使用”等理论。弗雷格主张“只有在语境中一个命题才有意义”[①]。

在《哲学研究》中，维特根斯坦主张，“一个词的意义在于它们在语言中的各种用法。在大多数的实践领域或范畴中，我们可以对语词或语句进行定义并阐

① Frege G. Foundations of arithmetic//Beany M. The Frege Reader. Oxford: Basil Blackwell Publishers, 1997: 73.

明其‘意义’，因为意义在于其用法”[①]。因此，维特根斯坦认为，语言的本质表现在它在社会交往中所起的作用、所实现的交流功能，表现在它为起到这些作用和完成这些功能所产生的语言用法。如果语言就是语言交流本身，那么由于交流内在地具有社会性质，所以语言也就内在地具有了社会性质。在维特根斯坦看来，语言与语言的使用之间是密不可分的，因为语言要有意义，概念不仅要有定义上的一致性，还要有判断上的一致性。维特根斯坦在其后期主要著作《哲学研究》中曾多次提及或谈论所谓的语境及话语情境，也曾多次主张通过语境-环境显现的方式来完成语言产生的观点。[②]因此离开了特定的语境，人们就无法准确地理解这些概念或语词在日常生活中的意义。

同样，维特根斯坦也主张，在进行语言游戏时不能脱离特定的语境来谈论事物的意义。人们是在一定的生活形式和语言环境中来理解事物的。语词的意义或特定对象的意义取决于人们在日常生活形式中是如何来使用它的。用海德格尔的术语来说，此在是在世的在，是与其他此在的共在中的在，在的意义是此在在处世的境域中展现出来的。[③]在人们日常的实践活动中，总是会存在一定的语境因素，这些语境因素的存在离不开人们的生活形式，人们也正是在这种生活形式中来进行各种语言游戏、阐明语词或语句的意义的。语词的意义与用法要结合一定的语境和遵守相关的语言规则来理解。如果没有相关的语法规则，就无法确定语词的实际意义；离开一定的语境，也无法区分简单对象和复合对象。

> 对于“意义”这个词的利用的诸情形中的一个大类来说——即使并非对于其利用的所有情形来说——人们可以以这样的方式解释这个词：一个语词的意义就是其在语言中的用法。
>
> 人们有时通过指向其承受者的方式来解释一个名称的意义。[④]

因此维特根斯坦主张，要了解词和语句的意义，必须考察它们被使用于其中的特定环境，考虑使用它们的目的和用途。他对意义的反思已经让人们产生了过多的误解，从而衍生出了许多不同版本的语境论思想。在现当代的一些研究维特

---

① Wittgenstein L. Philosophical Investigations. 4th ed. Anscombe G E M, Hacker P M S, Joachim S trans. Oxford: Basil Blackwell Publisher, 2009: §43.

② 参见樊岳红．维特根斯坦语境论思想初探．科学技术哲学研究，2016，(2)：35-39.

③ 参见张庆熊. 社会科学的哲学：实证主义、诠释学和维特根斯坦的转型. 上海：复旦大学出版社，2010：140.

④ 维特根斯坦. 哲学研究. 韩林合译. 北京：商务印书馆，2015：39（§43）.

根斯坦的学者中，一般都会赞同语言表达式的意义与表达式使用于其中的语境有密切联系，不可能完全脱离表达式被使用于其中的语境来确定表达式的意义。但在语境的范围上，或者说在什么是意义的基本单位上，却存在着许多分歧。[①]接下来将讨论两种比较有影响力的意义语境论观，即以科南特（J. Conant）为代表的意义取消主义（meaning-eliminativism）语境论和以特拉维斯为代表的意义不充分决定（meaning-underdetermination）语境论，通过比较分析两种观点之间的异同，进而可以阐明和澄清维特根斯坦的语境原则。

二、意义取消主义语境论

科南特在《维特根斯坦论意义与使用》（“Wittgenstein on Meaning and Use”）一文中提出了“意义取消主义”这一观点。除科南特之外，支持这种激进的意义取消主义观点的还有安娜·贝里奎斯特（Anna Bergqvist）和弗朗索瓦·雷卡纳蒂（Francois Recanati）等。贝里奎斯特认为“这里没有意义不变的核心术语，字词的应用不能脱离特定的使用语境”[②]。雷卡纳蒂则认为意义取消主义者取消的是意义概念，虽然意义本身不能够确定句子的真值条件或概念正确应用的条件，但意义并非场合-不敏感的。[③]

科南特认为，我们在理解语词或命题时不能独立于特定的生活形式或语境，或者说不能独立于我们对它的使用情境。因为我们不能只是把句子当成一堆噪声、涂鸦和心理联想。言说者的当下语境不仅有助于确定句子所表达的意思，而且它还决定了句子的语义。在语境中，意义的场合-不变量（occasion-invariant）是没有什么作用的，因为在语境理解中就没有所谓的场合-不变量。科南特认为，传统上对句子和概念意义的解释是一维的，而不是多维的。在本质上，对意义的解释与特定场合中对句子或概念的用法相关。当然，科南特认为，意义的场合-不变量也存在一些问题：首先，人们可能会质疑听者本人是否有能力来认识并理解语言字符或语词的意义。进一步来说，听者理解语言字符的能力与言说者的言说目的或说话的场合是无关的。其次，维特根斯坦“意义在于使用”的命题与场合-不变量也是无关的。

---

① 参见涂纪亮. 维特根斯坦后期哲学思想研究. 南京：江苏人民出版社，2005：66.

② Bergqvist A. Semantic particularism and linguistic competence. Logique & Analyse, 2009, 52(208): 344.

③ 参见 Recanati F. Literal Meaning. Cambridge: Cambridge University Press, 2004: 152.

在《维特根斯坦论意义与使用》中，科南特主要针对维特根斯坦的用法之无意义观点进行了批判。科南特把维特根斯坦的这种"语词的意义在于语境中的使用"的观点称为后期维特根斯坦的语境论，尤其是维特根斯坦的"意义"与"使用"概念充分体现了语境原则。科南特认为，当一个句子或命题与其使用的语境之间出现矛盾或不相容时，该句子或命题是无意义的。我们可以通过这一点来断定一些话语、句子或命题有无意义。我们姑且把科南特的这种观点解读为语境不相容之无意义解释（incompatible context interpretation of nonsense，简称无意义解释）。①

科南特指出，在理解命题时会产生两种情况：一种是正确地理解了命题的使用语境；另一种是不适当地理解了命题的使用语境。在后一种情况中，当该命题不符合当时使用的语境时，就会出现无意义解释。因此，当理解一个语词或命题时，需要一些语境来帮助确定其真值条件。命题只不过是一种字词的形式，其之所以会产生语境不相容性或命题的无意义解释问题，关键在于命题的语义内容与言说者的言外之意间存在着断裂。也就是说，在理解句子所表达的内容（what is said）和理解言说者所宣称的内容（what is asserted）（或由语境来具体体现的言语行为）之间存在着鸿沟。

根据无意义解释，人们虽然可能会理解句子本身所表达的内容，但仍然可能无法理解特定语境中说话者所要主张的内容。因此，科南特主张，判断语词或命题的标准需要考察的是字词本身的内容，而不是言者和听者的行为。并且在特定的语境中，用真值来评估命题的意义是有可能的，但是要用真值来说明言说者的某种行为却是晦涩的。之所以会产生无意义解释问题，根源在于维特根斯坦在无意义的命题和无法理解的命题之间进行了区分。维特根斯坦认为，命题的意义一方面与句子或命题本身的句法相关，另一方面命题的可理解性却是要与语境相关的。当一个句子是类型句子（sentence-types）时，其句子意义与语境中个体言说者的目的和用法无关。因为意义指称了言说者话语所隐含的内容，包括言说者的想法和说话的目的。这种类型的句子已经预设了话语为真的条件是可能的，当我们知道一个句子意指什么，或知道句子各个部分的意义时，我们也就知道了句子所要表达的意思是什么。

因此，科南特进一步追问："为什么说主体所说的句子就正好是他想要表达的意思呢？在特定的场合中，主体所表达的句子究竟是什么意思呢？而问这样的问

① 参见 Dobler T. Two conceptions of Wittgenstein's contextualism. Lodz Papers in Pragmatics, 2011, 7(2): 192.

题可能已经预设了他自己已经相当清楚地知道了句子所要表达的思想是什么。在这种场合中，主体所表达的言语将是真的。”[①]科南特运用弗雷格的语境原则来反对无意义解释，即“一个词的意义必然要求存在命题的语境，而不能孤立地来考虑它”[②]。更具体地说，科南特认为，维特根斯坦所坚持的语境原则与无意义解释是不相容的，无意义解释致力于从独立语境之外来理解字词或句子，而维特根斯坦在《哲学研究》中为弗雷格语境原则进行辩护，认为语言游戏不仅适用于命题中个别单词的作用，而且也适用于在重要的使用情形中句子所起的作用。

在日常交流中，虽然该语词的用法能解释或说明语词的意义，但除了语言的使用之外，还有语法规则的规定，语法规则描述了语词在语言中的用法。语言与语法规则就如同游戏与游戏规则一样，每种游戏都有游戏规则，每种语言也都有语法规则。因此，语词的意义体现在对意义的解释之中。后期的维特根斯坦允许在命题的意义和可理解性之间进行区分。例如，维特根斯坦认为，弗雷格语境原则表明无意义解释是不合理的。他强调，如果违反了语境原则，那就意味着混淆了心理和逻辑原则。正如弗雷格在《算术基础》中所写的：如果在理解意义时不运用语境原则，那么理解意义便成了一种心理事件或心理意向，从而最终在理解过程中违反了语境原则。[③]因此，人们要求句子的意义外在于使用的语境这将是无意义的。那些主张语词或命题的意义与使用语境无关或与语言游戏无关的人认为，意义只不过是某种心理实体的运作过程，意义是独立于语境的。而这一观点显然是被维特根斯坦所拒斥的。

从弗雷格语境原则来看，如果违反语词或命题的语境原则，就隐含着无法精确理解语词或命题的意义的可能。为了避免这样的结果，维特根斯坦认为，应该放弃独立地评价句子的意义，也应该放弃把意义与特定语境中的言语行为分开来理解的想法。因此，科南特解释说：“我们想说的是句子的意义并不是一种从任何可能性句子中抽象出来的属性，然后实现了这一属性在每个特定场合中的使用——就像空气一样伴随着它。除了它们在各种使用的语境中有意义之外，话语本身还要有意义，这是错误的。”[④]

严格来说，如果接受弗雷格的语境原则，那就意味着“我知道我在看书”或

① Conant J. Wittgenstein on meaning and use. Philosophical Investigations, 1998, 21(3): 241.

② Frege G. Foundations of arithmetic//Beany M. The Frege Reader. Oxford: Basil Blackwell Publishers, 1997: 71.

③ 参见 Frege G. Foundations of arithmetic//Beany M. The Frege Reader. Oxford: Basil Blackwell Publishers, 1997: 71.

④ Conant J. Wittgenstein on meaning and use. Philosophical Investigations, 1998, 21(3): 241.

者“我在这里沉思”这两句话并没有表达什么内容或什么也没有确定，因为语义不能独立于外在的语境而使用。意义取消主义语境论主张，一个单独的或者独立于语境的句子不能说明任何事物，准确地说应该是无法说明句子的意义，因为无法确定这些句子本身的意思及言说者的言外之意。因此，科南特主张：“摩尔类型的话语如‘我在这里’这句话的意思不是由情境决定的，也就是说，在语境之外解释这句话时，它可以指称或表述任何事物。”[①]就独立语境的意义而言，“我在这里”这句话与胡言乱语或任意发出的声音是一样的。虽然科南特没有明确讨论这一点，但他在其他地方为此进行过辩护。例如，他写道：“无意义的话语只是无法理解，它什么也没表达……这只是纯粹的胡言乱语。严格来说，无意义的话语不是一种语言的语法或逻辑单元，而只是纸上的一种标记，或标记序列。”[②]

在某种程度上，不是外在语境确定了语词的相关用法，而是我们需要完全消除自己关于意义独立于语境的想法。显然，意义取消主义语境论是通过语境来描述语词或命题意义的，因此语词或命题的意义必然与语境密切相关。如果我们不能正常地用句子来表述一些事物，那么只能说明我们的这句话不意指任何事物或根本没有任何意义。如果我们接受弗雷格的语境原则，那么就排除了意义是语境-独立的。正如维特根斯坦所认可的“我知道我有手”的言论是没有意义的。如果没有语境，这句话就如其他任意噪声一般，没有任何语义性。

对意义的解释要涉及语言。因此，科南特在批评无意义解释的过程中把维特根斯坦“无意义的概念”与“无法理解的概念”关联了起来。与此同时，无意义解释的支持者试图找到一些理由来阐明某些事物是无意义的，这是指在句子的意指与场合的用法之间存在冲突时，句子可以被孤立出来理解，尽管这种理解有可能会出错。但科南特拒绝这种所谓无意义的“冲突观点”。科南特明显拒绝在理解一句话时不考虑它在特定场合的用法，他认为语义丰富的句子不会存在冲突。由此，科南特通过拒斥意义的场合-不敏感性来排除孤立地理解句子的可能性，从而也排除了抽象理解句子的可能性。理解句子的必要条件是需要特定的语境。科南特这种对句子理解的观点明显与维特根斯坦对句子的理解不一致，维特根斯坦允许对句子有不同的理解方式。

---

① Conant J. Wittgenstein on meaning and use. Philosophical Investigations,1998, 21(3): 241.

② Conant J. Two conceptions of die überwindung der metaphysik: Carnap and early Wittgenstein//McCarthy T G, Stidd S C. Wittgenstein in America. Oxford: Oxford University Press, 2001: 14.

三、意义不充分决定语境论

关于维特根斯坦“意义在于用法”的命题，特拉维斯提供了一种稍有不同的解释，我们暂且称之为“意义不充分决定语境论”。意义不充分决定语境论主张，“意义并不决定字词是否是真的，也不意指任何其他事情”①。特拉维斯对此进行了进一步的设想，对一个字词进行命名是与这个字词的意义大致相当的事。当进行命名时，什么样的命名是有意义的，什么样的命名是没有意义的呢？原则上，字词的命名与字词的意义之间是没有区分的。②

与科南特的意义取消主义语境论相比，特拉维斯把维特根斯坦“意义在于用法”的命题解读为意义是独立于实在的，即如果我们知道语词或命题的意义，那么我们就可以确定语词或命题所表达的正确意思是什么。科南特的意义取消主义语境论表明，语词或命题只有在某种使用的语境中才有意义，更不用谈论独立于语境的单个字词意指什么。因为当我们不使用语境时，字词也就无所谓意义。在某种程度上，特拉维斯的语境论思想似乎也部分地佐证了科南特语境论的结论。例如，科南特认为，维特根斯坦的语境论原则是根据语言游戏来设想的，但他十分怀疑是否可以用字词来意指或命名事物而不需考虑它们在特定语言游戏中的作用。特拉维斯同样也主张，一个词“并不命名任何事物，也不会作为正确性条件在整体中出现”③。那么，在科南特、特拉维斯及维特根斯坦的语境论之间究竟有什么异同之处呢？

我们可以用简单的语言游戏来说明科南特和特拉维斯两人对维特根斯坦语境原则的解释，从而分析三者之间存在的异同。维特根斯坦在《哲学研究》§49 中提出，人们可能无法理解“命名”这种说法的意义，因为“命名和描述肯定并非处于一个层次上：命名是描述的准备。命名还根本不是语言游戏中的任何步骤，——正如一个棋子的摆放不是象棋中的一个步骤一样。人们可以说：经由对一个事物的命名人们还没有做出任何事情。它也没有名称，——除非在一个游戏之中。这也是弗雷格如下断言的意义：只有在一个命题的关联中一个词才具有意义”④。

---

① Travis C. Occasion-Sensitivity. Oxford: Oxford University Press, 2008: 101.

② Travis C. The Uses of Sense Wittgenstein's Philosophy of Language. Oxford: Oxford University Press, 1989: 110.

③ Travis C. Thought's Footing: A Theme in Wittgenstein's Philosophical Investigations. Oxford: Clarendon Press, 2006: 21.

④ 维特根斯坦. 哲学研究. 韩林合译. 北京：商务印书馆，2015：47（§49）.

维特根斯坦关于命名或意义的观点受到了弗雷格语境原则的启发。根据对命名或意义的理解，维特根斯坦反对独立于特定语言游戏的命名活动等。上文提到，特拉维斯部分地赞同科南特的观点，因为特拉维斯同样也认为一个词并不命名或意指任何外在于语言游戏的事物。“在语言游戏中是通过规则来解决这个问题的，即对字词的命名完全是由游戏规则来确定的。”①尽管科南特准确地理解了《哲学研究》§49 中关于“命名”的观点，但在另一种意义上，我们可以把命名视为一种存疑的主张，即对自然语言的语义学主张存在疑问。因为特拉维斯用自然语言来命名或意指某些事物，如果我建立了我的语言，然后说 play 就是命名戏剧，也就是说，至少在某个场合中这样来使用这个词是适当的。事实上你也可以说它是玩耍或者是其他事物，等等。“命名”一方面是说 play 在英语中意指戏剧和玩耍，另一方面是说在英语中确定它是何种意思，更为重要的是，我们可以决定用这个单词来表达什么意思。所以，当其他人不用这种表达方式时，我们也不能这样使用这一词。

根据科南特的观点，我们不能简单地给予一个字词以意义，或者用我们的话语来意指一些事物。因为仅仅了解英语语词或命题的意义还不足以完全确定其用法。所以“一般情况下，当语言作用于语义时，如果它们是关于真理的适当途径的话，字词的用法即被固定”②。在日常谈话中，人们会相互接受对方使用一些字词来意指或“命名”某些事物，这种方式与维特根斯坦所主张的观点并不存在冲突之处。在实际理解意义的许多过程中，我们对于语词或语句意义的理解是，“一个语词的意义就在于其在语言中的用法”③。

说这不存在冲突是因为“语言中字词的用法”本身可以以不同的方式来理解，即我们可以把“用法”看成是在特定场合中字词的使用，或者我们也可以把“用法”当成一个词，这个词是言说者在各种场合都始终使用的。特拉维斯指出了“用法”的多维度特征，“因为一个词的‘用法’不仅可以指称它的正确用法，而且也可以指称它在语言习惯中的实际用法——可以说，是语言言说者的一种生活形式：在不同场合通过不同人群之间的相互交流来确定字词的使用”④。在这种意义上，

① Travis C. Thought's Footing: A Theme in Wittgenstein's Philosophical Investigations. Oxford: Clarendon Press, 2006: 20.

② Travis C. Occasion-Sensitivity. Oxford: Oxford University Press, 2008: 70.

③ Wittgenstein L. Philosophical Investigations. 4th ed. Anscombe G E M, Hacker P M S, Joachim S trans. Oxford: Basil Blackwell Publisher, 2009: §43.

④ Travis C. The Uses of Sense: Wittgenstein's Philosophy of Language. Oxford: Oxford University Press, 1989: 110.

即使“用法”不表示特定的环境或使用的语境，而只是表示共同体中言说者在以往如何使用字词，“意义”仍将对应于“用法”。

在意义不充分决定语境论中，特拉维斯所强调的是，在一些场合中，语境用来理解言说者的话语是什么意思、用这些字词可以表达什么，而不是把某些孤立的语义词消解为某种属于自然语言的词，从而拒斥意义的场合不敏感性。但是，关于命名和意义特拉维斯认为：一方面，在理解中总是允许字词承担相应的语义性，而与说话的场合无关。例如，通过把简单的语言游戏看成是比较对象，可以进一步阐明命名与意义，这将有助于澄清意义取消主义语境论为什么偏离实际现象太远。另一方面，意义并不决定字词是否是真的，即使在语境中，命题或句子的意义也不足以完全确定其用法，因为相关的字词只要概述一个背景、一个环境、一句话语，就赋予了事物语义学上的相关性。

四、简单的语言游戏

维特根斯坦有时使用“语言游戏”这一概念来谈论我们实际的语言实践，比如描述、发号施令、报告、祈祷等；有时谈论的是发明创造，有时谈论的是建构语用模型，如“建筑者”的游戏或“零售商”的游戏，等等。后一种情况被称为“简单的语言游戏”。简单的语言游戏并不准备研究语言的未来使用情况，语言游戏是作为比较对象而建立的。这意味着我们的语言方式不仅是相似的，而且也是不同的这样一种事实。简单的语言游戏只与“语言事实”进行比较，而不应该把语言游戏作为我们应该如何使用语言的“处方”。维特根斯坦认为，如何使用语言的主张或关于语言用法“本质”的思考是一种非教条式的哲学治疗。重要的是要提供一种简单的语言游戏，即语言用法的人工模式，“正如它作为一个比较对象……而不是作为对应实在的一个先入为主的想法”①。

在这里，科南特的“使用语境”概念与维特根斯坦的“语言游戏”概念有异曲同工之妙。科南特认为，正是简单的语言游戏概念形成了维特根斯坦的普遍语境原则。正如我们上面所提到的，这些都是维特根斯坦用来澄清语言实际使用的方法论工具。从表面来看，这种实际使用似乎对我们是无用的，因为在规则帮助下，语言游戏可以有清晰的正确性标准。但是在某些相关场合中，特定的简单的

---

① Wittgenstein L. Philosophical Investigations. 4th ed. Anscombe G E M, Hacker P M S, Joachim S trans. Oxford: Basil Blackwell Publisher, 2009: §131.

语言游戏与规则一起塑模或表征了句子或概念特定的使用语境或特定的场合类型，即实际上我们有使用语言的不同方式。通过这样做，语言游戏有助于说明和澄清正确性标准，这些标准与语词或命题使用的特定场合是相关的。尽管如此，简单的语言游戏被理解为比较对象，它仍然是人工建构的语言使用模型，与我们实际对语言的运用并不相似。这种语言游戏用法和语言实际用法之间的差异性阐明了一些事实。

对于维特根斯坦来说，生活形式不同，语言游戏也就不同。因此语言游戏的用法是多种多样的，并且每一种简单的日常语言游戏都相当于基于一些特定的生活形式而形成了其完整的词汇和语法形式，如同英语或德语有它们自己的词汇和语法一样，在各种不同的使用中字词会表达不同的意指。当然，维特根斯坦的“语言游戏”与科南特的“语言实际用法”之间也有不同。例如，在构建语言游戏时，字词的用法、意指或命名都可以由生活形式来建构，如我们可以约定“石板”这种语言游戏并不包括命名或意指坏了的石板——如果它被用来表示包括坏了的石板的话，那么“石板”这个词就没有被正确地使用。

然而在另一种游戏中，如果“石板”这个词没有被严格的规则所规定的话，那么“石板”有时也可能会同时意指坏了的石板，有时却不是。这仅仅是对石板进行命名，而没有指定什么时候石板是坏的、什么时候是好的。语言游戏的表达功能类似于自然语言的表达功能，例如，在《哲学研究》§2 中维特根斯坦关于“石板”的语言游戏：关于意义的那种哲学概念寓居于一种关于语言运作方式的原始观念之中。让我们设想这样一种建筑工人的语言，这种语言应用于一个建筑师张三和其助手李四之间。张三用建筑石料，如方石、柱石、板石、条石等，来建造一座房屋。李四需要以张三所需要的那种石料的次序来将相应的石料递给张三。为了实现这个目的，张三和李四他们使用了一种由如下语词构成的语言：“方石”“柱石”“板石”“条石”。张三喊出它们，李四便将他已经学会的听到某种喊声便要将其拿来的那块石料拿来。这将被看作是完全的、原始的语言。①

这里有一种看待“石板”命名的倾向，因为“石板”是“给我一块石板”的缩写形式。然而，在上述指定的语言游戏中，也许其他语言的语法不允许有“给我一块石板”的缩写形式，而英语的语法是允许有这种缩写形式的，或者也允许有其他缩写形式，如递给他一块石板、递给他两块石板。

但是，当有人说“给我拿一块石板来!”时，他似乎的确可以将这个语词或命

① 参见维特根斯坦. 哲学研究. 韩林合译. 北京：商务印书馆，2015：9（§2）.

题意指为一个长的词，即那个对应于“石板”的一个词。——因而，人们可否一会儿将其意指为一个词，一会儿又将其意指为四个词呢？仅仅通过人们是如何意指它的？——我相信，我们将倾向于说：当我们与像“递给我一块石板”、“给他拿一块石板来”等等这样的其它命题对照着使用这个命题时，我们可以将其意指为一个由四个词构成的命题。[①]

鉴于这一点，在简单的语言游戏中，一个词的意义（即它指定什么）及其正确应用的标准是被规定了的，并且每种游戏都是作为一种完整的语言而进行的。实际上，字词在特定的语言游戏中才有意义，而在任何独立的语境中都是无意义的。如果我们从自然语言中得出了相同结论的话，那将会产生错误。“椅子”这个词可能并不意指或指称任何汉语语境之外的事物。但另一种主张认为，在特定的对话中，独立于语境的“椅子”并不意指任何事物。为了理解后一观点，我们需要把“意指”或“指定”理解为在特定场合中语词或命题的正确用法。

然而，这并不能拒斥或取消自然语言语词或命题的意义场合-不敏感性。正如特拉维斯所言，对于语词的字面意义与在语境中的意义进行合理的区分是必需的。因为一方面人们可能根据语词的字面意义来理解内容，另一方面人们还可以根据言说者的特定语境来确定语词的内容和意义。通过对比孤立语境和使用语境两种情况来主张字词不具有任何语义性，科南特的意义取消主义语境论忽视了两个重要的方面：一方面，他忽视了在建构简单的语言游戏和语言使用的历史建模之间的对比；另一方面，他忽视了自然语言的作用。因为自然语言正如简单的语言游戏一样，只是作为比较对象而言的。

关于维特根斯坦的语言游戏概念在此不需要着墨过多，因为已经有太多的文献来讨论这一概念。简单的语言游戏的重要之处是它可以作为与语言实际用法相比较的对象。人们可以理解一个句子表达了什么，即可以理解它的真值条件，但在特定的对话中，听者可能仍然无法理解说话者关于这句话的言外之意。以科南特为代表的意义取消主义语境论者主张，不存在所谓的理解一个句子本身表达了什么以及在对话的场合之外句子还隐含了什么的区分。因此，科南特认为，理解句子的意思不能独立于特定的使用语境。换句话说，如果人们独立于句子使用的特定场合来孤立地理解句子的话，这将是一种错觉。如果人们想象一句话意指某些事物，而这些事物却与它们所使用的情境无关，或者在所有场合中话语都只是意指同一件事物的话，那么这就会产生无意义的话语。如同一个人始终会知道自己的

① 参见维特根斯坦. 哲学研究. 韩林合译. 北京：商务印书馆，2015：19（§20）.

话是什么意思，即使他尚未赋予这些话以意义。因此，意义取消主义语境论将无意义的话语与有意义的幻觉关联了起来，或想象一下某个人孤立地理解一个句子。

那么维特根斯坦对句子的理解也是这种"多维"视角的吗？我真的理解了"这有一朵花"的命题吗？当我无法找到花在哪里时它还有没有意义呢？作为一个中文句子来说可能我理解了它，但除此之外我还能做些什么呢？我不能自己建构一种证据。关于命题我所能做的只是理解它的意义，到目前为止尚不清楚是否以及在多大程度上我理解了它。比如，"'我知道这是一棵树'，如果它是外在于语言游戏而说出的，那么这也可能是一句引用他人的话"[①]。

让我们试着理解某个故事中的一句话："在他说了这话之后，他离开了她，正如他以前也是这样做的。"请问你理解了这句话吗？这不容易给出答案。这是一个中文句子，在某种程度上我们似乎理解了它，但又似乎不理解。如果我们不知道该如何使用这个句子的话，似乎我们也可以创造一个使用它的语境，但是我们不懂它所要表达的真正意义。如果我们读过这个故事，或许就可以理解它所表达的意义。因此，对于维特根斯坦的观点至少存在两种不同的理解方式：

（1）我们可能会说，它是一个中文句子（或英语句子等），所以我们理解了它的用法。

（2）即使我们成功地理解了中文句子，但在使用的语境中我们仍然无法理解它所表达的意义或真值条件，所以我们发现自己不能用它去意指任何事物。

因此，当孤立地理解一个句子时，即使承认这个句子在语法上符合语法规则结构，它也只是属于一门语言。维特根斯坦不否认可以以这样的方式来理解一门语言，但他的目标是强调孤立地理解句子不足以确定某些事物，或者做出有意义的反应。维特根斯坦关心的是我们在特定使用场合中对语言的理解情况，例如，人们知道在什么情况下所表达的事物为真。但科南特认为，这并不意味着维特根斯坦否认了语言的理解可以独立于语境。在某种程度上，维特根斯坦承认一个人可以理解一个句子，而不用理解它的用法。但维特根斯坦并没有共享科南特对语言理解的"一维"视角。

① Wittgenstein L. On Certainty. Anscombe G E M, von Wright G H eds. Paul D, Anscombe G E M trans. Oxford: Basil Blackwell Publisher, 1969: §393.

维特根斯坦的"意义在于使用"的语境思想表明，我们在真值条件上有完全独立于特定语境的事物，但这并不意味着就消解了从一个场合到另一个场合的语言语词或命题的意义。如果我们追随科南特意义取消主义语境论的观点，那么只要我们让"意义""使用""理解""命名"这样的动词有多方面或多维度的意义，那么维特根斯坦的语境原则与场合不变量语义学就是相容的。此外，维特根斯坦把语言游戏作为比较对象，这应该被当作一种方法论以澄清我们实际语言的使用情况，而不涉及自然语言的语义学内容。在简单的语言游戏和自然语言之间是有可比性的，简单的语言游戏是通过语言使用来约定模型的，而自然语言是历史地通过人们的实际实践来整合的。因此，我们不应该把维特根斯坦理解为他否认人们对语言的理解超越了任何特定的使用场合，而应该看成是他认可多维度地理解"意义""使用""理解""命名"等概念，这是被传统上对意义的研究所忽视了的观点。

第四节 "意义在于使用"的两种解释

维特根斯坦在《哲学研究》中主张的"意义在于使用"的观点所产生的直接理论后果就是意义的语境主义与意义的规则主义二者之间的不一致性。虽然维特根斯坦本人并不认同二者之间存在对立关系，但他的追随者却纷纷解读出了规则主义与语境主义之间的不相容性。

从维特根斯坦的观点来看，语词或命题的意义可以由其使用来描述。如果要理解数字 5，就必须知道如何使用 5 来计数和计算。这样的使用规范预设了对字词的理解在于掌握它的用法。在维特根斯坦的后期著作中，他对于"意义在于使用"有两个方面的诉求。

一方面，在使用或实践中，维特根斯坦将语词或命题的意义与用法联系起来。如果一个语词或命题是有意义的，那么是因为它在实践中可以根据某种规则来使用它。"这就是为什么在规则与意义之间存在一种对应关系。"[①]事实上，维特根斯坦主张，我们是受规则支配的，而语言自然地渗入了我们的生活中。语词或命题的意义是由一般原则来确定的，该原则支配了语言的使用，这一观点被称为规则主义（rulism）。

另一方面，维特根斯坦还把关注的重点放在了语词或命题使用时所处的语言

① Wittgenstein L. On Certainty. Anscombe G E M, von Wright G H eds. Paul D, Anscombe G E M trans. Oxford: Basil Blackwell Publisher, 1969: §62.

情境或语境上，因为语词或命题只有在使用中才能确定其最终的意义。例如，张三说“在这里”，如果他在说话的同时指向了前面的对象，这句话对他来说就是有意义的。“正如‘我在这里’这句话的意义，是由某种场合或由某种‘情境’的显著特征来决定的，而不是由字词的用法来确定的，字词在语境中才有意义。”[①]当语词或命题的意义是由不可忽略的情境因素来确定的时，这是一种语境主义观（语境论观）。

随着对维特根斯坦思想研究的深入，当代许多研究者都提出了一些不同形式的语境论观。仔细考量他们的观点就会发现，这些所谓不同形式的语境论观在某种程度上都破坏了“意义在于使用”的理论一致性。例如，塞尔（J. Searle）指出，“构成规则集的是语言”[②]，“语词或命题的意义是由规则确定的”[③]。另一位颇有影响力的语境主义者特拉维斯则认为，语词或命题的意义难以确定，但总体而言与规则主义是不相容的。因此，特拉维斯更愿意说，“语言游戏是比较的对象，并且语言游戏是受规则支配的，这不是与语言的专名进行比较”[④]。特拉维斯承认“单身汉”一词是受规则支配的，但“单身汉”本身是一个标准词还是一个特例词是存疑的。特拉维斯始终坚持规则并不能解决语词或命题的正确用法，他也否认规则为语词或命题的意义提供了一套行之有效的正确标准。从特拉维斯的观点来看，他认为意义的语境主义和意义的规则主义之间是不相容的。其他一些语境主义者对特拉维斯的观点也持赞同态度，例如，德雷福斯主张“规则不是来自实践”[⑤]。丹西则认为，“语言的使用不是对规则的应用”[⑥]。

当然，维特根斯坦本人并不认为在语境与规则之间存在冲突点，而是认为这两种观点是相容的。为什么大部分语境主义者都主张语境主义与规则主义是不相容的呢？根据语境论者的观点，在语词或命题的使用中，情境或语境是一个主要因素。因此，在决定语词或命题使用的适当性时语境起到了重要作用。语境主义者所强调的是话语使用的特定场合，这与规则主义所强调的语词或命题使用的标准规则二者的内涵和外延都是截然不同的。为了进一步分析二者之间的张力，有

① Wittgenstein L. On Certainty. Anscombe G E M, von Wright G H eds. Paul D, Anscombe G E M trans. Oxford: Basil Blackwell Publisher, 1969: §348.

② Searle J. R. Expression and Meaning. Cambridge: Cambridge University Press, 1979: 197.

③ Searle J. R. Speech Acts. Cambridge: Cambridge University Press, 1970: 48.

④ Travis C. Unshadowed Thought. Cambridge: Harvard University Press, 2000: 213.

⑤ Dreyfus H. Being-in-the-world. Cambridge: MIT Press, 1991: 22.

⑥ Dancy J. Ethics Without Principles. Oxford: Oxford University Press, 2004: 198.

必要首先阐明何谓意义的语境论观。

传统哲学观认为，语词或命题具有固定的意义，而意义本身又由语法规则来规范其用法。但语境论者认为，语词或命题的内容是由特定场合的事态或语境来确定的，语词或命题意义的判定取决于所处的语境和语境关联因素，其本身并没有一成不变的意义。正如丹西所主张的，“语词或命题的意义是由其各组成部分的意义来确定的，并且各部分的不同组合使得语词或命题在其他语境中有着不同的作用，即同一个词在不同的语境中可以有不同的作用。首先，我们对话语和句子的理解是根据推论得出的；其次，语言的规范性是受规则支配的；最后，原始语言中的术语没有不变的核心意义”①。与丹西的观点类似，科南特也主张，我们知道语言规则，也能理解他人话语的意义。“意义不是语词或命题本身所具有的，意义随着使用的语境而变化，所以为了理解不同场合中话语的所指，关键还在于对不变规则的掌握。”②

上述语境论者的一个共同观点是通过情境来反映句子、语词或命题的意义，即在不同的场合，同一语词或命题可以有不同的意义来表达不同的思想、主张或真值内容。命题的正确使用并非取决于给定的规则，而是取决于特定的场合，通过特定的场合来确定所说的话的意思。由此，语境论者认为语境敏感是普遍存在的。

试考虑如下命题：

（1）冰箱里有橙汁。

（2）雪是白的。

在命题（1）中没有出现不完整性或模糊性，也没有包含如“我”或“这里”等指称代词。语境主义者主张，命题（1）的意义是随语境的变化而变化的。假设张三说（1）冰箱里有橙汁，然后李四打开了冰箱，他发现只是在冰箱搁板上洒了一些橙汁，那么李四如何评价张三的这句话为真还是为假呢？李四的评价取决于问题语境，比如有人问“冰箱里干净吧”或者问“冰箱里是否有足够的橙汁用来作为饮料”，如果（1）是为了回答关于饮料的问题，那么李四应该希望在冰箱里找到足够分量的橙汁。因此，根据语境的不同情况，张三的话可以表达不

① Dancy J. Ethics Without Principles. Oxford: Oxford University Press, 2004: 194-197.

② Conant J. Wittgenstein on meaning and use. Philosophical Investigations, 1998, (21): 222-250.

同的意思。

同样，试想如下场景，小红问她妈妈，她用什么颜色来画冬天的山峰比较好呢？她母亲说（2）雪是白的。当她妈妈这样回应小红时，人们一般会把小红母亲的话当成是真话。再假设，后来小红在外面踩了雪，走过明亮干净的客厅地板，然后她的妈妈让她不要把雪带进房间。可小红却说："地板上的不是雪，因为（2）雪是白的。"旁人听了肯定会认为她的话是有问题的。因此，在语词或命题（2）中，话语的意义似乎也取决于语境因素。奥斯汀通常诉求于"话语的目的、意图及其语境"[①]三种因素。人们可能期待对某些事物进行描述，从而在面对不同情况时有权用自己的方式来进行处理。

因此，雷卡纳蒂认为："在所发生的图景中，语言主要不是与抽象的应用条件相联系，然后由应用条件来构成传统意义，而是字词应用的条件必须是由语境来确定的。"[②]德雷福斯也认为，话语的真值条件是相对于背景而言的。塞尔也赞同，只有当话语与语境或背景假设相关时，它们才具有字面意义。同样，普特南认为："话语的内容取决于特定的言说语境。"[③]摩尔主张"字词的意义要看在特定语境中的使用，语境之外的字词没有生命力"[④]。

从语境主义者的观点来看，语境因素是普遍存在的。语词或命题的意义是由特定情境来确定的，意义的不变概念基于放弃通过规则来指定其使用的条件，这一观点明显与规则主义的观点是相悖的。面对语境主义者的诸多挑战，规则主义者又会如何回应呢？一般认为，其回应的方式存在两种情况：首先，如维特根斯坦一般，主张在规则主义和语境主义之间没有所谓的不一致性，二者是相容的。其次，规则主义者也可以表明，语境主义者的观点是错误的或者是弊大于利的。那么在规则主义和语境主义之间是否存在后一种不可避免的对立呢？

根据语境主义的观点，在确定给定术语内容时没有恒定不变的边界，意义会根据使用的场合而发生改变。所以对于术语的使用根本没有通用的指导原则，语词或命题的意义只是限制了其内容，但意义最终要在不同的情境中确定。因此，当术语有多种不确定性意义时，言说者很难理解或掌握术语不受限制的使用方式。

---

① Austin J. How to Do Things with Words. Oxford: Oxford University Press, 1975: 143.

② Recanati F. Literalism and contextualism//Preyer G, Peter G. Contextualism in Philosophy. Oxford: Oxford University Press, 2005: 190.

③ Putnam H. The Threefold Cord. New York: Cambridge University Press, 1999: 87.

④ Moore A. Points of View. Oxford: Oxford University Press, 1997: 96.

对于规则主义者来说，在不同场合中语词或命题虽然有差异性，但一个词也可以具有相同的含义。一般原则决定了语词或命题的使用方式，从而决定了语词或命题的正确用法是如何可能的。规则主义者认为正是规则提供了指导语词使用的一般原则，并且该原则也适用于特定的场合。例如，特拉维斯认为，“句子是由部分构成的，句子每一部分的意义都有明确的作用，这些作用决定了句子如何被表征”①。

然而语境主义者认为，根据规则主义的这种观点，在谈论语词或命题的意义时会导致语词或命题最终是无意义的。因为每个词语都受到了语境的制约，规则本身并不决定每个语词在特定场合中的作用。规则不是人们以某种方式来制定的，而是人们知道的内容，然后有理由说明人们有能力使用该语词或命题。因此摩尔建议：“如果一个词的意义除了继续使用之外什么也不是，那么在历史中任何阶段的字词，其保留意义都与不同用法交织在一起，在这样的过程中，无法合理地来创造语言的用法。”②卡维尔认为，“语言中所说的话并不是由规则决定的，其总是需要满足新语境、记录新关系、分享新对象和获得新感知”③。丹西认为，“从某种意义上来说，规则主义把术语的使用规则当作意义是没有错的，然而这种意义对于规则主义者来说是不可用的。因为只有在使用中语词或命题才拥有了一种不变的意义”④。德雷福斯主张，“人们熟悉的是共同的实践背景，或者我们习惯于表现自己所熟练的方式”⑤。

规则主义者则反驳认为，人们能理解有意义的话语是由于他们能够准确地知道话语的意思，虽然语词或命题可以被放置到各种使用的情境中，但在不同场合中的使用也是有限制的，因为不是所有的推断都是可接受的。例如，在上述（1）中，张三可以说冰箱里洒了几滴橙汁，但不能说在烤盘里有黄油。在规范的系统网络中，这些解释都是有限制条件的。人们只能在特定的场合中告诉大家术语的特定用法，句子本身并不具有也不表达特定的思想。科南特也坚持认为，“句子是语言的工具，它可以在许多不同的情况下来表达不同的思想”⑥。

上述是语境主义与规则主义关于意义问题的针锋相对的看法。现在，我们回

---

① Travis C. Unshadowed Thought. Cambridge: Harvard University Press, 2000: 199.

② Moore A. Points of View. Oxford: Oxford University Press, 1997: 97-98.

③ Cavell S. The Claim of Reason. Oxford: Oxford University Press, 1999: 180.

④ Dancy J. Ethics Without Principles. Oxford: Oxford University Press, 2004: 198.

⑤ Dreyfus H. Being-in-the-world. Cambridge: MIT Press, 1991: 75.

⑥ Conant J. Wittgenstein on meaning and use. Philosophical Investigations, 1998, (21): 222-250.

到维特根斯坦的意义使用论观，并以此为基础来分别讨论语境主义者和规则主义的主张。

现在假设张三说了句：

（3）公鸡是雌性的。

规则主义者会把这一命题看成是违反规则的。因为一般规则中禁止把“公鸡”与“雌性”结合在一起，公鸡只适用于雄性的鸡。根据这一判断，我们不可避免地会产生对规则无意义的质疑。科南特认为，人们所认定的无意义语词或命题是，“当一个句子的组成成分是以一种不合逻辑的方式结合在一起时，这个句子所表达的内容在逻辑上是不连贯或不可能的思想”[①]。当然，如果人们所说的话无法意指某种事物的话，这也是无意义的。所以无意义是指一个句子的功能，当某种无意义的语词或命题被当作有意义时，其本身也是无意义的。

根据规则主义的观点，上述张三对公鸡一词的用法与我们日常的用法是不一致的，在这里“公鸡”一词的使用方式违反了规则。因此，张三所说的（3）是无意义的。但语境主义者认为，无意义的结果来自语词或命题的使用方式，而规则主义则致力于这种无意义的观点。因为在不同场合中，人们用它来谈论雄性的鸡，即“公鸡”，并且该词的用法是受到规则支配的。因此，语境主义者认为，有一种解决方案是把张三的话作为一个整体来理解，从而可以归因给语词或命题某种意义。为了确定哪些语词或命题有意义，人们必须看出语词或命题所使用的语境。因此，我们必须在语境中寻找语词或命题的意义。

当然，规则主义坚决反对语境主义的这一主张。规则主义者认为，正是相关规则构成了语词或命题的意义，当然，人们也可以以某种违反规则的方式来使用语词或命题。（3）中的“公鸡”仍然适用于相关原则，即使其用法不符合规则主义提出的标准，人们也正是通过规则来确定“公鸡”的意义的。而且，规则主义者还认为语境主义者的观点还存在其他问题。例如，语境主义者的观点是命题或话语本身没有一个一成不变的或固定的意义能够一劳永逸地确定话语或句子的意义，他们主张所有的命题或话语只有在特定的语境中才能确定其意义。因此，语境主义者最终只是假定这种意义不变的语词或命题是由其使用的规则来决定的，而并不是有真凭实据来说明规则主义是假的。

① Conant J. Wittgenstein on meaning and use. Philosophical Investigations, 1998, (21): 222-250.

语境主义者可能会回应说规则在本质上是普遍的，因为人们为各种场合中的行为制定了规则和标准。但问题在于新事物的出现总是没有预期的，所以人们无法用一个预先确立的规则来指导语词的全部用法。丹西解释说：“我们可以没有语言，但我们需要从每种语境中发明一个新的术语，这个术语与我们目前对术语的定义完全不匹配。”[①]正如我们无法限制不可预知的语境一样，有能力的言说者可以把语词意义投射到特定性的规则中。因此，不能对意义进行有限的说明：首先考虑语境或情境因素，人们通过规则，并没有获得正确使用语词或命题的条件；其次人们通过规则，即使可以获得正确使用的条件，那也不能一劳永逸地正确地使用一个语词或命题。

现在让我们试考察《哲学研究》中所列举的例子：“我说：‘这有一把椅子。’如果我走上前去，意思是要把它拿来。然而它突然从视线中消失了吗？‘那不是椅子而是某种幻觉。’但是，过一会儿我们又看一遍，能看到而且能触摸到椅子，‘所以椅子在那里，但毕竟椅子的消失是某种幻觉’。但如果过了一段时间后椅子又再次消失了，或者似乎是真的消失了。我们现在应该说些什么呢？对于这样的情况，你有没有适用的规则呢？在规则中是否可以用‘椅子’这个词来包含这类事物呢？”[②]语境主义者认为，答案当然是否定的。维特根斯坦的这一事例似乎反驳了规则主义的观点。因为我们并没有用规则来武装语词或命题的每一种可能应用。在特定的情况中，规则没有为语词或命题的应用提供一个明确的指示。再者，我们进一步考虑规则主义的两个反例。规则（R1）定义了“单身汉”一词：

（R1）“单身汉”只应用于未婚成年男性。

语境主义者认为，毫无疑问，（R1）可以指导人们在一些有限范围内如何来使用“单身汉”一词。然而，假设小红最近与她的丈夫小明分居了，之后小明每晚都在棋牌室里与棋友打发无聊的时光，然后小红说了一句，小明正在享受他“单身汉”的快乐时光。这里，语境的要求表明小红的话违反了（R1）。尽管如此，小红的话还是可以理解的，但小明并非（R1）意义上的单身汉。因此，这里似乎

---

① Dancy J. Ethics Without Principles. Oxford: Oxford University Press, 2004:196.

② Wittgenstein L. Philosophical Investigations. 4th ed. Anscombe G E M, Hacker P M S, Joachim S trans. Oxford: Basil Blackwell Publisher, 2009: §80.

不是规则支配了语词或命题的用法。

但规则主义者认为，(R1)之所以被看成是表达了一种标准，是因为在其他条件不变的情况下它能提供各种描述的标准；但是当情况有所不同时，规则将允许出现异常，即允许事情与规则出现不相符的情况。在特定的场合中会允许不合规则的情况出现。当然，如果规则为语词或命题的使用提供了明确指导的话，那么对于所有语词或命题来说也提供了一种固定的意义。因此，小红对术语的使用是符合规则要求的。但语词或命题的用法不仅取决于规则的要求，还取决于规则使用的生活形式。从另一方面来看，小红的例子对规则主义者来说是有用的。此外，规则主义者还认为，如果语词或命题的每一种可能性都取决于情境的话，那么将不会出现特例，一切都是相对的。因此，语境主义者必须提供一些理由来解释这一现象。

语境主义者又提出另一事例，我们再次回到规则(R1)。(R1)在新的情境中似乎无法预期"单身汉"的使用规则。试想"教皇"一词，因为教皇是天主教会的在俗最高领袖，他们都是男性，且都要遵守独身制，"教皇"是指未婚的成年男性。当描述或提到"教皇"时，人们似乎不应该对他使用"单身汉"一词，这个词也无法被投射到具体的使用情况中，即规则(R1)无法为"教皇"提供适当的指导，因此这也表明对意义的理解不是基于规则的。严格来说，如果规则决定用法，那么把"单身汉"应用于教皇应该是正确的，但教皇却是没有结婚资格的。在通常情况下，人们把"单身汉"用于某人身上时会产生一个期望，即所谈及的个体是有结婚资格的。规则要求"单身汉"只适用于未婚男性，如果这个人是教皇，那么人们的这种期望将会与对话的含义相悖。

因此根据句法规则，不能将"单身汉"应用于教皇。但从谈话的角度来看，它却是可能的。也就是说，将"单身汉"应用于教皇在语义上是正确的，但在语用上却是错误的。当改变使用规则时，意义也随之改变。[①]综上所述，语境主义者认为，规则主义者无法提供一个准确且更具包容性的规则，并且这种规则能够适用于各种场合。但规则主义者同样可以这样主张，我们变换一下规则(R1)，得到规则(R1*)：

(R1*)"单身汉"只能应用于有资格结婚的未婚成年男性。

---

① Daniel W. Particular and general: Wittgenstein, linguistic rules and context//Daniel W. The Later Wittgenstein on Language. New York: Palgrave Macmillan, 2010: 125.

如此，在原则上我们可以把许多特设的事物都包容进规则之中，而且我们也可以无限地修改和补充规则，但是这也不可能提供所有事物的语境。因此，我们没有理由认为“单身汉”的使用语境是无限开放的。规则主义者的这样一种反驳方式似乎是有效的，因为上述“单身汉”的两种实例并没有真正破坏规则主义的本质观点。人们仍然可以参照规则来确定语词或命题的意义，但也可以像命题（3）一样，说明它是没有意义的。到目前为止，语境主义者并没有真正地反驳倒规则主义的观点，即用规则来说明语词或命题的用法是不可能的。

综上所述，似乎规则主义者和语境主义者本身都没有强有力的证据来主张自己的理论更具优势与合理性，或者说二者都找不到绝对可靠的理由来驳倒对方。那么，在目前的情况下，我们似乎还剩下唯一的选择就是维特根斯坦式的观点，即二者之间并非是对立的，而是互补、兼容的关系。为了调和语境与规则的不相容性，我们可以试着提供各种补充描述，从而使语境主义与规则主义二者之间成为相容的。试考虑：

（R2）“凳子”是一种家具的称呼。在设计家具时，人们可以设计一种没有靠背的凳子。

那么这条规则是否适用于所有的“凳子”呢？（R2）确实说明了“凳子”一词的可适用条件，即一个物体是一个功能用于坐的家具并且它是没有靠背的。然而，正如语境论所指出的，这些条件是否得以满足将取决于语境中的其他功能，因为人们也可以把没有靠背的家具应用于其他物体。一个语词或命题是否得到了正确的应用取决于其在语境中的功能，而语境本身又取决于新的语境，新的语境又依靠于新的新语境……所以会无休止地循环下去，人们似乎无法绕过这个难题。试考虑通过指定所谓的同名规则来回应这一挑战：

（$R2^*$）将“凳子”只应用于凳子。

当“凳子”出现在规则的左边时，在特定场合中会有不同的理解。因此，不论（$R2^*$）是否表述了语词或命题的正确用法，（$R2^*$）本身获得的都是一种间接关系。语境论者表明，在这种语词或命题中不能阐明语言能力。当然，规则主义者需要说明的是一个规则决定了哪些情境满足了语词或命题的应用。在当前的情况中，如果“凳子”适用于“没有后背支撑的坐具”，那么它适用于“凳子”。事实上，是语境而不是规则确定了这一想法。

试考虑另一个实例：

（4）房间是干净整洁的。

如果张三站在一个小孩的卧室里说了（4），这可能表达的是一个事实。如果张三是在一间旅店的房间外面说了（4），那么他所表达的内容可能就是虚假的。如果你接受“整洁”的这些用法，那么你必须接受在语境下句子、语词或命题不会产生一种恒定的用法，语词或命题的意义诉求于场合中的使用，在这种情况中似乎语境主义观就是正确的。但是，这一观点同时也是与规则主义相容的，因为规则（R3）同时也决定了“整洁”一词的使用方式：

（R3）只有事物干净和有序时，才能应用“整洁”一词。

因此，人们说事物是否是干净和有序的，这取决于规则；但如果是在不同的场合，那就需要根据规则来解释。因此，在一般情况下，正是通过原则来确定语词或命题应用的条件，使用规则规定了语词或命题正确应用的条件。但这些正确的应用条件本身还要取决于语境。如果张三的行为被认为是合乎规范的，那么人们也认为张三正确地遵守了规则。事实上，维特根斯坦式的“意义使用观”强调语境条件与规则要求是相互依存的，语言游戏的进行需要语境，在不同的生活形式下，同一语词或命题意义也不尽相同。因此行动中语境的特殊性与规则的一般性是和谐统一的。因为人们生物的显著特征适应于语境敏感性，在理解命题的过程中，我们既可以同意规则主义者的观点，同时还可以参照语境主义者的观点来进一步进行解释与阐述。事实上，意义的语境主义与规则主义正是在使用的过程中达到辩证统一的。

第五节　结　束　语

在意义理论的发展中，有一次研究范式的转变，即从早期追求意义的确定性转到后期强调意义的不确定性。早期的分析哲学家，如果弗雷格、罗素等人主张语言表达式应当具有确定的意义，只有这样才能适应哲学研究和科学研究的需要。

而到了20世纪50年代后，蒯因、德里达等哲学家从不同的角度论证了语言表达式不可能具有确定的意义。正如维特根斯坦从前期主张语言表达式应具有确定的意义，到后期也转向了主张语言表达式不可能具有确定的意义。[①]在后期，虽然维特根斯坦把字词确定的意义限定在了用法与语境之中，但他并没有为此提出一种令人信服的理论来进行解释。我们对一种语言活动的理解是通过观察一个人使用字词的方式来理解他的话语所指的。事实上，当我们考察某个人是否理解了某个语词或命题时，主要看他是否与我们的生活形式相一致。如果他的用法与我们的生活形式出现偏差，则表明他并没有理解字词的意义。因为语词的意义一方面要看使用的情况，另一方面还要看是否与我们的用法或生活形式是相一致的。当我们解释一个字词是什么意思时，是通过描述它如何被使用来完成的，这些是我们归因给意义的实践特征。但对于维特根斯坦来说，他的意义是否等同于用法还存在困惑和令人质疑之处。虽然他后期的主张仍有争议，但已经背离了他前期的主张，在后期他反对奥古斯丁及《逻辑哲学论》中的各类观点，即他反对字词的意义所指的是一种内省的、指导性的心理状态。

对于维特根斯坦来说，要准确地理解某个字词的意思，就必须深入理解人们所共有的生活形式。当生活形式不同时，即使某种动物能说话，我们也无法理解其意思，因为动物的生活形式与我们的生活形式是截然不同的。因此，“意义即用法”所强调的是语言是一种社会活动和生活形式，人们使用语言并参与到语言实践活动之中，话语才有意义。维特根斯坦通过“意义使用论”表明，我们不能在孤立的环境中抽象地来讨论某个字词的意义，就如鲁滨孙发明的私人语言一样，在独立的环境中谈论语词是无法理解其意义的。维特根斯坦要引起我们注意的是，我们要关注日常生活中字词的多样性用法，在具体的实践中，要基于人们的生活形式来考察语词的意义和用法。因此，字词在实践中的用法就是它的意义。

事实上，在人们的日常交流或语言游戏中，字词用法的确定性来自人们生活形式的一致性。语言游戏和生活形式本身具有家族相似性，它们是通过共有习俗、惯例、传统和制度所形成的。这种共有的习俗、惯例、传统和制度又是由集体语境来保证的。语言游戏的进行、生活形式的获得、家族相似性的类比都是一种语境依赖的文化同化和传播过程，离不开文化与实践等因素。当然，实践过程本身也离不开人们的知识背景、周遭环境、历史积累等要素。对于后期维特根斯坦来说，语言的意义十分依赖于它所处的环境，如果赞同词句能独立于它所处的环境

① 参见涂纪亮. 维特根斯坦后期哲学思想研究. 南京：江苏人民出版社，2005：77.

而具有固定不变的意义，那么就会造成概念的混淆。要消除混淆，只能回到实践中去，通过考察语句的具体使用来把握不同的用法或者不同的意义。

因此，后期维特根斯坦放弃了对语言本质的追求，从人们的生活形式和日常语言出发来理解语词的用法和意义，即在语词的使用中来决定语词的意义。也就是说，维特根斯坦反对脱离语言使用情景去追问语词的意义。没有一个可以称为共同本质的词语意义，意义不是与生俱来的，而是由不同情景中的具体使用赋予这个词语的。当我们对某个语词或命题的意义进行考察时，我们不能只是考察它们的字面意义，而且要考虑到特定的语境，考虑到人们所共有的生活形式，考虑到语言游戏的规则，等等，最终才能确定某个语词或语句的正确意义。如果只是考察一个孤立的语词或命题，我们会发现很难判断出它们的正确意义。因为每个有意义的语词或命题都会处于某种特定的语境之中，只有考虑它的语境，才能在其使用的过程中最终确定其意义。

正如维特根斯坦所说的，只有在具体的语言游戏中才能把握语言的意义。可见，语境对于研究意义问题起着重要的作用。当然，维特根斯坦意义使用观的核心思想就是语词或命题没有固定好了的意义，它们的意义是由语境和人们的生活形式来决定的，有什么样的生活形式就有什么样的语词意义，生活形式的多样性也决定了语词用法和意义的多样性。语词和命题的用法就如进行语言游戏，它们的基础是人们共有的习俗、惯例、传统和制度等。

因此，语词和命题必须在人们的日常使用之中才能确定其意义。只有在使用之中才能更好地理解和运用规则，从而遵守规则，再进一步判定语词和句子的意义。此外，维特根斯坦也认为，规则现在的应用或用法不是由其过去的应用来决定的，虽然意义是在一步步的语言游戏中来建构的，但它运用的基础还是语境和生活形式。因此，维特根斯坦意义使用的实践观奠定了语用学的哲学基础，并对语言学及语言哲学的发展有了极大的启发意义。

不论是规则主义还是语境主义，它们追求的仍然是语言背后的共同本质，追求实践之外关于语言、用法及其意义的永恒、普遍、统一的真理。事实上，这正是维特根斯坦所反对的观点，即哲学的困惑或哲学问题的产生正是由语言的混乱所引起的。因而维特根斯坦在后期通过语言游戏将哲学研究的视角转向了现实生活，这种研究转变了对传统标准范式的追求，即由过去建立唯一一个可定义、普适化、可操作的形而上学标准，转向了由生活实践自身作为其评判标准，由应用去衡量语言的意义和本质。虽然这种新的标准有时难免会被误解为具有相对主义倾向，但它消解了规则主义和语境主义之间的冲突，消解了二元分离带来的认识论困境，使哲学研究从形而上学的天堂回到了粗糙的地面上，回到了人间烟火之中。因此，从某种意义上讲，维特根斯坦哲学理论的实践特征在于，哲学研究不再是高高在上的扶手椅哲学，而是引导了西方哲学的关注视角重新回到人们的日常生活和实践之中。

第六章

结　语

维特根斯坦哲学理论的实践思想所呈现的是一种多元化与动态化的特征，而且是一种非形而上学的思辨。在他的理论中，不仅体现了语言游戏多元化和动态化特征，而且生活形式、遵守规则也同样如此。在人们的日常生活中没有固定的、永恒不变的生活形式和语言游戏，语言游戏会随着日常生活形式的变化而变化。一方面，人们拥有共同的生活形式和习俗，这是我们的生存之本；另一方面，生活形式又体现了人们日常行为的方式，因此不同群体可以拥有不同的生活形式。这样就呈现了一种多元化和动态化的世界图式，世界不再是固定的、一成不变的了。人们的生活形式内容也是随着不同群体的实践活动而发生改变的，最终通过语言游戏和遵守规则，使人们融入生活形式之中。

自古希腊以来，一些西方哲学家尤其是亚里士多德主张用属加种差的定义方式来对语词的意义进行说明，这种说明语词意义的方式在西方学界影响巨大。维特根斯坦挑战了亚里士多德这种源远流长的传统，他认为这种关于事物本质主义的解释方式并不适用于日常语言，日常语言的用法只具有家族相似性。如果我们仔细观察日常语言的用法，就会发现传统上对语言的本质主义解释是行不通的。因为在实际的语言游戏中，语词使用的意义是基于人们的日常生活形式和语境的，而生活形式和语境处于变化之中，所以语词的用法往往是不固定的。因此，后期的维特根斯坦主张，一切词语所指的对象都具有本质规定性的思路是不切实际的。就如“手”这个词，在“三八红旗手”“干活有一手”“灵活的手”之间并没有共同的本质规定性，“手”的用法不同，意义也不同。

在《哲学研究》中，维特根斯坦主张：“请考察一下比如我们称为‘游戏’的诸过程。我指的是棋类游戏、纸牌游戏、球类游戏、战争游戏等等。什么是所有这些游戏所共同具有的东西？——请不要说：‘某种东西必定为它们所共同具有，否则它们就不叫作“游戏”了’——而是查看一下是否有某种东西为它们都共同具有。——因为，当你查看它们时，你尽管看不到某种为它们都共同具有的东西，但是你将看到诸多相似性，诸多亲缘关系，而且是一大串相似性，亲缘关系。如前面已经说过的：请不要想，而要看！——比如看一下带有多种多样的亲缘关系的诸棋类游戏，现在，请转到纸牌游戏：在此你发现了与那第一类游戏的许多相应之处，但是许多共同的特征却消失了，而其它的共同的特征又出现了。现在，如果我们转到球类游戏，那么一些共同之处保留下来，但是许多共同的特征却丧失了。……而且，我们可以以这样的方式来考察许许多多其它组游戏。我们看到相似性出现了，又消失了。现在，这种考察的结果是这样的：我们看到一张由彼此交叠和交叉的相似性构成的复杂的网。大的方面和小的方面的相似性。"[①]事实上，维特根斯坦在考察语言游戏时，更多主张的是非本质主义的观点。有的语言是部分相似，有的语言是整体相似，但它们都是家族相似的，通过各种相似性一起构成了我们多种多样的生活形式。

维特根斯坦认为每个事物都有各自的本质属性。例如，一把餐刀与一把叉子具有相似之处，因为它们的本质属性都是吃饭用的工具。而餐刀、叉子又与螺丝有相似之处，除了它们都是金属，它们还都有尖尖的形状，这就是所谓的家族相似性。通过对维特根斯坦"家族相似性"的考察，我们可以从中发现一种错综复杂的相互重叠、相互交叉的实践关系网。根据维特根斯坦的观点，如果事物和现象之间只有家族相似性关系，那么各种概念之间也就没有了明确的区分界限，也就无法对事物和现象进行严格的、精确的定义，概念就具有或多或少的模糊性。

当然，令我们好奇的是，如果概念或语词在日常生活中只有家族相似性，或具有某种模糊性，那么人们又是通过什么方式将所学的具有模糊性的命题或知识应用到新的知识之中呢？为了解决这一问题，维特根斯坦引入了"标准"或"规则"一词来进一步解释语言游戏的概念，他认为要通过"标准"或"规则"的规范性来判定词语使用的合理性问题。因为学习者通过训练，能够在不同的事例中来学习如何开展语言游戏，从而在新的语境中能以正确的方式来遵守规则。[②]当然，在后期，维特根斯坦为这种"标准性"找到了一个更加合适的替代品，即"家族相似性"。维特根斯坦解构了语言的本质，主张把语言研究拉回到粗糙的地面，我们要基于人们的"生活形式"和"语言游戏"来重新理解语言的意义。

那么"家族相似性"与"生活形式"及"语言游戏"之间是什么关系呢？后

① 维特根斯坦. 哲学研究. 韩林合译. 北京：商务印书馆，2015：58（§66）.

② 樊岳红. 维特根斯坦与语境论. 北京：科学出版社，2016：198.

期维特根斯坦把“生活形式”也当作一种生活事实，一种从历史上继承下来的所必须接受的事物。事实上，正是通过生活形式，我们才有可能进行语言交流或进行语言游戏，进而说明语词之间的“家族相似性”，才能谈论维特根斯坦经常提及的习俗、惯例、传统、本质、世界等概念。当然，维特根斯坦正是通过“家族相似性”这一概念，来强化“语言游戏”和“生活形式”之间的联结的。而“生活形式”作为一种基础的场所和背景，为我们明确地理解“语言游戏”和“家族相似性”提供了基础。因此，维特根斯坦通过“语言游戏”“生活形式”“家族相似性”三个概念解构了传统的本质主义观点，从而走进了实践哲学的视域。

接下来我们将简要总结维特根斯坦的诸如“语言游戏”“生活形式”“遵守规则”“意义在于使用”等概念的实践特征。

（1）“语言游戏”的实践特征。作为后期维特根斯坦核心概念的“语言游戏”，是由语言和行动、行动和规则、规则和传统、传统和制度等交织在一起所构成的整体。维特根斯坦将语言和这个由各种各样的活动、各种各样的形式所构成的整体称为“语言游戏”。“语言游戏”着眼于人们语言使用的动态活动，告诫人们要在实际使用过程中来考察语言的意义。而语言、规则和使用是“三位一体”的概念，语言只有在具体的使用之中才有意义，而规则具体规定了它的用法。传统哲学追求事物的本质和实质，从而陷入了无谓的纷争之中，而语言游戏说的特点是反本质主义。维特根斯坦认为，正是对事物本质的片面追求，使得哲学家一叶障目，陷入了各种“哲学病”之中。而维特根斯坦借用“语言游戏”一词，旨在让哲学家摆脱困境。

维特根斯坦的“语言游戏”具有明显的反传统哲学倾向。在后期他不再追求语言统一的本质，也不再建构语言与世界之间的逻辑关系，而是着重关注语言的使用和意义的多样性，并且他更多地是把语言作为一种生活、一种文化现象来进行考察。这使他的哲学研究与实践紧密地联系了起来，从而突破了传统理论哲学的框架。例如，想象一种语言，就意味着想象一种生活形式。“语言游戏”这个词在此强调的是，语言的说出是一个活动或者一个生活形式的一部分。[①]我想要说，语言涉及一种生活方式。为了描写语言现象，人们必须描写一种实践，而非一次性过程，无论它是什么种类的一次性过程。[②]维特根斯坦的观点表明，实践者之间的一致性不能被限制在话语之中，它必须指向行动。

---

① 参见维特根斯坦. 哲学研究. 韩林合译. 北京：商务印书馆，2015：17（§19），24（§23）.

② 参见维特根斯坦. 数学基础研究. 韩林合译. 北京：商务印书馆，2013：347（§177，§178）.

（2）“生活形式”的实践特征。在具体考察维特根斯坦观点的过程中我们可以发现，“生活形式”这一概念以一种人类学的方式影响着“语言游戏”的交流。因为所有的游戏，不论是语言游戏还是棋牌游戏都必须基于人们的传统与习惯，这在一定程度上使得语言游戏呈现出了人类学的性质。因为语词的意义和使用必须基于人们日常的语言游戏和生活形式，而这种方式又离不开人类学的性质。因此，维特根斯坦用一种反本质主义的方式来解释语言游戏及游戏规则，从而使哲学研究的方向从形而上学的楼台之上回归到了现实生活之中。维特根斯坦通过日常语言游戏来阐明字词的使用。当然，字词的用法也需要一定的语境性，而不像在前期，他主张要在日常语言之外构建一种完美的逻辑语言。因此，语言游戏的实践活动必然要植根于生活形式之中。生活形式的人类学特征在于它是一种习俗、惯例、传统和制度，或者说它就是一种人类文化生活现象。

（3）“遵守规则”的实践特征。对维特根斯坦来说，遵守规则就如同路标的一种指示作用。维特根斯坦认为，遵守一种规则就是一种实践活动，是一种基于习惯、用法和惯例的实践活动。并且遵守规则是一种一再地进行的有规律的活动，这种活动在日常实践中必须具有可重复性，才能构成其所属的语言游戏和生活形式中的重要习惯和习俗。在通常情况下，遵守规则活动就是特定生活形式中的习俗、惯例、制度、传统、技术等。这里的习俗、惯例、制度、传统、技术既包括个体的，也包括共同体的。按照维特根斯坦的理解，通常情况下个体的生活形式是以共同体的生活形式为基础和前提的，没有相关共同体的习俗、惯例、制度、传统、技术，就不会有相关个体的习俗、惯例、制度、传统、技术。这些概念之间的关联是这样的：有了特定的规则，便会有如何遵守它们的技术，进而便会有保证其被遵守的制度。

在实践中，任何规则、习俗、惯例、信任及训练都是以人们日常生活中的一致性为基础的。遵守规则也不例外，也要以人们之间的一致性为基础，如果没有共同体的生活形式，就不存在规则的一致性。因此，共同体的一致性在维特根斯坦的观点中起到了重要作用。在我们的行动上，习俗、惯例和传统的一致性是某种一般的自然事实，这些都是在我们的日常实践之中生成或构建的。如果没有实践，那么这些习俗、惯例和传统也将不复存在；如果我们想了解我们实践中的规范性，那么我们就不能忽视这些习俗、惯例和传统。

因此，通过实践过程，维特根斯坦在遵守规则与语言游戏及生活形式之间建立起了某种关联。维特根斯坦询问，究竟怎样才算在遵守规则？他认为遵守规则必须与特定的生活形式相关联。因为要看一个人是否在遵守规则，遵守的是什么样的规则，并非仅仅关注他在孤立的背景下视哪些东西为真，这在本质上依赖于人们日常的生活背景和周边环境，一条规则同其应用的关联被认为是存在于我们使用它的实践中。一幅图像或一条规则与其应用的关联在于这样的事实：存在着一项使用它的实践。所以，规则概念的语法将它同一种独特的活动形式或生活形式而不是任何在规则使用者的“心灵”出现的东西联系了起来。因此，关于遵守规则的概念，在本质上是同参与语言游戏的实践活动联系起来的。此外，只有存在着某种特定的生活形式，才能赋予一条规则以确定的规范性。

（4）“意义在于使用”的实践特征。在《哲学研究》等后期著作中，维特根斯坦提出了语词的意义在于使用的实践观。他反对传统上把意义与心理过程混为一谈，或者把意义与指称相等同的错误观点，强调语词或命题的意义要依赖于语境。因为在不同的语境中，或在不同的生活形式中，语词或命题的意义是不同的。但在很多情况下，我们可以用“用法”代替“意义”。例如，如果在某种语境中有两个词的意义是一样的，那么可以理解为这两个词的用法是一样的。当然最为重要的是，维特根斯坦认为要确定词的意义必须考察它的使用过程，这与他后期提出的“语言游戏”和“生活形式”是一个一脉相承的概念。后期的维特根斯坦认为，应该把语言的使用当作是一种语言游戏，语言本身没有固定的意义，它的意义取决于它在语境中的用法。

维特根斯坦以螺丝刀做比喻，一把螺丝刀本身没有什么固定的意义，它的意义全由它在具体情况中的用法来决定，要看人们在具体使用中用它来干什么。如果用它来拧螺丝，它就具有拧螺丝的作用；用它来锤钉子，它就具有类似锤子的作用；用它来打人，那它又具有了攻击性武器的作用；等等。同样，语词或命题的用法也是这样，在单独的环境中谈论一个语词，我们很难说它的意义是什么。语言的意义像螺丝刀的意义一样，意义完全在于它的使用，完全在于人们用它来做什么。当然，不同语词有不同的语法规则，不同的使用也就有不同的意义。语词本身不具有指称某种实在的固定意义，人们只能在语言的使用中理解语词的具体意义。语词和命题在未来的用法中是开放的和不确定的，脱离具体的语境而孤立地谈论语词的意义就会产生混乱和误解。事实上，维特根斯坦“意义即使用”的实践哲学观对语言学及其应用语言学有极大的启发和借鉴意义，从高度形式化的语言分析转向对日常语言的分析，奠定了语用学的哲学基础，并激发了语用学强大的发展动力和广阔的发展空间。

在后期，维特根斯坦抛弃了之前的语言图像说，转而提出了一种解构性的语言使用论，即语言的使用要结合生活形式，在一定的语境中对语词和语句的意义进行说明。在相关的语言游戏中，这种说明要结合语言在生活中的实际使用，这是一种实践活动。哲学重归日常生活已是大势所趋，维特根斯坦的确为此而提出了许多非常具有启发性的思想，从理论哲学到实践哲学的研究，维特根斯坦开启了哲学研究的新方向。可以说，维特根斯坦的实践哲学观为西方近代实践哲学的发展增添了浓墨重彩的一笔。但是这并不意味着理论问题已经得到了一劳永逸的解决，恐怕某些问题将永远困扰着我们。

（1）在维特根斯坦看来，哲学的功能是描述语词或命题的用法或意义，而不是对哲学问题进行分析和解决。如果只是进行描述的话，那么由语言混乱所导致的哲学困惑依然存在，因此说明和解释本身在哲学研究中仍然是不可或缺的。

（2）在维特根斯坦看来，实践哲学的目的是要消除由语言混乱所带来的传统哲学问题，他试图把哲学从形而上学的天堂拉回到日常生活之中，即要把哲学问题的研究从天上拉回到粗糙的地面上。但是他的实践哲学本身仍然具有形而上学的性质。那么维特根斯坦“为苍蝇指明飞出捕蝇瓶之路”的哲学目的也仍未达成。

（3）既然传统哲学有所谓的“哲学病”，那么就要进行诊断和治疗。但维特根斯坦的实践哲学只是对外的治疗，而无法应用到其理论本身，也即无法医治自己的哲学诟病，这也是其实践观的不彻底之处。

（4）维特根斯坦提出的“语言游戏”与现实中的真正游戏活动是存在差别的。因为生活中的真正游戏存在多种可能性，其发展变化是动态的，其参与主体的目的和意图也各不相同。维特根斯坦描述语言游戏的实践过程，忽略了游戏参与者的互动性与主体间性。人们对语言游戏的理解不仅仅依靠社会实践，还存在个体心智或理解等方面的差异问题。

（5）由于交流的语境是动态变化的，并且交流的过程中可能还存在“见风使舵”的情况，所以在日常使用语言的过程中，语言的交流与使用是模糊的、开放的和不确定的，因而人们对于语言游戏的解释过程存在着极大的不确定性。而且在社会交往中，语言游戏常常是在不同层面上同时进行的，在不同语境下即使同一语言游戏也有着不同的目的和不同的话语形式，这充分说明语言游戏不是确定性的。语言游戏的外在作用更多地体现在语言与语境的关系问题上，人们对语境的理解与处理各不相同。由于语言游戏或人们的交流处在动态变化的语境中，同时由于受文化、社会、记忆、情绪等的影响，人们对于多元的社会的认识能力是有限的，所以维特根斯坦忽视了语言的动态变化与人们对字词掌握的不完全性，从而在一定程度上扭曲了理解过程。

（6）维特根斯坦认为，我们之所以能在实践中对某些语词、命题产生一致性的认识，是因为我们有着共有的生活形式。但他并没有说明生活形式如何是语言游戏和遵守规则的基础或背景。维特根斯坦把人们在日常生活中的文化生活形式及语言与世界延伸为一种交流的语境，但是这种语境化无法充分解释个体的心智系统对人类行为、言语行为的影响。在参与语言游戏时，人们由于文化、目的与语境的不同，对于语言表达形式的理解还存在不可通约的情况。虽然后期维特根斯坦走向了反本质主义，但从根本意义上来说，依靠生活形式来解释语言游戏并不具有精确性。

（7）为了解释语言游戏及遵守规则的行为，维特根斯坦引用了家族相似性。但是语言游戏之间并没有共享的本质，所以通过家族相似性无法对语言游戏进行准确的解释，从而造成了语言理解的模糊性。

（8）规则最重要的作用是规范社会实践活动，但规则与规则的约束力或规范性是有不足之处的。规则所规范的是人们的日常行为，而大家只有参与到具体的实践活动中，才能真正地理解规则为何物，并去遵守规则。但是在遵守规则的过程中，因理解能力和生活形式的不同，人们对规则本身的效力会产生不同的想法，甚至会提出质疑，从而削减规则的效力和约束力。人们日常的交流涉及语言游戏参与者的意图以及使用规则的意图等，这都增加了人们日常交流中的不确定性。此外，在很多情况下，语言游戏参与者必须在不同的规则之间做出选择。但在具体语境中，一些规则与具体的事实可能是错位的，所以规则并不能完全地指导行为。再者，维特根斯坦强调语言游戏和遵守规则是人们在交往的语境中来进行的互动和理解，这是一种植根于社会实践的自主能力或技能。但是，由于主体间的心智程度不同，所以在语言的互动性语境中主体对语言的错误理解会阻碍正常的交往活动，产生混乱，继而带来理解的不确定性。对于这些问题维特根斯坦并没有进一步的阐述。

（9）关于唯我论的问题。在语言游戏中，人们根据使用规则来行事，但如果规则阻碍了游戏的进行，那么人们有权对游戏规则进行更改，最后的结果是语言规则是人们任意进行约定和建构而产生的，因而会产生唯我论的困境，不同的主体可以随意地约定或建构规则。

（10）维特根斯坦强调对于语词的用法是在语言游戏中体现出来的。“意义在于使用”表现为语词的使用规则决定了它的用法与意义。如果使用方法不同，语词的意义也就不同；如果语境是多元的，那么意义的理解也是多元的。因此在“意义在于使用”中，还需要弄清楚“使用”一词到底意指什么。在维特根斯坦前期理论中，这种字词的“使用”可能是内在性的，需要个体的心智能力来理解意义。

而在其后期理论中，这种“使用”是外在性的，需要借助于外在环境与语境。维特根斯坦的这种“意义使用观”突出了语词使用的语境性，强调了字词使用的语用学基础。但对字词意义的理解要取决于句子本身的意义、表达的内容与语词的字面意义，以及周围环境等众多的相关因素，因此对字词意义的理解需要考察多种因素，字词意义的理解也具有多元的语境依赖性。这样一来，无形中增加了理解的不充分性和复杂性。

综上所述，维特根斯坦想告诫我们，不要用传统本质主义的观点去分析语言或命题，而是要去看它们在语境中的用法，那样我们就会发现语言或命题之间所拥有的家族相似性。在日常生活中，人们基于生活形式来进行各种语言游戏，而这些语言游戏脱离不了人们的规则、习俗、惯例、信任及训练等因素。这种基于生活形式的语言游戏不是任意的，也不是随心所欲的，而是基于一定的规则、习俗、惯例、信任及训练。维特根斯坦认为这种规则如同路标，它指引着人们前进，也指导着人们的语言游戏。但是所谓的规则也并非一成不变和一劳永逸的，在不同的语境中依靠共同体可以制定新的规则，规则一旦被制定好，将不可更改。因此，遵守规则的基础是要有生活形式的一致性，也即需要共同体认可的一致性。

同样，语词和命题的使用也脱离不了共同体一致认可的语境。同一命题在不同的语境中可能有不同的意义，因此语词的意义不是固定的，语词的最终意义在于使用之中。后期的维特根斯坦正是通过“生活形式”“语言游戏”“遵守规则”“意义在于使用”“家族相似性”等理论为我们展现出了一幅生动的实践场景。这样的生活不再是与人生无关的冷冰冰且无意义的抽象世界，而是一种与人们生活息息相关的动态并有机的实践场景。

总之，维特根斯坦的治疗型实践哲学思想对后现代主义的影响极大。一般认为，当代哲学研究中有两大研究方向：一是以多元主义为特征的后现代主义观，二是强调日常交往的理性学说。当然，这两种观点都离不开后期维特根斯坦哲学思想的影响。后现代主义的直接理论渊源是后期维特根斯坦关于语言游戏和生活形式的论述。由于不存在一成不变的语言游戏和生活形式，所以不同的群体和社会有着不同的语言游戏及生活形式，正如不可能有普适性的价值观一样，不同的群体与社会有着不同的价值观。当前主流存在的是多元主义的价值观。而日常的理性学说从后期维特根斯坦那里所借鉴的主要观点是，人们如何在不同的生活形式和语言游戏中进行理性选择，包括字词意义的理性选择，以及如何用理性来正确地遵守规则。问题看似简单，但意义深远。因为要理解不同的语言游戏，就要深入对方的生活形式之中，了解对方语言游戏的规则，观察对方的行为，以便与对方进行有效的沟通和交流。

因此，语言来自生活，同时也影响生活。维特根斯坦对于语言的描述不只具有理论性，还具有实践性，包括了人们相互交往的方式。因此，对语言意义的理解必须与人们的日常实践行为结合起来，这种观点对哈贝马斯等欧陆哲学家也产生了重要的影响。例如，哈贝马斯在研究人类如何通过交往达成共识时，就汲取了维特根斯坦关于“理解与行为关系”的观点，在他的“交往行为理论”中，他就特别强调了实践行为的作用，而“交往行为理论”本身就反映了理解与行为的关系。①

维特根斯坦的哲学对 20 世纪语言哲学和分析哲学的发展起到了至关重要的作用，他催生了语用学这门学科。继维特根斯坦之后，牛津日常语言学派的代表人物赖尔（G. Ryle）、奥斯汀（J. Austin）和斯特劳森等人以不同的方式提出了“意义在于使用”的观点，这奠定了语用学的理论基础，使得人们对意义的研究发生了转向，研究的重点从对语词的语形、语义分析转向了语用分析。在后期维特根斯坦的影响下，奥斯汀从日常语言入手，系统地研究了语言的语用观，提出了言语的行为理论体系。同时，维特根斯坦对维也纳学派也产生了重要的影响，也曾一度转变了主流分析哲学中概念分析的方法，同时他还改造了逻辑哲学、语言哲学和心灵哲学等。1929 年重返剑桥之后，维特根斯坦培养了许多著名的学生，如安斯康姆、马尔康姆、冯·赖特和里斯（R. Rhees）等，他们都在诸多领域对哲学的发展做出了重要的贡献。此外，诠释学与维特根斯坦的后期哲学思想似乎也有着某种千丝万缕的联系。

正如斯鲁格所言：维特根斯坦对 20 世纪哲学的影响不仅仅在于其所写出的著作或者他所作出的特定的断言。他的哲学实践以及对这一实践的教学也同样重要，这首先产生了一代遵循者和学生们，他们保留、传播和解释了他的工作。他们还向我们传播了他是如何从事哲学研究的。在其回忆录和所从事的哲学实践中，他们向我们传递了一些维特根斯坦探索哲学时的坚韧和道德。他从容不迫但毫不留情，逗弄着困扰他的那些问题，将它们捕获于最隐秘的洞穴和角落；通常深刻关注把我们引入哲学困惑的那些字词，他从未忽略隐藏其中的重大问题。也许正是这些特征使他向我们显示了作为一个思想家的真正重要性。②

① 参见张庆熊．维特根斯坦对“说明”和“理解”的重新思考．陕西师范大学学报（哲学社会科学版），2009，（2）：5-11.

② 参见汉斯·斯鲁格．维特根斯坦．张学广译．北京：北京出版社，2015：30.

因此，维特根斯坦哲学理论中的这种实践特征在20世纪哲学史上所起到的作用是有目共睹的，他对20世纪的数学哲学、心理学哲学及语言哲学的发展都有重要的推进作用，而且也深刻地影响了20世纪分析哲学的发展进程。然而，从现今哲学发展的眼光来看，维特根斯坦哲学理论的实践转向仍未达成他自己的目标，他仅仅完成了对哲学进行实践研究的破冰之举。虽然其在语言哲学、分析哲学、数学哲学等其他哲学研究领域产生了许多重大影响，但或许正是这些领域的蓬勃发展吸引了人们的兴趣和注意力，加之传统哲学的形而上学特征，遮蔽了人们对维特根斯坦实践哲学思想研究的视野，使得实践哲学思想回归日常生活的研究路径并没有得到人们足够的重视。当然，传统上对形而上学的研究并没有在当今的哲学研究中消失，人们反而对一些形而上学问题的研究投入了更大的兴趣与更多的精力。此外，维特根斯坦的实践哲学思想中仍然存在一些不足之处，并且其实践哲学思想中所留下的一些悬而未决问题，仍然值得我们进一步深思和探讨。

参考文献

艾耶尔. 1989. 维特根斯坦. 陈永实，徐毅力译. 北京：中国社会科学出版社.
阿兰 · 巴丢. 2015. 维特根斯坦的反哲学. 严和来译. 桂林：漓江出版社.
安德鲁 · 皮克林. 2006. 作为实践和文化的科学. 柯文，伊梅译. 北京：中国人民大学出版社.
曹剑波. 2007. 维特根斯坦的实践哲学. 湖北社会科学，（3）：104-107.
陈保亚，陈樾. 2015. 意义即用法，规则即类推——从维特根斯坦的语言观和数学观说起. 北京大学学报（哲学社会科学版），（1）：116-124.
陈常燊. 2012. 从反思平衡看维特根斯坦后期哲学. 哲学分析，（4）：115-125.
陈常燊. 2016. 论后期维特根斯坦对哲学性质的理解. 山东科技大学学报（社会科学版），（3）：87-93.
陈常燊. 2016. 语言与实践：维特根斯坦对哲学病的诊治. 上海：上海人民出版社.
陈嘉映. 2012. 周边情况——一项维特根斯坦与奥斯汀比较研究. 现代哲学，（2）：63-69.
代海强. 2016. 维特根斯坦论第一人称“我”. 福建论坛（人文社会科学版），（6）：68-75.
戴维 · 埃德蒙兹，约翰 · 艾迪诺. 2016. 维特根斯坦的火钳：两位大哲之间的十分钟争吵. 蔡宇译. 上海：格致出版社.
丁大同. 2017. 维特根斯坦. 西安：陕西师范大学出版社.
段惠琼，王川一. 2009. 维特根斯坦的“语言游戏论”及其语用价值. 江西社会科学，（4）：76-79.
樊岳红. 2012. 后期维特根斯坦语境论研究. 太原：山西大学.
樊岳红. 2016. 维特根斯坦与语境论. 北京：科学出版社.
樊岳红. 2016. 维特根斯坦语境论思想初探. 科学技术哲学研究，（2）：35-39.
樊岳红. 2016. 论维特根斯坦对实在论的拒斥——从语言哲学的观点来看. 山西大学学报（哲学社会科学版），（3）：37-44.
樊岳红. 2017. 维特根斯坦数学哲学思想研究. 北京：科学出版社.
樊岳红，魏屹东. 2011. 鲁滨逊能遵守规则吗？——关于个体论与集体论之争的解决. 自然辩证法通讯，33（2）：66-70.
樊岳红，魏屹东. 2011. 布鲁尔“有限论”的扩展——对遵守规则理论的社会学解读. 科学技术哲学研究，28（1）：57-60.
樊岳红，魏屹东. 2012. 数学：一种人类学现象——后期维特根斯坦数学哲学思想探析. 自然辩证法通讯，（5）：53-58，126.
饭田隆. 2001. 维特根斯坦：语言的界限. 包羽译. 石家庄：河北教育出版社.
范秀英. 2006. 由后期维特根斯坦哲学引发的思考. 长白学刊，（5）：61-62.

范秀英. 2014. 语言游戏的语用维度. 北京：中国社会科学出版社.
高歌，沈梅英，孙洁菡等. 2012. 维特根斯坦哲学观视角下的语言研究. 杭州：浙江大学出版社.
格雷林. 2013. 维特根斯坦与哲学. 张金言译. 南京：译林出版社.
郭贵春，李小博. 2001. 维特根斯坦与后现代反本质主义思潮. 山西大学学报（哲学社会科学版），24（2）：1-6.
郭贵春，赵晓聃. 2009. 规则遵循中的语言共同体和规范性. 山西大学学报（哲学社会科学版），（1）：1-7.
韩林合. 1996. 维特根斯坦哲学之路. 昆明：云南大学出版社.
韩林合. 1996. 维特根斯坦论“语言游戏”和“生活形式”. 北京大学学报（哲学社会科学版），（1）：101-109.
韩林合. 2010. 维特根斯坦的“哥白尼式革命”. 云南大学学报（社会科学版），（2）：25-29，94-95.
韩林合. 2010. 维特根斯坦《哲学研究》解读. 北京：商务印书馆.
韩林合. 2011. 维特根斯坦《哲学研究》第109节的翻译及理解问题. 世界哲学，（3）：25-37.
汉斯・斯鲁格. 2015. 维特根斯坦. 张学广译. 北京：北京出版社.
黑格尔. 2017. 精神现象学（上）. 贺麟，王玖兴译. 上海：上海人民出版社.
黄济鳌. 2011. 对维特根斯坦反私人语言论证的一种解读. 自然辩证法研究，（11）：1-7.
黄姣玲，谢维营. 2015. 统领语言事实和语言实践——论维特根斯坦前后期哲学的一致性. 烟台大学学报（哲学社会科学版），（6）：1-6.
黄敏. 2004. 作为先验论证的私人语言论证. 哲学研究，（2）：70-76.
黄敏. 2007. 怀疑论，常识与实践. 现代哲学，（4）：101-106.
黄颂杰. 2014. 关于实践哲学的三个问题：从杨国荣教授新著《人类行动与实践智慧》说起. 哲学分析，（2）：4-11,196.
黄在忠. 2017. 从“解释”到“理解”——论现代哲学的问题转向. 南方论刊，（2）：29-32.
贾可・辛提卡. 2002. 维特根斯坦. 方旭东译. 北京：中华书局.
鉴传今. 2010. 可说的与不可说的. 芜湖：安徽师范大学出版社.
江天骥. 1999. 知识、语言和行动——维特根斯坦与近代西方哲学的困境. 哲学研究，（3）：21-30.
江怡. 1989. 维特根斯坦后期哲学：国外研究现状. 哲学动态，（12）：32，44-48.
江怡. 1998. 维特根斯坦传. 石家庄：河北人民出版社.
江怡. 1999. 维特根斯坦. 长沙：湖南教育出版社.
江怡. 1999. 哲学就是对语言的误用——试论中期维特根斯坦对哲学的消解. 自然辩证法通讯，（5）：14-20，80.
江怡. 2002. 维特根斯坦：一种后哲学的文化. 北京：社会科学文献出版社.
江怡. 2003. 后期维特根斯坦论逻辑和数学的基础. 中国社会科学院研究生院学报，（5）：3-8，110.
江怡. 2011. 从《逻辑哲学论》看西方哲学的实践转向. 哲学动态，（1）：86-89.
江怡. 2015. 维特根斯坦论颜色. 哲学动态，（7）：54-60.
江怡. 2016. 论维特根斯坦后期思想在当代哲学发展中的位置. 武汉大学学报（人文科学版），（3）：62-68.
康德. 2000. 判断力批判（上卷）. 宗白华译. 北京：商务印书馆.
康德. 2016. 纯粹理性批判. 邓晓芒译. 北京：人民出版社.
克里普克. 2017. 维特根斯坦论规则和私人语言. 周志羿译. 桂林：漓江出版社.

李国山. 2016. 维特根斯坦与实用主义. 社会科学，(4)：116-123.

李国山. 2018. 罗蒂的维特根斯坦研究及其反响. 北京大学学报（哲学社会科学版），(1) :14-22.

李红. 2004. 维特根斯坦与分析哲学——访彼得・哈克教授. 哲学动态，(2)：21-25.

李红. 2004. 对维特根斯坦“家族相似”概念的澄清. 哲学研究，(3)：38-42.

梁美妍. 2012. 实践解释学视野中的《逻辑哲学论》——理解早期维特根斯坦的新视角. 理论探讨，(2)：74-76.

刘林. 2009. 维特根斯坦“语言游戏”的实践哲学转向. 外语学刊，(4)：18-21.

刘森林. 2013. 生活方式与语言意义：后期维特根斯坦语言哲学探讨. 江西社会科学，(11)：25-29.

刘晓力. 2004. 科学知识社会学的集体认识论和社会认识论. 哲学研究，(11)：61-66.

马尔康姆. 1984. 回忆维特根斯坦. 李步楼，贺绍甲译. 北京：商务印书馆.

M. 麦金. 2007. 维特根斯坦与《哲学研究》. 李国山译. 桂林：广西师范大学出版社.

孟强. 2010. 当代社会理论的实践转向：起源、问题与出路. 浙江社会科学，(10)：47-51, 126-127.

N. 马尔科姆. 1994. 维特根斯坦论语言和规则. 世界哲学，(5)：41-47.

欧阳康，张明仓. 2008. 康德实践哲学及其意义探析. 河北学刊，(3)：26-31.

庞学铨. 2016. 生活哲学：当代哲学的一种可能路向. 哲学分析，(6)：74-84.

恰尔德. 2012. 维特根斯坦. 陈常燊译. 北京：华夏出版社.

邱琳. 2016. 维特根斯坦“意义即使用”的实践观及其对语言教学的启发. 外国语文研究，(6)：21-27.

任蕊，赵夏文. 2015. 维特根斯坦语言世界中的意义观——从逻辑到语言理解. 东北大学学报，(5)：539-544.

瑞・蒙克. 2014. 维特根斯坦传：天才之为责任. 王宇光译. 杭州：浙江大学出版社.

邵华. 2010. 论伽达默尔对实践哲学和解释学的融合. 现代哲学，(5)：28-34.

沈洁. 2016. 维特根斯坦论遵守规则的一个线索. 学理论，(5)：70-72.

舒炜光. 1982. 维特根斯坦哲学述评. 上海：上海三联书店.

宋铁毅. 2014. 马克思的实践哲学方法论探析. 学习与探索，(4)：11-13.

田园，刘可欣. 2002. 从世界到生活形式：维特根斯坦前后期哲学转变原因探析. 现代哲学，(2)：113-120.

涂纪亮. 2005. 维特根斯坦后期哲学思想研究. 南京：江苏人民出版社.

涂纪亮. 2007. 维特根斯坦后期哲学思想研究：英美语言哲学概述. 武汉：武汉大学出版社.

王罕哲. 2016. 马克思实践哲学研究. 哈尔滨：黑龙江大学.

王晓升. 1999. 走出语言的迷宫——后期维特根斯坦哲学概述. 北京：社会科学文献出版社.

王晓阳. 2010. “私人语言论证”论证了什么？——维特根斯坦私人语言论证的一种简明解析. 自然辩证法研究，(5)：14-18.

威瑟斯布恩. 2005. 多维视界中的维特根斯坦. 郝亿春，李云飞等译. 上海：华东师范大学出版社.

维特根斯坦. 1984. 文化与价值. 黄正东，唐少杰译. 北京：清华大学出版社.

维特根斯坦. 1992. 哲学研究. 汤潮，范光棣译. 北京：生活・读书・新知三联书店.

维特根斯坦. 2001. 论确定性. 张金言译. 桂林：广西师范大学出版社.

维特根斯坦. 2003. 维特根斯坦全集. 涂纪亮，江怡，周晓亮等译. 石家庄：河北教育出版社.

维特根斯坦. 2007. 游戏规则：维特根斯坦神秘之物沉默集. 唐少杰等译. 天津：天津人民出版社.

维特根斯坦. 2011. 维特根斯坦论感觉材料与私人语言. 江怡译. 杭州：浙江大学出版社.

维特根斯坦. 2012. 蓝皮书和褐皮书. 涂纪亮译. 北京：北京大学出版社.

维特根斯坦. 2012. 心理学哲学评论. 涂纪亮译. 北京：北京大学出版社.
维特根斯坦. 2013. 数学基础研究. 韩林合译. 北京：商务印书馆.
维特根斯坦. 2014. 维特根斯坦与维也纳学派. 弗里德里希·魏斯曼记录. 徐为民，孙善春译. 北京：商务印书馆.
维特根斯坦. 2015. 战时笔记（1914—1917）. 韩林合译. 北京：商务印书馆.
维特根斯坦. 2015. 哲学研究. 韩林合译. 北京：商务印书馆.
维特根斯坦. 2015. 逻辑哲学论. 韩林合译. 北京：商务印书馆.
魏屹东，樊岳红. 2011. 遵守规则与人工智能——维特根斯坦与图灵人工智能理论的交集. 山西大学学报（哲学社会科学版），(5)：24-29.
谢群. 2017. 维特根斯坦语言游戏思想研究：一项基于真实语料的研究. 哈尔滨：黑龙江大学出版社.
徐景亮. 2011. 语言与人生——沿着维特根斯坦之路. 济南：山东大学出版社.
亚里士多德. 2003. 尼各马科伦理学. 苗力田译. 北京：中国人民大学出版社.
杨国荣. 2013. 人类行动与实践智慧. 北京：生活·读书·新知三联书店.
叶闯. 2010. 语言·意义·指称：自主的意义与实在. 北京：北京大学出版社.
殷杰. 2005. 维特根斯坦"语言游戏"语用学的构造. 江西社会科学，(2)：44-48.
郁喆隽. 2003. 维特根斯坦的私人语言问题及其意义. 学海，(1)：130-137.
袁凌新. 2010. 康德实践哲学的形上之蕴. 学术论坛，(3)：11-14.
约翰·希顿. 2005. 维特根斯坦与心理分析. 徐向东译. 北京：北京大学出版社.
张爱珍，陈维振. 2010. 规则悖论与模糊语义研究的语境转向. 湖北大学学报（哲学社会科学版），(2)：76-79.
张家龙. 2001. 评维特根斯坦的反本质主义纲领——"语言游戏"说和"家族相似"论. 哲学研究，(7)：47-53，60-81.
张能为. 2010. 伽达默尔与实践哲学传统和解释学重建. 学术界，(10)：48-56.
张培. 2010. 海德格尔与实践哲学. 武汉：华中科技大学.
张庆熊. 2008. 交往行为与语言游戏：论哈贝马斯对维特根斯坦语言哲学的接纳与批评. 马克思主义与现实，(4)：34-46.
张庆熊. 2009. 维特根斯坦的后期哲学和20世纪西方社会科学方法论的发展. 云南大学学报（社会科学版），(6)：11-18，92.
张庆熊. 2010. 社会科学的哲学：实证主义、诠释学和维特根斯坦的转型. 上海：复旦大学出版社.
张汝伦. 2005. 作为第一哲学的实践哲学及其实践概念. 复旦学报（社会科学版），(5)：155-163.
张绍杰. 2010. 后格赖斯语用学的理论走向——语义学和语用学界面研究的兴起. 外国问题研究，(1)：3-11.
张学广. 1999. 维特根斯坦：走出语言囚笼. 沈阳：辽海出版社.
张学广. 2014. 近年来国际维特根斯坦哲学研究趋向述评. 哲学动态，(1)：57-65.
张志伟. 2001. 从维特根斯坦的"语言游戏"说看哲学话语的困境. 中国人民大学学报，(1)：40-46.
赵立凡. 1999. 科学语言与生活形式——维特根斯坦对科学哲学的启示. 科学技术与辩证法，(4)：43-48.
周晓梅. 2015. 实践哲学视域下的译学研究. 上海：上海交通大学出版社.
朱宝信. 2001. 日常生活实践：去蔽还是辩护?——关于国内外维特根斯坦研究的断想. 中州

学刊，（6）：158-161，184.
Ahmeded A. 2010. Wittgenstein's Philosophical Investigations, A Critical Guide. Cambridge: Cambridge University Press.
Anscombe G E M. 1959. An Introduction to Wittgenstein's Tractatus. London: Hutchinson.
Arrington R. 2001. Theology as Grammar: Wittgenstein and Some Critics. London: Routledge.
Arrington R, Addis M. 2001. Wittgenstein and Philosophy of Religion. London: Routledge.
Austin J. 1975. How to Do Things with Words. Oxford: Oxford University Press.
Baker G P. 2004. Wittgenstein's Method: Neglected Aspects. Oxford: Basil Blackwell Publishers.
Baker G P, Hacker P M S. 1984. Scepticism, Rules and Language. Oxford: Basil Blackwell Publishers.
Baker G P, Hacker P M S. 2005. Wittgenstein: Understanding and Meaning. Oxford: Basil Blackwell Publishers.
Baker G P , Hacker P M S. 2009. Commentary on the Philosophical Investigations. Oxford: Basil Blackwell Publishers.
Blackburn S. 1984. Spreading the Word: Groundings in the Philosophy of Language. Oxford: Basil Blackwell Publishers.
Block I. 1981. Perspectives on the Philosophy of Wittgenstein. Oxford: Basil Blackwell Publishers.
Bloor D. 1983. Wittgenstein: A Social Theory of Knowledge. New York: Columbia University Press.
Bloor D. 1997. Wittgenstein: Rules and Institutions. London: Routledge.
Boncompagni A. 2016. Wittgenstein and Pragmatism. London: Palgrave Macmillan.
Bouveresse J. 2007. Wittgenstein's critique of frazer. Ratio, 20(4): 357-376.
Bowell T. 2017. Wittgenstein on teaching and learning the rules: taking him at his word//Peters M A, Stickney J. A Companion to Wittgenstein on Education. Singapore: Springer Nature Singapore Pte Ltd: 643-657.
Budd M. 1989. Wittgenstein's Philosophy of Psychology. London: Routledge.
Cheryl M. 2008. The Oxford Handbook of American Philosophy. Oxford: Oxford University Press.
Clack B. 1999. An Introduction to Wittgenstein's Philosophy of Religion. Edinburgh: Edinburgh University Press.
Clack B. 2001. Wittgenstein and Magic. London: Routledge.
Conant J. 1998. Wittgenstein on meaning and use. Philosophical Investigations, 21(3): 222-250.
Crary A , Read R. 2000. The New Wittgenstein. London: Routledge.
Daniel W. 2010. Particular and General: Wittgenstein, Linguistic Rules and Context. New York: Palgrave Macmillan.
Daniel W. 2010. The Later Wittgenstein on Language. London: Palgrave Macmillan.
Dilman İ. 2002. Wittgenstein's Copernican Revolution: the Question of Linguistic Idealism. London: Palgrave Macmillan.
Fogelin R. 1995. Wittgenstein. London: Routledge.
Frascolla P. 1994. Wittgenstein's Philosophy of Mathematics. London: Routledge: 128-131.
Frege G. 1997. Foundations of arithmetic//Beany M. The Frege Reader. Oxford: Basil Blackwell Publishers: 84-129.
Garrison J. 2017. Wittgenstein and classical pragmatism//Peters M A, Stickney J. A Companion to Wittgenstein on Education. Singapore: Springer Nature Singapore Pte Ltd: 321-338.

Glock H. 1966. A Wittgenstein Dictionary. Oxford: Basil Blackwell Publishers.

Goodman R. 2002. Wittgenstein and William James. Cambridge: Cambridge University Press.

Gunter G. 2017. Wittgenstein's Anthropological Philosophy. Gewerbestrasse: Palgrave Macmillan.

Hacker P M S. 1986. Insight and Illusion: Themes in the Philosophy of Wittgenstein. Oxford: Clarendon Press.

Hacker P M S. 1990. Wittgenstein: Meaning and Mind: An Analytical Commentary on the Philosophical Investigations. Oxford: Basil Blackwell Publishers.

Hacker P M S. 1996. Wittgenstein's Place in Twentieth-Century Analytic Philosophy. Oxford: Basil Blackwell Publishers.

Hacker P M S. 2001. Wittgenstein: Connections and Controversies. Oxford: Clarendon Press.

Huemer W. 2006. The transition from causes to norms: Wittgenstein on training. Grazer Philosophische Studien, 71 (1): 205-225.

Horwich P. 2010. Wittgenstein's definition of "meaning" as "use"//Daniel W. The later Wittgenstein on Language. New York: Palgrave Macmillan: 17-25.

Ishiguro H. 1969. Use and reference of names//Winch P. Studies in the Philosophy of Wittgenstein. London: Routledge: 20-50.

Janik A, Toulmin S. 1973. Wittgenstein's Vienna. London: Weidenfeld and Nicolson.

Johnson P. 1989. Wittgenstein and Moral Philosophy. London: Routledge.

Kenny A. 1991. The Legacy of Wittgenstein. Wiley: Basil Blackwell Publishers.

Kenny A. 2006. Wittgenstein. Oxford: Basil Blackwell Publishers.

Klagge J, Nordmann A. 1993. Ludwig Wittgenstein, Philosophical Occasions, 1912—1951. Indianapolis: Hackett Publishing Company.

Kreisel G. 1960. Wittgenstein's theory and practice of philosophy. The British Journal for the Philosophy of Science, 11 (43): 238-252.

Kripke S A. 1982. Wittgenstein on Rules and Private Language. Oxford: Basil Blackwell Publishers.

Mách J. 2015. Wittgenstein on Internal and External Relations. London: Bloomsbury Academic.

Malcolm N. 1984. Ludwig Wittgenstein: A Memoir. Oxford: Oxford University Press.

Malcolm N. 1989. Wittgenstein on language and rules. Philosophy, 64 (247): 5-28.

Marion M. 1998. Wittgenstein, Finitism, and the Foundations of Mathematics. Oxford: Clarendon Press.

McDowel J. 1984. Wittgenstein on following a rule. Synthese, 58 (3): 325-363.

McGinn C. 1984. Wittgenstein on Meaning. Oxford: Basil Blackwell Publishers.

McGinn M. 1989. Sense and Certainty. Oxford: Basil Blackwell Publishers.

McGinn M. 1997. Routledge Philosophy Guidebook to Wittgenstein and the Philosophical Investigations. London: Routledge.

McGuinness B. 1988. Wittgenstein: A Life-Young Ludwig 1889—1921. London: Duckworth.

McGuinness B. 2002. Approaches to Wittgenstein: Collected Papers. Oxford: Basil Blackwell Publishers.

McNally T. 2011. Wittgenstein, constructivism, and mathematical proof. Hermathena, (191): 25-51.

Medina J. 2002. Normativity in practice: learning and techniques//Medina J. The Unity of Wittgenstein's philosophy: Necessity, Intelligibity, and Normativity. Albany: State University of New York Press: 141-194.

Meredith W. 1999. The philosophical significance of learning in the later Wittgenstein//Meredith W. Wittgenstein, Mind, and Meaning: Towards a Social Conception of Mind. London: Routledge: 188-215.

Meredith W. 2002. Wittgenstein, Mind and Meaning: Towards a Social Conception of Mind. Oxford: Routledge.

Meredith W. 2004. Wittgenstein's refutation of idealism//McManus D. Wittgenstein and Scepticism. London: Routledge: 56-68.

Michael K. 2006. In deeping our understanding of Wittgenstein. Grazer Philosophische Studien, (71): 205-225.

Miller D J. 1998. Wittgenstein: time for a new philosophical practice. Continental Philosophy Review, 31(4): 411-424.

Minar E. 2001. Heidegger, Wittgenstein, and scepticism. The Harvard Review of Philosophy, 9(1): 37-45.

Monk R. 1990. Wittgenstein: The Duty of Genius. London: Jonathan Cape.

Moore G E. 1954. Wittgenstein's lectures in 1930-33. Mind, 63(251): 289-316.

Morawetz T. 1985. Wittgenstein and Knowledge. Brighton: Harvester.

Mounce H. 1981. An Introduction to Wittgenstein's Tractatus. Oxford: Basil Blackwell Publishers.

Moyal-Sharrock D. 2004. The Third Wittgenstein: The Post-Investigations Works. Lodon: Ashgate Pulishing Limited.

Moyal-Sharrock D, Brenner W. 2005. Readings of Wittgenstein's on Certainty. New York: Palgrave Macmillan.

Mulhall S. 2007. Wittgenstein's Private Language: Grammar, Nonsense, and Imagination in Philosophical Investigations, §243-315. Oxford: Oxford University Press.

Pears D. F. 1987. The False Prison. vols. I. Oxford: Oxford University Press.

Pears D. F. 1988. The False Prison. vols. II. Oxford: Oxford University Press.

Propps I. 2001. The new Wittgenstein: a critique. European Journal of Philosophy, (9): 375-404.

Quinn P. 2015. Wittgenstein on Thinking, Learning and Teaching. Oxford: Peter Lang.

Recanati F. 2005. Literalism and contextualism//Preyer G, Peter G. Contextualism in Philosophy. Oxford: Oxford University Press: 171-196.

Rhees R. 1981. Ludwig Wittgenstein: Personal Recollections. Oxford: Basil Blackwell Publishers.

Rudd A. 2005. Wittgenstein, global scepticism and the primacy of practice//Moyal-sharrock D, Brenner W H. Readings of Wittgenstein's On Certainty. London: Palgrave Macmillan: 142-161.

Schneider H J. 2014. Wittgenstein's Later Theory of Meaning. Hoboken: Wiley.

Schroeder S. 2006. Wittgenstein: The Way Out of the Fly-Bottle. Cambridge: Polity.

Schulte J. 1992. Wittgenstein. Brenner W, Holley J trans. Albany: Suny Press.

Shanker S G. 1986. Ludwig Wittgenstein: Critical Assessments. vols. 1-5. Beckenham: Croom Helm.

Sluga H, Stern D. 1996. The Cambridge Companion to Wittgenstein. Cambridge: Cambridge University Press.

Stern D. 1991. The "Middle Wittgenstein": from logical atomism to practical holism. Synthese, 87(2): 203-226.

Stern D. 2004. Wittgenstein's Philosophical Investigations: An Introduction. Cambridge: Cambridge

University Press.
Stroud B. 1990. Meaning, understanding and translation. Canadian Journal of Philosophy, 39(1): 2017-2018.
Stroud B. 2000. Meaning, Understanding, and Practice. Oxford: Oxford University Press.
Travis C. 2001. The Uses of Sense: Wittgenstein's Philosophy of Language. Oxford: Clarendon Press.
Travis C. 2006. Thought's Footing: A Theme in Wittgenstein's Philosophical Investigations. Oxford: Clarendon Press.
Travis C. 2008. Occasion-Sensitivity. Oxford: Oxford University Press.
von Wright G H. 1955. Ludwig Wittgenstein: a biographical sketch. Philosophical Review, (64): 527-545.
Wittgenstein L. 1922. Tractatus Logico-Philosophicus. London: Routledge.
Wittgenstein L. 1965. The Blue and Brown Books: Preliminary studies for the "Philosophical Investigations". New York: Harper & Row.
Wittgenstein L. 1966. Lectures and Conversations on Aesthetics, Psychology, and Religious Belief. Oxford: Basil Blackwell Publishers.
Wittgenstein L. 1967. Remarks on the Foundations of Mathematics. 2nd ed. Oxford: Basil Blackwell Publishers.
Wittgenstein L. 1969. On Certainty. Anscombe G E M, von Wright G H eds. Paul D, Anscombe G E M trans. Oxford: Basil Blackwell Publishers.
Wittgenstein L. 1971. Tractatus Logico-Philosophicus. 2nd ed. Pears D, McCuinness B trans. London: Routledge.
Wittgenstein L. 1974. Philosophical Grammar. Anthony K trans. Oxford: Basil Blackwell Publishers.
Wittgenstein L. 1975. Philosophical Remarks. Rhees R ed. Hargreaves R, White R trans. Oxford: Basil Blackwell Publishers.
Wittgenstein L. 1977. Remarks on Colour. Anscombe G E M ed. McAlishterm L, Schattle M trans. Oxford: Basil Blackwell Publishers.
Wittgenstein L. 1978. Remarks on the Foundations of Mathematics. Anscombe G E M trans. Oxford: Basil Blackwell Publishers.
Wittgenstein L. 1978. Culture and Value. von Wright G H, Nyman H eds. Winch P trans. Oxford: Basil Blackwell Publishers.
Wittgenstein L. 1979. Ludwig Wittgenstein and the Vienna Circle: Conversations. Friedrich W rec. McGuinness B, Schulte J eds. McGuinness B trans. Oxford: Basil Blackwell Publishers.
Wittgenstein L. 1979. Wittgenstein's Lectures: Cambridge 1932—1935. Ambrose A ed. Oxford: Basil Blackwell Publishers.
Wittgenstein L. 1980. Wittgenstein's Lectures: Cambridge 1930—1932. Lee D ed. Oxford: Basil Blackwell Publishers.
Wittgenstein L. 1981. Zettel. Anscombe G E M, von Wright G H eds. Anscombe G E M trans. Oxford: Basil Blackwell Publishers.
Wittgenstein L. 1984. Notebooks 1914—1916. von Wright G H, Anscombe G E M eds. Chicago: University of Chicago Press.
Wittgenstein L. 1989. Wittgenstein's Lectures on the Foundations of Mathematics. Chicago: Chicago University Press.

Wittgenstein L. 2005. The Big Typescript. Luckhardt C, Aue M trans. Oxford: Basil Blackwell Publishers.

Wittgenstein L. 2008. Wittgenstein in Cambridge: Letters and Documents 1911—1951. Oxford: Basil Blackwell Publishers.

Wittgenstein L. 2009. Philosophical Investigations. 4th ed. Anscombe G E M, Hacker P M S, Joachim S trans. Oxford: Basil Blackwell Publishers.